南怀瑾经典 | 辅读版

# 南怀瑾说易经

王　颖 \ 著

时事出版社
·北京·

图书在版编目（CIP）数据

南怀瑾说易经 / 王颖著 .—北京：时事出版社，2017.8（2025.1 重印）
ISBN 978-7-5195-0124-2

Ⅰ . ①南…　Ⅱ . ①王…　Ⅲ . ①《周易》– 研究
Ⅳ . ① B221.5

中国版本图书馆 CIP 数据核字（2017）第 158240 号

出 版 发 行：时事出版社
地　　　址：北京市海淀区彰化路 138 号西荣阁 B 座 G2 层
邮　　　编：100097
发 行 热 线：（010）88869831　88869832
传　　　真：（010）88869875
电 子 邮 箱：shishichubanshe@sina.com
印　　　刷：河北省三河市天润建兴印务有限公司

开本：670×960　1/16　印张：18　字数：255 千字
2017 年 8 月第 1 版　2025 年 1 月第 11 次印刷
定价：35.00 元
（如有印装质量问题，请与本社发行部联系调换）

# 前言

南怀瑾（1918—2012年）堪称“一代宗师”，是中国传统文化的积极传播者、实业家。他出生在浙江的书香门第，自幼饱读诗书，诵读经史子集，同时还研究儒、释、道三家之言，对中国文化钻研精深、体悟深刻。他文采斐然，通文达理，格外受人敬重，在中西方文化界均有巨大声望。近年来，高龄的他，奔走各地，建立学校，讲解传授，为弘扬传承民族传统文化的精粹尽心尽力。其成就贡献，举世称誉；其执着精神，感人至深。他希望通过对经典著作进行讲述，给人们提供打开中国文化宝藏的钥匙。他也希望通过对自身民族文化的理解，重建文化自信。南怀瑾先生博闻强识，深知经典《易经》对于国人的重要性，其数十年如一日书写文字的一生著述颇丰，而《易经杂说》《易经系传别讲》就是其重要成果。

他曾说过一句话，“闲坐小窗读《周易》，不知春去已多时”。因为研读《易经》，他总是不知不觉地沉溺于其中，越研究越深入，不断地发现问题，解决问题，再发现新的问题，然后再解决，如此循环，连时间都不记得。可见，为了研究《易经》，他付出了很多的时间和精力。他总是立足于时代精神，丰富传统文化的内涵，让我们的传统文化更加璀璨夺目，不断地将学术视野进行拓展，力图使之产生更加深远的影响。

《易经》是中国传统思想文化中自然哲学与人文实践的理论来源，是古代智者智慧的结晶，是中华文化的瑰宝，也是国学的精华之一，被誉为“大道之源”，它涵盖天下万物，包罗万象，是中华文明的源头活水。

南怀瑾先生研究《易经》，寻找它作为经典著作的独特生命精神，极力突出其全民性和永久性的特点，使《易经》的内容通俗易懂，以发挥开启后人智慧的独特作用。《易经》作为中国最古老的文化典籍之一，被列为“五经”之首，三千多年来，在中国文化史上一直放射着智慧的光芒，在东方各国有着广泛的影响，在西方世界也日益受到重视。近年来，无论是国内，抑或是国外，都掀起了学习《易经》的高潮。南怀瑾先生讲述《易经》，无疑将这股风潮扩展到更广阔的领域，让普通人都能深入了解《易经》的精华内容。

圣人孔子曾对《易经》的学问做出评价：“洁静精微，易之教也。”其中“洁静”包括了文学的、宗教的、哲学的含义，“精微”两字则代表了科学的元素。南怀瑾先生用其独特的方式解读《易经》，摘取其中的精髓部分，将《易经》“洁净精微”的特点展示出来。他围绕《易经》智慧，结合社会故事，为我们深入浅出地做出解读。他旁征博引，通过对世间万物生成变化的原理和法则的解读，告知我们为人处世的道理，通俗易懂，简单有趣，让《易经》不再晦涩难懂，让古老的智慧不再神秘，从而帮助我们确立做学问的基础，了解为人处世的道理，使每个人都可以利用《易经》智慧修身养性，体悟生命的智慧。

本书包含南怀瑾先生参透的《易经》中的政治、艺术、身心修养之道，以及人文哲学、为人处世等智慧学问；从思想方面，尽最大努力再现南怀瑾先生的经典阐释；在文字方面，与南怀瑾先生的著述风格保持一致，不仅让读者能够学习到南怀瑾先生的讲解，也能从中寻找解惑方向，为人生、为生命找到正确的指引和帮助。读完此书，你会发现《易经》是一门很平易近人、贴近生活的学问，是人人都不可或缺的学问。本书会使你心境更加开阔，视野更加宽广，知识更加丰富。我们也会由衷感叹，能够得到南怀瑾先生的教诲，是何其幸运。

# 目录

## 第四章 Chapter4 南怀瑾谈领导艺术：大人者，与天地合其德



## 第五章 Chapter5 南怀瑾谈财富法门：财成天地，小往大来

# 第一章

## 南怀瑾谈易经义理：

经典中之经典，智慧中之智慧

《易经》是我国最古老的一部哲学著作，是儒家经典之一，也是一部凝结中华民族智慧卓识的优秀作品。它以“阳爻”和“阴爻”为基本符号，通过对卦象的解释，阐述事物生成变化的法则。南怀瑾先生所著《易经杂说》《易经系传别讲》等书，以通俗浅显的方式介绍《易经》的一般知识，并对其中所含智慧进行详解，中西贯通，旁征博引，为人生指点迷津。

# 变易与变通

世间无不可变之道理，无不能变之关系。

——南怀瑾

南怀瑾先生讲《易经杂说》，说《易经》有三个重要的大原则，分别为变易、简易和不易，其中排第一位的就是变易。“这个宇宙间的万事万物，随时都在变化之中。天地间没有不变的事，没有不变的人，没有不变的东西。就是因为我们不懂得这个道理，凡是好的大家都希望它不要变。像人类的感情，我们都希望爱河永浴，希望它不要变，年龄也希望不要变，永远青春等等。”但是希望不变只是人类的一厢情愿，南怀瑾先生说，不管活的还是死的东西，都在时刻发生变化，这种变易是无法阻止的。既然如此，就应该懂得变通的智慧，他说：“《易经》的智慧广博渊深，变通实在是我们应该时刻谨记的道理。”

## 知变通，制而用之

《系词》上说：“易之为书也不可远，为道也屡迁，变动不居，周流六虚，上下无常，刚柔相易，不可为典要，唯变所适。”这段话的意思是说，《易经》这部书不可不读，因为它是一部讲客观规律的书籍，它其中讲述的一些根本规律，表现形式变化多端，阴阳刚柔相互变动，充满了整个天地宇宙。我们不能把这些规律看成是固定不变的，这些规律在不同的时期、不同的地点、不同的条件下，表现出不同的形式与作用。

天地间的变化，能看得见的东西叫“象”，也就是现象，现象中有固定的物体，叫做“器”，《易经》说“见乃谓之象，形乃谓之器”，而懂得变化之道，把“象”和“器”变成有用的东西，“制而用之谓之法”，由无而生有，由“无用”变作“有用”的财富，就能获得巨大的成功。因此，只有理解了“变化”二字，才算把握住了《易经》的精髓。

南怀瑾先生讲了一个真实的故事：他有一位朋友穷困潦倒，走投无路之际准备跳海自杀，这时候看到一则广告，上面讲美国人要做一个生化实验，需要人身上生的虱子，但美国人身上都很干净，根本找不到虱子，于是发广告重金购买。这位朋友本来穷得没有衣服换，身上长满虱子，一看到广告，知道机会来了，于是干脆养虱子，一瓶一瓶高价卖给美国人。最后他变成了养虱子的专家，因为卖虱子而发了大财，成为一个有钱人。

这个故事正说明“制而用之谓之法”，南怀瑾先生感慨道，一些没有用的东西，如果动一动脑筋，变通一下思维，可能就会变成有用的，给人带来意想不到的财富。正因为一变就通，所以变通对成功来说很重要，这也正是“往来不穷谓之通”的道理。

### 能变则通

南怀瑾先生认为，人生路途波折，磨难重重，并不是一帆风顺的。我们在人生的道路上总会遇到形形色色的“拦路虎”，时代瞬息万变，机会也是稍纵即逝，而我们每个人都渴望走在坦途，迈向人生的成功之路，因而会不自觉地遵循一些规律和成功的范例。但是，并非每一种范例都是适合自己的，食古不化、不懂变通的人，是很难成功施展抱负的。

乌鸦喝水的故事我们都听过，说是一只乌鸦口渴了，到处找水喝，突然它看见一个瓶子里有水，可是瓶子里的水太少了，怎么也喝不着。这时它看见瓶子旁边有小石子，于是灵机一动，一颗一颗地放到瓶子里，瓶子里的水就慢慢地升高了，乌鸦就喝着水了。自从那只口渴的乌鸦用小石子填满瓶子，美美地喝了一顿水之后，它回去后就大肆宣扬自己喝水的方法，于是它的伙伴们都牢牢地记住了这个妙法。

另外一只乌鸦也出远门，途中感到口渴难耐，就想找些水来喝，恰巧看见地上一个瓶子里有半瓶水，乌鸦很高兴，想起了用石子填瓶子的办法。但是瓶子附近一颗石子也没有，这可急坏了乌鸦，它到处找石子，可是找来找去，除了满地黄沙，一颗石子也没有找到。最后，这只又累又渴的乌鸦就死在了瓶子旁，化成一堆白骨。

后来又有一只乌鸦经过瓶子上空，也感到很口渴，就落了下来，当它看到地上的半瓶水和那只死乌鸦时，知道发生了什么事。于是它不找石子，而是开始用爪子在瓶底挖坑，当挖到一定深度时，瓶子开始慢慢倾斜，等水涌到了瓶口，乌鸦就喝了个痛快。

故事虽小，但其中蕴含的道理却很深刻，可见学会变通多么重要，不变通可能会付出生命的代价，而变通就赢得了生命。正所谓世事洞明皆学问，人情练达即文章。南怀瑾先生说，人生要通达，食古不化就不对了，不知道变就是大贞凶。人情世故正如水中行船，顺风时一路高歌，逆风时小心谨慎。行正道，不同流合污，不贪功冒进，遇礁石时及时变通，人情是一门通达的学问，值得琢磨。

# 察见渊鱼者不祥

察见渊鱼者不祥，做人的道理亦是这样。不要太精明，尤其做一个领导人，有时候对下面一些小事情要马虎一点。

——南怀瑾

《易经》是一门讲究变通的学问，解释世间万物的变化，要用智慧兼顾包容。《易经》上说："参伍以变，错综其数，通其变，遂成天地之文；极其数，遂定天下之象。"意思是说，变化是错综复杂的，在处理一件事情的时候，要立刻想到下一步怎么做，估算周围人的反应如何；了解自己的同时，也要站在对方的立场上想问题，这就是了解"错综"的道理。

**中庸行事，水至清则无鱼**

南怀瑾先生用《易经》的智慧告诉我们，一个卦中只有六爻，到了五爻一变以后，第六爻就变成另一个场面。这意思就是说，我们看一个卦的时候，看了这一面之后，还要看另外一面，站在另一面的立场上想问题，做事就不会太绝对、太极端，中庸行事是最稳妥的，两面都看，两面都顾及，这样才能做到不偏不倚。

做人的道理也在其中，"察见渊鱼者不祥"，一个人过于精明，做事只看自己的一面，而不顾对方的立场，这种人不守住自己的位置，总想去抢占别人的地盘。如果是一个领导，就会对下属非常苛刻严厉，不给对方留余地，这是一种不明智的做法。水至清则无鱼，察见渊鱼者不祥，不懂得中庸行事，欲速则不达，物极则必反。做人做事，如果做过了头，必然招致不祥的祸患。

古往今来，有许多察见渊鱼、物极必反的例子。历史上著名的商鞅变法使秦国强大起来，秦始皇以法家思想打天下，仍然以法家思想守天下。秦始皇在治理国家的时候专恃暴力，法律连坐严苛，焚书坑儒，全民耕战，对百姓不重仁德，不重视思想文化发展，不使用怀柔手段，最后将秦国变成一个极端尚武的战争机器，而秦始皇也成为一代暴君，到了秦二世，国家就灭亡了。

武曌曾是唐高宗时的皇后，她在高宗死后临朝听政，不久废了中宗，改立国号为周，自称为则天皇帝，成为历史上著名的女皇帝武则天。武则天当政之时，担心有人谋反夺位，因此对反对她的势力进行严查倾轧，甚至设置了许多密探，调查官员的言行，稍有不妥就施以严刑厉法，使得百姓官员人人自危。当时有一位大臣上了一本奏疏劝谏武则天："你登基为皇，已经有很多官员和百姓不满，正应该以宽仁之心对待万民，使天下民心归一，如果一再严苛，虽然现在你坐在皇位上还算平安，但总要知道水至清则无鱼，器至满则倾覆的道理！"

武则天并不听劝，结果遭遇几次谋反事件，而且天下臣民的不满情绪越来越激烈。她晚年的时候终于明白了这个道理，她用强硬手段废黜李氏子孙，自立为皇帝，又以严酷的刑罚对待官员百姓，已经偏离中庸之道，而她在位期间诛杀政敌，毫不留情，甚至连亲人都不放过，更是做过了头，必然招致怨怒。最后，武则天承认自己存在失误，退离皇位，将政权重新交还李氏后人。

古书有"物极必反，命曰环流"这句话，就是说一件事情到了极端的时候，一定会产生变化，而造成全然不同的结果。所以无论做什么事，都该遵循适可而止的道理，凡事有度，过犹不及，不能把事情做过了头，察见渊鱼，必招不祥，事情超出界限，最终只能自食恶果。

## 海纳百川，能容乃大

《易经》解释变易的道理，引导人们在日常交往中懂得变通。但是变通说起来容易，付诸行动却非常困难，一些心胸狭隘、睚眦必报的人，对他人过于苛刻挑剔，无法宽容，不懂得变通，在做大事的时候就会困难重重，很难成功。

变通在人际交往中体现为宽容，有海纳百川的胸襟，对一些微不足道的小事睁一只眼闭一只眼，就像南怀瑾先生所说的，“不要太精明，尤其做一个领导人，有时候对下面一些小事情要马虎一点”。

《易经》中的智慧让我们了解到，世界上的事，世界上的人，乃至宇宙万物，没有一样东西是不变的，矛盾可以化解，意见可以沟通，就算敌人也能成为朋友，因此应时刻谨记宽容变通，海纳百川，有容乃大。

美国总统富兰克林年轻时，认识议会里一个议员，那人非常有钱而且能干，也很有威望，但他却不喜欢富兰克林，经常在公开场合为难他。

富兰克林感到非常烦恼，开始的时候和议员争锋相对，但情况越来越糟糕。最后富兰克林决定改变自己，努力使对方喜欢自己。有一次，富兰克林听说这位议员的图书室藏有一本非常珍稀的书，就给他写了一封信表示想看一看这本书。议员虽然不情愿，但碍于面子，仍把那本书借给他一个星期。一周之后，富兰克林把书还给他，还附上一封表示谢意的信，非常诚恳地感谢对方。

结果因为这封信，议员对富兰克林的态度有所改变，当他们在议会再次相遇时，富兰克林主动跟议员打招呼，并且极为有礼貌，议员对他的印象又扭转了一些。自那以后，两人经常碰面交流，最后变成很好的朋友。

南怀瑾先生说，在生活当中，摩擦和矛盾不可避免，有的时候我们不必将其看得多么严重，多一些宽容和爱心，生活中就多了一些温暖。事实上，宽容别人就是释放自己的胸怀，远离嫉妒和纷争，也就远离了痛苦和伤害。《易经》的智慧告诉我们，世上的人和事都在不断变化，如果自持己见，一味固执地看问题，眼下对自己有利，也许未来的某时会产生不良结果。同时，世上没有永远的敌人，也没有永远的朋友，成大事者应懂得海纳百川、能容乃大。朋友是一条通往成功的道路，敌人是一堵阻碍前进的高墙。所谓的宽容为怀、化敌为友，就是要将“一堵墙”变成“一条路”，这样才能使人生走向辉煌的巅峰。

# 守规矩而成方圆

进步的社会，物质文明富庶以后要有礼，必须有秩序，没有秩序就不行。

——南怀瑾

秩序和规矩是一个社会得以进步的必要条件,《易经》中师卦曰:“初六，师出以律，否臧凶。象曰：师出以律，失律凶也。”意思是说，一个团体必须有严明的纪律和秩序约束众人的行为，不然的话，这个团体只能称之为乌合之众。如果一个军队纪律松弛，有令不行，有禁不止，有规矩不遵守，则易生出败军之祸。南怀瑾先生认为，大到国家，小到家庭和个人，不能没有规矩，不能不守规矩。一个人在外面做事情，一言为定，到处合宜，言而有信，规规矩矩，懂得自律是做人的重要原则之一。

**行不出轨，动不越位**

我们都知道，候鸟是一种很守纪律的鸟类，天上飞的雁群队形严密，要么排成“一”字形，要么排成“人”字形，领头雁按规定的迁徙路线飞行，身后跟着一群浩浩荡荡的大雁，如果哪只雁不守纪律独来独往，就容易遭遇不测。动物界都懂得遵守规则和纪律，作为高级生物的人类更应该守纪律。孟子曰：“不以规矩，不能成方圆。”墨子也曰：“执其规矩，以度天下之方圆。”万事万物都有自然运行的规律，行不出轨，动不越位，一个人先要遵守游戏规则，才有资格进行游戏。

哈佛大学流传着一个故事：哈佛先生去世之前，向学院捐献了几百本图书。哈佛先生捐献的图书被存放在藏书楼里，允许学生在楼内阅读，但不能把书带出去，违规者开除学籍。一天夜里，藏书楼发生火灾，所有图书都被焚毁。很巧的是，有一位学生偷偷把两本哈佛先生的捐书带回宿舍，想看个通宵，因而避过了这次火灾。因为哈佛先生的捐书是哈佛大学的某种象征，所以师生们都感到十分沉痛惋惜。当这位学生得知自己带出的两本书是仅存的两本时，就毫不犹豫把书还给了校方。哈佛大学校长召开学生大会，一方面赞扬这位学生诚实做人的态度，以及敢于承认错误的勇气，说他不愧为哈佛学子；但另一方面也当场宣布将他开除，因为他违背了学校的规矩，私自将书带回宿舍。校长说，他想用学校的规矩来教育学生，而不是由人的情感去左右它。

规则的制定目的不是为了限制自由，而是为了让社会有秩序有条理地发展。这就好比红绿灯的设置，不是要阻止汽车前行，而是为了让所有车辆和行人都能有秩序地前行。如果车辆和行人都不遵守交通规则，随心所欲闯红灯，就会破坏交通秩序，结果就是一团混乱，不仅无法前行，还有可能危及生命安全。所以说，行不出轨、动不越位不仅是一种理性选择，也是个人的修养和大智慧。

**规矩不能轻视**

规矩既然定立了下来，就不能随意破坏，轻视规矩只会带来更严重的后果。南怀瑾先生研究《易经》指出，世间万物变化多端，看起来很复杂，但是万变不离其宗，而这个“宗”就是规矩。

从前有个书生进京赶考，经过一个村子，突然一条大狗从远处向他冲过来。书生心想逃跑肯定是不行的，乡下有句俗话叫“狗怕蹲下”，当人蹲下时，狗以为他要捡地上的石头打自己，因为狗是很怕石头的，所以会落荒而逃。书生想到这里，就赶快蹲下，大狗一看他蹲下了，转身就跑了。

书生很高兴，正要继续赶路，旁边突然过来一位老年儒者，从地上捡起一块石头，使劲朝狗扔过去，正好打在狗腿上，狗“汪汪”叫了两声，跑得更远了。书生不解地问道：“狗都被我吓跑了，你还扔石头干吗？这不是多此一举吗？”

“真的是多此一举吗？”老年儒者有点生气地说，“你蹲下就应该打狗一下，老是不打，狗就不信你了，规矩岂不是乱套了。”他接着又说：“狗之所以怕人蹲下，就是因为人会捡石头打它，这是长期以来形成的条件反射，也算是人与狗之间的一个协议。你要是打破了这个协议，蹲下了却没打它，它就会无所适从，一次两次没事，次数多了狗就不再相信你了，不管你蹲下是不是真打它，它都会扑过来咬你，吃亏的最终还是你。”

书生听了觉得很有道理，连忙感谢儒者，儒者摸一摸长胡子，点头说：“我表面上是在帮你打狗，其实是在维护一种秩序。很多时候，不守规矩比暴力更可怕。暴力只是破坏表面的东西，而不守规矩却是破坏一种秩序，把根基都动摇了。”

孔子曾说：“《易》之为书也，原始要终，以为质也；六爻相杂，唯其时物也，其初难知，其上易知，本末也。”意思是说，《易经》这本书讲的卦、爻、变等看起来很复杂，但实际上它的规则很简单，守住规则，就可以指导人生、求证宇宙万物。六爻相杂，阴极则阳，阳极则阴，它的要点就在于把握时空规则，可以转祸为福，转败为胜。要想人生长治久安，全在于守规矩而成方圆。

# 方以类聚，物以群分

方以类聚，物以群分，吉凶生矣。

——南怀瑾

南怀瑾先生在《易经杂说》中解释“方以类聚”，“方”的古字形就像一只猴子蹲着，所以有人说，猴子一只只地聚在一起，就是方以类聚。也有认为“方”就是“位”，意思是空间和方位。在每一个空间中的人和物，都有独特的情绪和个性，按照空间分类聚在一起。南怀瑾先生举例说，比如高山上和陆地相同温度的地方，都种同一种蔬菜，种出来的蔬菜外形尽管相似，但是吃到嘴里的感觉还是大不相同，这就是方以类聚的道理。“物以群分”则是说在物理世界有分类的现象，学《易经》时尤其要注意时间与空间的差异，由此而产生的分类现象决定了事情的“吉”或“凶”。

**物聚群分影响吉凶命运**

南怀瑾先生认为，“吉或凶都是因人的心理而产生的，为什么呢？因为‘方以类聚，物以群分’，这一类的人和那一类的人利益有了冲突，于是吉凶就分出来了”。

《战国策·齐策三》记载，齐宣王为了兴盛国家，用高官厚禄招揽贤能之士，齐国有一个著名文士叫淳于，他在一天之内举荐了七位贤士。齐宣王大感疑惑，问他去哪里找到这么多贤能之才。淳于说道：“他们都是我的朋友，因为天下同类的人总要相聚在一起。我既然算得上是贤才，那么我举荐的朋友也都是贤士，这就如同在黄河里取水、燧石中取火一样容易。”

齐宣王听了十分高兴，觉得淳于的话很有道理，于是给了他双倍的赏金，连同他举荐的贤能朋友也一起封赏封官。有一个喜欢吹嘘拍马的官吏知道此事后，也想发一笔横财，于是找到他的狐朋狗友，说只要向齐宣王举荐，大家都能封赏得官。于是他一天也举荐了七个朋友，齐宣王对这官吏说：“你自己就不是贤者，你举荐的这些人都是你的朋友，正所谓物以类聚，人以群分，可见他们也不是贤士。”最后，齐宣王不但没给他们高官奖赏，而且还重重地惩罚了他们。

这个故事就是说“方以类聚”能产生吉凶，与淳于在一起的贤士朋友，因物以类聚而得高官，而另外一伙人则被齐宣王惩罚。因此，喜欢与什么样的人相处，就是吉凶的反映。一个人愿意与游手好闲的人来往，自然是一种凶兆；而愿意跟勤奋好学的人一起，当然是一种吉兆。

**在天成象，在地成形，变化见矣**

中国有句古话：“近朱者赤，近墨者黑。”意思是说，周围的环境对人的影响很大。美国也有一句谚语：和傻瓜生活，整天吃吃喝喝；和智者生活，时时勤于思考。说的都是同一个道理，与什么样的人在一起，决定有什么样的结果。有人做过实验，泥土种植玫瑰，也能吸收玫瑰的芬芳，从而散发出怡人的香气。人更是如此，与什么样的人相处久了，久而久之，就会染上和他相同的“味道”。

一个农民去买驴，但不知驴的品性，就先牵回家试用两天。他把驴牵到养牲口的地方，让它跟自己的三头驴在一起。这三头驴，一头勤快，一头懒惰，一头善于讨好，主人对此了解得一清二楚。

新买的驴被牵回来后，走到那只好吃懒做的驴子旁边。买驴的人见状，马上牵着这头驴回到市场上。卖驴的人很奇怪，问道：“你还没好好试呢，怎么牵回来了？”买驴的人回答：“不必试了，这头驴喜欢跟好吃懒散的驴在一起，即便它现在不懒惰，时间长了，也会变成一头懒驴。”

科学家在实验中发现一个有趣的现象：刚刚破壳而出的小鹅，本能地跟随在它第一眼看到的活物后面，即便第一眼看见的不是自己的母亲，也会自动跟随。更重要的是，一旦小鹅形成了对某一活物的固定跟随，它就不再跟随其他活物了。这种反应是不可改变的，被称为“印刻效应”。在日常生活当中，虽然也有这样的“印刻效应”，但是人有极强的意志力和主观能动性，可以通过努力产生变化，改变吉凶。就像南怀瑾先生在《易经杂说》里指出的，世间万物都遵循变化的法则原理，正所谓“在天成象，在地成形，变化见矣”，一个人如果懂得事物变化的法则，不仅可以了解过去，预测未来，而且还能改变吉凶。

古代有一对邻居，一穷一富，穷人的儿子勤奋好学，富人的儿子不务正业。有一年，官府征召年轻人服徭役，富人临死前留了一笔钱，想花钱让儿子免去服役，但儿子游手好闲，很快把这笔钱花光了。等到征召徭役的时候，穷人的儿子已经考过科举，做了一个县令，不必去服役，而富人的儿子手里没钱免役，最终只能去服役。服役的时候，富人儿子想起他的邻居，觉得非常羞愧，决定痛改前非，重新做人。他努力工作，很快就完成了徭役的任务，回家之后勤奋读书，像他的邻居一样，也考过了科举，最后成为一位贤能的地方官。

这个故事说明一个道理：一个人内在的改变能够产生吉凶，对于勤奋进取的人来说，命运掌握在自己手里，是可以趋吉避凶的，以努力和变化来改变未来的命运。南怀瑾先生认为，交友合作有吉有凶，只要看懂其中的变化原理，就可以掌握和预测出吉凶。合作中的变化不仅可以产生吉凶，还可以改变吉凶，只有当变化的过程符合天道规则，顺应自然，这种变化才是趋吉的。

# 小事着手，成就大业

世上但凡有成功的，都专注于小事情。

——南怀瑾

世上无小事，简单的事情做起来并不容易，所有的事情都从迈出第一步开始，“不积跬步无以至千里”，专注小事情，不断积累小的成绩，才能增加成功的机会。《易经》有坎卦曰：“九二，坎有险，求小得。象曰，求小得，未出中也。”这个意思是说，人生的路上处处有陷阱和危险，如果从小事情着手，慢慢地扭转局势，最终就能产生巨大的变化，化险为夷，有所成就。

南怀瑾先生认为，对于想要成功的人来说，每天经历的都是小事，但事实上，成就事业的过程中没有任何一件是小事。很多时候，一件事看起来微不足道，或者毫不起眼，却能影响一生，成为成功的关键。因此，从小处做起，慢慢积累经验和能力，再小的溪水也能汇成大河。反之，如果在小事上马马虎虎，毫不在意，以为犯点小毛病无关大局，最终极有可能功败垂成，因为“千里之堤溃于蚁穴”，小事不注意，大事也难成。

## 专注生活中的点滴

世上没有小事，对于有智慧的人来说，成功的机会往往蕴藏在别人不注意的小事当中。美国石油公司曾经有个青年工人，他每天的工作是检查油罐盖是否完全焊接，确保石油存储安全。他的工作非常枯燥无聊，每天盯着机器翻转落下，每天几百遍地重复一个动作。以前的工人都不愿意做这种简单无意义的工作，所以纷纷离开，而这个青年工人的态度却非常认真。他发现油罐每翻转一次，都会漏出来一滴焊接剂，浪费无用，他就想，一定有办法能把这一滴省下来。于是他开始研制新型焊接机，但多次失败，经过反复研究琢磨，终于研制成功，每桶油为公司节省一滴焊接剂。公司很多人对他的钻研不以为然，认为一滴焊接剂没什么大不了，结果慢慢地才发现，这“一滴”能给公司带来每年 5 亿美元的新利润。别人都忽略的小事，这个青年却认真对待，因此他后来能成为掌控全美国制油业的大亨，他就是美国石油大王——约翰·洛克菲勒。

海尔 CEO 张瑞敏说：“什么是不简单？把每一件简单的事情做好就是不简单。什么是不平凡？把每一件平凡的事情做好就是不平凡。”很多人一生志大才疏，好高骛远，总想着做“大事业”，对生活中的平凡小事不屑一顾，最后往往两手空空，一事无成。

### 坚持不懈做好一件事

《易经》的原则是渐变，很少有突变的事情发生。那些看起来是突然产生变化的现象，其实也是慢慢得来的。所以说，不管做什么事，都不能操之过急，正所谓欲速则不达，坚持不懈做好一件事情，就朝成功迈进了一大步。

有这样一个小故事，从前有两个和尚，他们分别住在相邻两座山上的庙里。两个和尚每天都在同一时间下山砍柴，久而久之，他们成为好朋友。他们每天砍柴，不知不觉过了二十年。有一天左边这座山的和尚没有下山，右边那座山的和尚心想：“他大概睡过头了。”他便不以为意。哪知道第二天左边山上的和尚还是没有下山，第三天也一样。直到过了一个月，还是没来。于是他爬上了左边的山，去探望他的老朋友。等他到了庙里，看到他的老友之后大吃一惊，因为他的老友正在悠哉地打坐念经，一点也不没有生病的样子。他很好奇地问：“你已经一个月没有下山砍柴了，难道你不用柴火做饭吗？”朋友说：“来来来，我带你去看。”于是带着他走到庙的后院，指着一大片树林和灌木丛林说：“这二十年来，我每天下山砍柴时，都会从山底带回来一些小树苗，把它们栽种到后院里，这些小树苗慢慢长大，我再从大树上分出小树苗，就这样不停地栽树，庙里的后山上都是我栽的树。如今这些树已经长好了，我就不用再下山砍柴，而是可以有更多时间念经修佛。”

这个故事讲的就是小事的积累，时间一久，就成就了一件大事。故事中的第二个和尚很聪明，每天利用一些时间专注在一件小事上。冰冻三尺，非一日之寒，水滴石穿，非一日之功。常年积累下来，再微不足道的事也会变得有意义。

南怀瑾先生说，想做好一件事，就要把精力集中在一个目标上，不能轻易被其他的事情所诱惑，如果经常改变目标，或者把精力分摊到许多事情上，最后往往不会有满意的结果。对于追求成功的人来说，见异思迁和四面出击都是不明智的，把有效的时间和精力集中在当前所做的一件事上，集中解决问题和困难，就能提高效率，获得成功。

因此，如果做一件事不竭尽全力，而是三心二意的话，就好像挖井一样，花了很多时间挖很多的井，倒不如花同样的时间挖一口井，最后一定能喝到甘甜的井水。

# 行动取得收获，易之教也

> 读书人经常说“救国救民”，“为天地立心，为生民立命”，但是只讲理论不行，要问有没有做，有没有事功，没有则不算果行。
>
> ——南怀瑾

《易经》是研究解释世间变化的一门学问，只要“变”就能“通”，进而获得“达”的效果。对于宇宙万物而言，时刻都在发生着变化；而对于人类来说，“变”往往与行动有关，有“动”才有“变”。南怀瑾先生认为，如果一个人整天躺在床上做白日梦，根本没有一点行动力，或者懒于行动，就算他的计划和策略做得再完美，也只能是纸上谈兵，毫无用处。

## 行动力是成功的第一步

世界上最神奇的门是机会之门，一旦机会之门打开，就可以创造无数的奇迹。而对于渴望成功的人来说，如果缺乏行动力，就很容易错失良机。在进退之间不能把握机会的人，必将一事无成，终生蹉跎。

有一个农场主的葡萄成熟了，他想雇人来园中摘葡萄，农场里有圆筐和方筐，容积都差不多大小，所以农场主决定，每摘一筐葡萄就付劳务费十元钱。有个农民听说这个消息后，兴高采烈地想去摘葡萄赚钱。他在家里计算怎么摘葡萄最划算，用圆筐好还是方筐好，如果每天摘十筐，就能赚一百块钱，如果想办法摘一百筐，就能赚一千块钱。

于是农民绞尽脑汁，想各种各样的办法，看能不能每天摘一百筐葡萄。他一直想了三天，终于想到了投机取巧的方法，每天可以摘一百筐葡萄，于是很兴奋地跑到农场去摘葡萄。等到了地方他才发现，其他的农民早就把农场的葡萄都摘完了，大家都数着自己获得的劳务费，有的赚了几十，有的赚了几百，虽然没有超过一千的，但是每个人都赚到钱了。那个计划每天赚一千的农民，最后一分钱也没赚到。

《易经》大壮卦曰："九四，贞吉悔亡，藩决不羸，壮于大舆之。"意思是说，只要行动，做了就有收获，做了就有成功的可能。虽然行动不一定能带来令人满意的结果，但不采取行动就一定是失败的结果。任何一张地图，不管画得多么精密，如果我们只看地图而不行动，地图永远是地图，不会变成美丽的风景。任何一张建筑图纸，不管绘制得多么详细完美，它都不会自己变成一栋建筑。就像那个想摘葡萄的农民，即便计划得再好，如果他不去行动，就一分钱也赚不到。等他想要行动的时候，大好时机已经错过了，后悔也来不及。

### 懒惰不行动，一生与成功无缘

南怀瑾先生指出，成功的最大敌人是懒惰，只想着等待明天，无所事事，悠闲舒适地混日子，这样的人只会走向堕落，永远与成功无缘。波斯人曾经骁勇善战，征服了欧洲大陆，但渐渐变得享受安逸，不思进取，厌恶劳动和创造，最终被亚历山大击溃。亚历山大目睹了波斯人的腐朽和懒惰，感慨道："没有什么东西比懒惰和贪图享受更容易使一个民族奴颜婢膝的了，也没有什么比辛勤劳动的人们更高尚的了。"

古时候有一家生了儿子，请算命先生来看八字，算命先生夸赞孩子是大富之命，在三十岁就能成为当地首富。孩子慢慢长大，却非常懒惰，整天什么事也不干，除了吃就是睡。后来他父母双亡，他渐渐把家产败光了，只能搬到破庙里住，吃了上顿没下顿。周围的人看不下去，就批评他说，随便干点什么活都不至于饿肚子，就算沿街乞讨，也能讨一口饭吃。但这个人仍然什么也不做，只躺在庙里的一张破席子上睡觉，他说："我是大富之命，不必干活劳动，到了三十岁也能成为首富，我今年已经二十九岁了，再坚持几个月一定发大财。”

结果，这个人在三十岁来临的前一天饿死在破庙里。他死后很不服气，找阎王爷论理，说他是大富之命，为什么一辈子还没富贵就死了，他的钱财到底去了哪里。阎王爷说：“你死后没有一分钱遗产，所以你的钱财不在我这里，你去问问财神爷怎么回事。”这人于是又找到财神爷论理，财神爷查一查账本，点头说：“没错，你的确是首富，我早已把你的钱财给了文曲星，让他转交给你。”文曲星说：“这人一辈子不读书不认字，跟官场文艺有关的行当里都没有他，所以他的钱财我管不着，就转给了武曲星。”武曲星说：“我找遍所有跟武有关的行当，也没找到这人，所以把钱转给了禄星。”禄星说：“这个人什么也不做，世上三百六十五行，都没有他的影子，他连乞丐都不当，我想让他发财，却想不出办法，只好把钱转给了福星。”福星很郁闷地说：“这人懒得动也不动一下，我每天在破庙房檐前扔银子，他都不肯弯腰捡一下，我有什么办法，只好把钱转给负责破庙的土地爷。”土地爷哭丧着脸说：“我把钱放在破席子下面，他只要掀开席子，拿到钱就能成为首富，可是他到死也没动一动席子，这笔钱送不出去，我实在没办法。”

这个故事充满寓意，正所谓天道酬勤，命运掌握在那些勤恳劳动工作的人手中，一个人即便是大富大贵之命，但如果是一个懒惰的人，也注定不可能获得成功。英国著名学者伯顿说：“精神抑郁、沮丧总是与懒惰、无所事事联系在一起的。懒惰是一种毒药，它既毒害人们的肉体，也毒害人们的心灵。”懒惰的人看到别人成功，就只会怨天尤人，不停抱怨，自己却不愿意采取行动，他们永远是明日复明日，以为成功唾手可得。殊不知，所有成功者都恪守“勤奋是金”的原则，“勤劳致富”才符合天道之理。

# 中心，“不三不四”之间

我们中国人说话，很多都来自《易经》，如说“不三不四”，为什么不说“不五不六”或“不一不二”呢？“不三不四”这句话，又是根据《易经》来的。因为根据《易经》的道理，卦的第三爻和第四爻最重要，这两爻在卦的正中间，亦是中心的位置，如果一个人不成样子，就被形容为“不三不四”。

——南怀瑾

根据《易经》中讲述的道理，卦的第三爻和第四爻十分重要，因为这两爻是卦的中心，因此从另一方面来看，“不三不四”带有“中心”的含义。《易经》揭示的是宇宙发展的规律，卦的初爻，通常是象征事物的萌芽状态；卦的上爻一般是象征着事物发展到了终结的程度。南怀瑾先生从《易经》中的卦象、爻位等不同角度分析“不三不四”的“中心”思想。中间之爻，意味着中心，“无过无不及”。

## 中正即为正心诚意

《易经》引导人们保持中心位置，即是儒家思想中追求的“正心诚意”。儒学倡导世人遵行中正原则，“格物致知，诚意正心，修身齐家，治国平天下”，一个人如果不能做到中正，就会“不三不四”，“乱七八糟”，德行有亏，无法修身齐家，更不可能治国平天下。

春秋时期齐国进攻鲁国，鲁国的男丁多去参军当兵，当时孔子的弟子宓子贱在鲁国做官，眼看着麦收季节到来，收割麦子的人口不足，而齐国攻打鲁国一定会将麦子抢走。很多老百姓向宓子贱提出建议："麦子马上成熟了，我们应该赶在齐国军队到来之前抢收麦子，不管是谁种的，谁抢收了就归谁，总比被齐国人抢走好。我们鲁国有了粮食，就可以继续跟齐国人打仗，而齐国军队粮食供应不上，自然坚持不了多久，最后只能退兵，所以是一举两得。"

尽管百姓一再请求，但宓子贱坚决不同意这样做。过了一段时间齐军攻入鲁国，把当地的麦子一抢而空。这件事让百姓非常恼怒，全都埋怨宓子贱，连鲁国贵族也向他兴师问罪。宓子贱说："今年没有麦子，明年可以再种。但如果我们发布告令让百姓随便抢收，不种麦子的人就不劳而获，趁火打劫，得到好处，以后这些人就年年盼望敌国入侵，民风会变得越来越坏。鲁国不会因为一年的小麦产量而衰弱下去，但是如果老百姓的心不正、意不诚，总想着大发灾难财，这才是危害国家的大敌，这种投机获利的心理会影响到世世代代。"

"中心"是两种极端中间最合适的位置，也是"正心"的道德品质，时刻追求"正心"，能够很好地提升自己的修养品行，进而实现身心合一，知行合一。因此，无论是个人还是国家，行事始终保持"中心"态度，才能做到修齐治平。

### 违背中心，多行不义必自毙

《易经》引导人们讲求中正，行仁义而不偏离"中"。如果人们只是一味地追求物质利益最大化，把贪婪积累作为自身价值的全部目标，为了满足无休止的欲望，无止境地对外进行掠夺，就会一步一步走向极端，越来越远离中心位置，最终会因此遭到毁灭，付出惨痛的代价。

历史上郑庄公有一个弟弟共叔段，深得母亲姜氏宠爱，因而肆意贪婪，他借助母亲的力量，向郑庄公要求分封京邑。大臣们都劝谏说："按照先王订立的制度，分封的大城不能超过国都的三分之一，如果将京邑封给共叔段，这不合法度。"但郑庄公不好推辞，只能答应弟弟的要求。

没过多久，共叔段将封邑领地不断扩张，把国家西部和北部都据为己有。大臣们都十分慌张，纷纷说道：“一国不能有两个君王，要么把国家给共叔段统治，要么就灭掉他，否则百姓会产生二心。”但是郑庄公回答道：“如果他继续肆意横行，必然遭受祸端。”

此后，共叔段又将地盘扩张到东北，一直跟卫国接壤。大臣们又来劝谏：“必须除掉共叔段了，再让他扩张土地，下一步就是招揽民心，自立为王了。”郑庄公说道：“多行不义必自毙，百姓根本不会拥护他，就算他的土地扩张了，也一定会崩溃。”

共叔段见郑庄公一次次退让，以为郑庄公害怕他，更加得意，有恃无恐，于是集合党羽修造城墙战壕，准备粮草武器和步兵战车，企图偷袭郑国都城，篡位夺权。但是郑庄公对共叔段的举动早就了如指掌，并且有所防备，没等他造反篡位，提前派大将进攻京邑，并且在城门外历数共叔段的叛君罪行，京邑的百姓起来响应，作为内应反攻共叔段。最后共叔段无处可逃，只得畏罪自杀。

共叔段因为违背“中正”的原则，贪婪无度，所以自取灭亡。在《易经》里，万物皆以中为贵，《巽》卦里说：“刚巽乎中正而志行，柔皆顺乎刚。”南怀瑾先生也告诫人们，若是人们做事都能处于中心上，抑制住贪婪的欲望，尊重秩序与规律，以中正的态度为人处世，那么人与人之间的关系将会更加和谐。

# 易经，平淡而神秘的哲学

说《易经》是大学问，其实就像小孩子玩耍，但是世界上最神秘的学问，都是小孩子在玩的。

——南怀瑾

说到《易经》这本书，许多人会自然而然地把它和占卜、问卦、算命等联系起来。在古代早期它的确用来卜筮，然而经过时间的打磨，人们逐渐从《易经》中参悟到许多精粹的哲理，也使得这本书成为对中国文化有深远影响的书籍，南怀瑾先生则称其为"平淡而神秘的哲学"。

## 《易经》的哲学原理

古老的中国人在创造《易经》时并不是盲目空想，他们通过长久的天文观察，不断地积累观察和总结经验，各种卦象由此而形成。南环瑾先生认为，从卦序、卦名、卦象、卦辞、爻序、爻辞、爻象、断辞以及推演过程等方面来看，《易经》包含我国传统道德哲学的基本原理，也是儒家、道家、阴阳家、法家等诸子百家的思想源头。

从科学的角度来说，《易经》是一种哲学智慧，绝非迷信思想。阴爻和阳爻是两个最基本的符号，它们的不同组合构成了《易经》中的八卦，而这两个符号贯穿万事万物对立统一的两方面，揭示出宇宙间人和事的复杂变化和基本规律。

《易经》强调阴阳相对，刚柔相济，认为宇宙中的万物都是随时变化的，这种变化或阳刚或阴柔，在这些无穷的变化中相互对立的阴阳和刚柔，又将会在相互统一中保持和谐。南怀瑾先生从这样的角度探讨《易经》，让人们明白变化法则中蕴含对立统一的哲学原理，而这种哲学智慧正是立身处世的根本。

《易经》强调太极生两仪，两仪生四象，四象生八卦，八卦衍生六十四卦，在每一个卦象推导的过程中都充满了阴阳对立的意味，因而许多事物也被赋予了阴阳对立的含义，例如天地、日月、男女、上下、刚柔、寒暑等等，整个宇宙都是在这些对立的力量下相互作用变化，最终实现阴阳的平衡统一。

南怀瑾先生指出，《易经》六十四卦分别与世界上的事物相联系，无论是从哪一卦、哪一爻开始变化，最后都万变不离其宗。《易经》将宇宙万物联系在一起，又进一步阐述了事物不断发展的规律。初爻是事之始，上爻为事之终，中间的爻是事物不断发展的过程。当事物终结后就会出现物极必反的趋势，于是形成另外的一个卦，重新开始另外的循环。

### 研究《易经》，不需要高推圣境

从表面上来看，《易经》的确是一部神秘的占卜预测书籍，但南怀瑾先生认为，六十四卦的爻辞道理十分简单，就像小孩子玩耍一样，在高深学理之下，有一种基本的禀性。所以他说："我们研究学问，并不需要高推圣境，对圣人的东西先把他崇拜起来，然后从那崇拜的路上，自己蒙蔽了自己的智慧，硬往那里凑，就划不来。"

从《易经》中占卜命运结果，就好像是一种高深的权威，容易影响人们对未来生活的态度。南怀瑾先生劝诫说，对待类似的东西，不必死板崇拜，若有若无的把握，好像小孩子玩耍一般，无需过于执着。如果心中无法放开，始终对占卜耿耿于怀，执念到底，就会给生活平添痛苦。

有两个不如意的青年，一起去拜访一位智者，问道："我们在公司里被上司欺负，实在太痛苦了，该怎么办？"智者闭上眼睛想了一下，说道:“不过一碗饭。”然后挥手让他们离开。回到公司之后，青年甲立刻递上辞呈，回家种田去了，青年乙则继续留在公司工作。转眼十年过去了，回家种田的甲因为努力钻研现代耕种手法，成为一名农业专家；留在公司的乙学会坚忍，渐渐受到器重，成了一名经理。

两人再次相遇，青年甲说道:“智者送给我们一句话，‘不过一碗饭’，我一听就懂了，为一碗饭何必留在公司里煎熬，不如回家种地。”青年乙说道:“我也听了这句话受启发，工作不过是为一碗饭而已，何必较真，老板说什么就是什么，不赌气不计较，事情就成了。”两人又去拜访智者，说了他们的情况，智者闭上眼睛笑道:“不过一念间而已。”

这个故事说明对什么事都无需过于执着，抓得很牢不肯放手，是一种顽固死板的崇拜，而《易经》的核心精神正是要求人们懂得变通，随机遇而变，随规律而变，开启智慧，改变命运，不过一念间而已。

# 五行的生与克

说到生、克，我们研究《易经》，都知道综卦，综卦就是告诉我们，世界上的事物都有正反两个力量：有生，有克。

——南怀瑾

在《易经》中，所谓的五行指的就是金、木、水、火、土。南怀瑾先生指出：这五种符号代表的并非五种具体的物质，例如所有坚固的东西都可以称为“金”，“木”表示强大的生长力，“水”涵盖了一切充满流动性的事物，“火”代表热能，“土”则是表示地球本身属性。《易经》把它们称作“五行”，物质世界因这“五行”间的“生与克”而不断变化。

## 一切都是互相生克的

南怀瑾先生认为，无论是福与祸，正与反，是与非，还是利与害，世上所有的一切都是对立存在的，两方没有绝对独立的存在。相克与相生是密不可分的，若是没有生，事物就不能滋长；若是没有克，事物就会缺乏约束。比如“恩生于害”，父亲打儿子，这是“害”，但打儿子的目的是为了把孩子教育好，这又是“恩”，所以说“恩生于害”中蕴含相生相克的道理。相反，“害生于恩”也是有道理的。中国有俗话说，送人一斗米是恩人，送人一担米是仇人，朋友困难的时候救济一下，他会永远感激，如果帮得太多，他就会不满足，最后帮忙的人反倒遭憎恨。

有这样一个例子，某人有一套房子要出租，租金为每月500块钱，他的亲戚说：“我没房子住，你不如租给我吧。”这人一想大家都是亲戚，要500块钱就太见外了，不如免费给他住，于是这位亲戚免费住了十年房子。十年之后，房子涨价升值，从当年的二十万涨到两百万，这人就打算把房子卖掉，于是跟亲戚说明情况，让他尽快搬走。亲戚勃然大怒："现在外面租房子都要3000块一个月，你把我赶走了，让我去哪里找房子住？这不是故意刁难我吗？"

两人起了争执，其他亲戚也来劝说，最后协商让这人把房子卖给亲戚。这人要价两百万，亲戚又说："我住这房子时只值二十万，你现在要两百万，就是故意为难我，想要赶尽杀绝，谁摊上你这种亲戚谁倒霉。"买卖没有结果，这人只能用强硬手段把亲戚赶走，从此以后两家结仇，再也不相往来。

这个故事就是"害生于恩"的例子，南怀瑾先生说，"往往对好朋友，自己付出了很大的恩惠，而结果反对自己的，正是那些得过你恩惠的人。一个人的失败，往往失败在最信任、最亲近的人身上，这都是恩与害互为因果的关系"。这也如同青年人谈恋爱，爱得越深，恨得越深，是相生相克的法则。

### 五行的生与克

五行相生的规律是：木生火，火生土，土生金，金生水，水生木。相生关系也被称作母子关系，也就是说，木生火，则木为火之母，火为木之子。而五行相克的规律是：木克土，土克水，水克火，火克金，金克木。《易经》解释，五行存在相生相克的原理，自然界才能达到一种平衡状态。

例如，狼捕食羊是自然界的规律，狼吃羊的过程是帮助羊群淘汰体弱多病的成员，从而保证羊群的健康发展，不仅限制羊群的总体数量，也间接保护了草原。如果认为狼吃羊损害了人类的利益，因而消灭狼群，这样做的后果就是使羊群数量急剧增加，最终使得草原消失，直至沙漠化。羊对草来说是制约力量，狼对羊来说是制约力量，人对狼来说是制约力量，如果其中一种力量减弱了，就会让自然界的发展失去平衡，这就是自然界五行相生相克的道理。

南怀瑾先生认为，五行相生相克可以用于各种领域，其原理用途极为广泛，比如宋末年间，宋江向朝廷投降，朝廷命他带兵攻打方腊军队。当时方腊兵强马壮，宋江并没有把握，但他的谋臣认为，从五行生克的观点来看，宋江的军队名号是宋，五行属木，而方腊起义军的名号为方，五行属土。两者的生克关系是木克土，宋江克制方腊，这场仗应该会赢。果然，宋江出兵所向披靡，最后战胜了方腊。

《易经》中的五行生克理论，是我国古代人民在长期生产生活实践中总结出来的经验，五行的相生相克能解释事物之间的相互联系，人们将其中的规律运用于生活之中，从而更好地促进人类社会的发展。

# 变化：刚柔相摩，八卦相荡

刚柔共济，日月乃行。

——南怀瑾

《易经》中讲："是故刚柔相摩，卦相荡，鼓之以雷霆，润之以风雨，日月运行。"古人解释道："日月为易，刚柔相当。"南怀瑾先生说，我们看古文"易"字时，它的象形字是上面一个日，下面一个月亮，上下相结合就是"易"字。因而《易经》所讲述的，实际上是宇宙系统中日月运行、阴阳并生、刚柔相济的一个法则。

"易"中所讲的"刚柔相摩"，是一种不断磨合的宇宙法则。南怀瑾先生讲了《易经》"卦相荡"的含义，他说卦相荡，就是指先天六十四卦的一来一往，就像荡秋千一样，彼此相荡出来。假设我们从卦的方位来看，阴阳一动，刚柔交加，乾卦变动引起兑卦雷霆相碰，因而产生风雨，各种天象开始运行。这就好比古代一个朝廷，文武官员两股力量相辅相成，相生相克，帝王发出命令，引发一系列政策施行，然后产生相应效果，百姓生活随之运转起来，国家进而蒸蒸日上。

## 刚柔相摩，阴阳兼得

所谓的刚柔相摩，用现代语言来形容，就是坚硬的和柔软的相互摩擦，刚柔并济，能量就可以互相转化。老子曾提到过世界上最柔的东西是水，水的形态是一滴一滴的，表面上看起来是软的，不坚硬也没有骨头，可以到处流淌，风一吹就干了。但从另一个角度看，水也是世上最刚强的，因为利刃难摧，水滴石穿，不管是铁板还是石头，时间长了，都会被水滴穿，所以老子说水是世上最厉害的武器。因而水是刚柔并济的，也可以在刚柔之间互相转化，再坚硬的冰块终归会软化成水，而水也可以变成虚无的蒸气。

在宇宙当中，刚柔时刻都在相摩，大到一个国家，小到一个家庭，必然都有刚柔相摩在发生作用。纵观中国古时候的历朝历代，统治者的手下都有一群文官和一群武官，文武官员如同一柔一刚，一阴一阳，共同协助帝王执掌朝廷。文官虽然不擅长习武布军，征战沙场，但是他们的治国思想和口才文笔都是利器，就好像水一般柔软而多智多谋。而武将拥有强健的体魄，驰骋沙场战斗中，金戈铁马，所向披靡，是国家中最刚强的武器，是国家领土和百姓安居乐业的重要保障。正因为朝廷中刚柔相济、阴阳兼得，一个国家才能正常运转。

治理一个国家，偏重刚柔任何一方都不行。秦王朝以武力打天下，强兵严法，以刚猛为主，对柔的政策嗤之以鼻。因而秦始皇登基之后，不但不大力发展文化，反而焚书坑儒，杀害很多文人策士，将柔的一面全都扼杀。这样一来，秦朝刚柔之道失调，无法让国家真正强大兴盛起来，最后到了秦二世，秦朝就灭亡了。

宋朝则是相反的例子，赵匡胤打天下登基之后，担心武官掌握军权谋反，因而杯酒释兵权，大力扶持朝中文官，打压武官的力量。文武不能相济，刚柔不能协调，造成宋朝的军事管理十分柔弱，常年被四方少数民族欺压，最后偏安南方，直至灭亡。

因此，一个国家想要管理好，要懂得刚柔相融的策略。我们都知道廉颇和蔺相如的故事，一个文臣，一名武将；一个对外，一个对内，方能保证国家的长治久安。而一个家庭想有和谐的气氛，夫妻双方都要担负各自的责任，懂得调和阴阳，刚柔并济，才能获得幸福。

**以柔处世，以刚为人**

刚柔并济的道理其实就像一架天秤，这一头重，那一头就会翘高起来；而如果这一头翘高起来，那一头就会沉下去，因此均衡是最好的。刚柔并济虽然很难做到，但这是一个成功者必须具备的素质。对于进入社会的成年人来说，亦刚亦柔是趋于平衡的理性态度，也是一种很巧妙的处世方法，一方面要刚正不阿，保持正义的态度，另一方面又要能跟周围的人和谐相处，增进感情，既不盛气凌人，又能坚持原则。

南怀瑾先生说，人与人之相处，不管是在一个团体或一个家庭，不可能永远没有摩擦，因为"刚柔相摩，八卦相荡"属于宇宙的法则，是两个彼此不同的现象在矛盾、在摩擦，才产生许许多多不同的现象，一切人事也不能离开这个道理，关键是要看如何处理摩擦和矛盾。

清代才子纪晓岚不仅才华横溢，而且为人正直幽默。在乾隆年间，和珅权倾朝野，受到皇帝宠爱，但纪晓岚对他毫无畏惧，态度始终不卑不亢，时常以聪明才智对抗和珅的嚣张跋扈，成为"以柔处世，以刚为人"的典范。

有一次和珅新宅落成，想请纪晓岚题写匾额，纪晓岚对和珅贪婪敛财的行径早已痛恨不已，根本不想迎合吹捧他，但和珅深受皇帝宠信，直接拒绝也不妥当。于是纪晓岚假装答应，非常爽快地题写了两个大字："竹苞"，并且解释道："这两个字出自《诗经·小雅》'如竹苞矣，如松茂矣'，正是颂扬和大人华宅落成，家族兴旺之意。"和珅一听非常高兴，立刻命人装裱成匾额，挂在楼阁最显眼的地方，逢人就炫耀一番。乾隆皇帝驾临和府，听说纪晓岚为和珅题写了匾额，觉得十分好奇，过去一看是"竹苞"两字，当场哈哈大笑，对和珅说："纪学士写的这两个字，是嘲笑你家人个个如草包，这个纪晓岚啊，果然有过人的聪明才智。"和珅气得满脸通红，却不敢发作，因为皇帝赞扬纪晓岚聪明，他即便恼怒，也不能拿纪晓岚怎么样。

从这个故事可以看到，刚和柔并不是对立的，可以在同一个人身上做到相辅相成。这两个看似互不相容的东西，融合在一起反而会相得益彰。历史上不懂得刚柔并济的帝王到最后都自取灭亡，真正的成功者擅长将刚与柔巧妙结合，就好像冰和水一样，看着一硬一软，其实是同一种本质。所以，太刚则必折，太柔则必缺。只有刚柔并济，才是做人的上上之道。

# 第二章

## 南怀瑾谈处世智慧：
五十以学易，可以无大过

《易经》是一门处世哲学，建立一个关怀现世的理想社会也是人们修习《易经》的重要目的。中国人历来崇尚伦理社会，而《易经》中蕴含着各种有关处世的智慧观点，这也正是国学大师南怀瑾先生所关注的问题。“世事洞明皆学问，人情练达即文章。”他对易经中的处世智慧做了详细而生动的讲述，阐发人文掌故，妙趣横生；从易经思想中提炼出许多人生道理，令人深思，回味无穷。

# 至简至易，得天下之理

对于宇宙间奥妙的事物，当我们的智慧足够了，真正了解了它们以后，你会发现，事实上，它们很平凡，并没有什么神秘之处。

——南怀瑾

《易经》系辞第一章中讲道:“乾以易知，坤以简能，易简而天下之理得矣。”意思是说，宇宙的功能简单平易，很容易被人所认识和了解。然而我们总是习惯于将天地间的事情高深化、神秘化，自行地给它们蒙上一层神秘的面纱，从而阻挡了我们探索的步伐、前进的脚步。而事实上，当我们真正熟悉并懂得了这些我们之前认为很困难的事情，我们会发现原来也不过如此，并没有想象中的那样困难。《易经》中最高深的道理，恰恰是最平凡的道理。

## 熟能生巧，巧能生精

南怀瑾先生曾说过：对于未知的事情，我们的认识学习是一个发展的过程，刚开始可能困难重重，但是一定不要被它本身的神秘袈裟所吓倒，它并没有那么可怕，着手开始学习，就可以由无知到了解，由了解到熟悉，由熟悉到精通。这与《易经》中的“渐卦”很相似，“渐卦”讲的就是循序渐进的智慧。生活中我们要勇于尝试未知的事物，同时做每件事情都要讲究技巧，循序渐进，从而达到熟能生巧，巧能生精。

北宋时期有个叫陈康肃的人，看到别人精湛的射箭技术觉得很羡慕，他也想要学习。但是想到自己从来没有接触过射箭，也没有什么天赋，于是他就犹豫不决，不知道该不该去学习。就在这个时候，他遇到了一个卖油的老人，看着老人笔直的将油从钱孔倒入葫芦里，并且葫芦口处的铜钱还能不沾上一滴油，他十分惊讶，这么高超的水平，这个老人怎么达到的？他便去询问老人："您是如何做到这样的，太不可思议了？"老人看着他说道："在我没接触倒油的时候，看到别人如此娴熟地将油像线一样倒进瓶子里，也很惊讶，就和你现在的想法一样，但真正接触它的时候，我才发现，这并不是一件很困难的事，这只是一种手法熟练的平常事而已！我倒油已经将近二十年了！"

陈康肃听后若有所思：那些射箭技术高超的人应该也和这位倒油的老人一样，从不会开始，然后长时间练习，最终达到了人人艳羡的高超本领。想到自己想要学习的射箭，他一下子不困惑了，自己也可以这样，从头开始慢慢来，何必想那么多呢？回去之后，他开始准备东西，然后开始了日复一日的学习。最终，他真的拥有了高超的射箭本领，也真正体会到了那种"原来并没有很难"的感觉。面对无数人的夸耀、羡慕，他并没有觉得自己有多了不起，由衷地觉得自己的技能也只是"手法熟练了而已"。倒油老人的故事深深地印在了他的脑海中，他知道，人外有人，天外有天，没有最好，只有更好，自己继续努力，一定还能再上一个台阶。事实上，他的确在熟练射箭的基础上，研究出独属于自己的一套射箭技术。

南怀瑾先生也曾殷切地教导他的学生：学习不是一蹴而就的事情，它需要花费大量的时间和精力去认识、了解和钻研。我们都知道，人的大脑记忆功能有一个遗忘的过程与规律，学到的东西如果不及时复习的话，很快便会忘记。所以，学习中不断重复也是一个不可或缺的环节。读书学习还有一个把书变薄再变厚的过程，抓住重点，加以思考、深化、升华，掌握其中的要义，逐渐转化为自己的知识与理论。多次重复之后，我们便可以熟练地运用这个知识点或者这项技能了。

### 勇敢迈出第一步

世界上很多事情都需要有人勇敢地去迈出第一步，世界上存在太多我们无法了解的问题，天地间“有其理无其事”和“有其事不知其理”这两种现象，从不同角度说明了我们的经验和智慧不够用，所以导致了很多事情我们无法了解。也就是说，世界上的任何事物，有其事必有其理，只是因为我们的智慧、经验不够用，暂时找不出它的原理而已。而《易经》的“简易”是最高的原则，宇宙间无论多么奥妙的事物，当我们的智慧、经验足够了，了解它以后，它就变得平凡了，而最平凡也是最简单的。

常言道：千里之行始于足下，道德修炼始于点滴。勇敢地迈出第一步，才会发现很多我们没有见过、没有听过、没有做过的事情，迈出第一步才能呈现未知的精彩；勇敢地走出第一步，尝试第一步，才能取得成功。

香港 TVB 前董事局主席邵逸夫就是一个善于审时度势，勇敢走出第一步的人。他是香港电影的领头人，先于同行率先看到无线电视业的商机。事实证明，他勇敢踏出的第一步是完全正确的，这样的第一步帮助 TVB 坐稳龙头宝座之位，至今无人可取代，他也从而开创了属于他邵逸夫的时代。假如他因为之前没人这样做过而踌躇不前、进退不定，又怎么会有之后一马当先、蒸蒸日上的业绩呢？的确，迈出第一步，可能会存在风险，但是若因为风险而永远去走别人走过的道路，那么永远也不会取得很大的成功，永远只能是缩在角落里的尘埃，最终会在历史的长河中没落。

小时候学习走路，总要勇敢地迈出第一步，否则，永远也学不会走路。现在，我们逐渐长大，生活中有更多的第一步需要我们去迈出。遇到困难，勇于前进，只有这样，我们的人生之路才能充满生机与活力，我们的生命才能更加丰富多彩。就像南怀瑾先生说的那样，勇于起步，敢于起步，勇于发现、探索未知的世界，一定可以收获别样的幸福。

# 千变万化，非进则退

世间无不可变之道理，无不能变之关系。

——南怀瑾

“变化者，进退之象也。”这句话包含的意义很多。“变化”，《易经》告诉我们宇宙间任何事情、任何物体，随时随地都在变化，没有不变的东西。“进退”是大原则，是动态，是一进一退之间的现象，所以变化是进退的现象，非进则退。

**打破陈规，与时俱进**

《易经》强调变化，世间一切都在变化，随着变化，旧的东西与新的环境不相适应，那么改变就势在必行。革卦、鼎卦强调的就是对过去的、旧的事物进行合理、合适的改变。

南怀瑾先生也有很多观点在强调变化。他认为，时代在不断发展进步，社会生活也随之发生了翻天覆地的变化，我们要根据眼下的条件和环境，因地制宜，与时俱进，用发展的眼光看待问题。

有这样一个故事，一个山村里的木匠去城里找活干，虽然他手艺不差，但他的使用工具只有一把斧子和一把铁锯，结果生意很不好。后来他发现别人都在使用电锯，不仅节省时间还节省精力，快速高效。于是他虚心请教如何使用电锯，最后舍弃原来用的铁锯，换了新式的电锯。从那以后，找木匠干活的人越来越多，他也逐渐富裕起来。

从这个故事可以看出来，时代在变化，墨守成规并非一个好的生存之道。对于国家来说，亦是如此，故步自封也并不是强国之路，要有敢为天下先的精神。就像当年的孙中山先生，眼见清朝统治腐朽落后，无法与时俱进，便率先领导民主革命运动，推翻封建王朝的腐朽统治，发表“民族、民权、民生”三大主义，为老百姓谋求福利，为国家谋求出路。时代不同了，环境也在发生变化，无论任何时候，我们都需要因地制宜，因时制宜。

南怀瑾先生认为，不要用停滞不变的眼光看问题，更不要目光短浅，故步自封，只局限于眼前的利益。为人处世、管理企业、治理国家都是如此。就拿治理国家来说，一定不要使用头痛医头、脚痛医脚的办法。古代帝王在遇到凶荒年的时候，通常就只想到移民和输粮的办法。虽然可以解一时之困，但不是长治久安之法。如果不从根本上去解决这些问题，找到彻底的应对之法，这样的国家很难长治久安。

中国经历了那么多次的朝代更替，每一次都是一场改革，究其原因，就是各个朝代或多或少存在问题，需要变革。要想国家长治久安，百姓富裕安康，就要根据时代浪潮对治国之道进行合理的改变，并发展出适合本时代的强国之道。只有打破陈规，懂得变通，方能使国家长治久安。

**坚持创新，坚持前进**

古人云：“穷则变，变则通，通则达。”这句话形象地说明了创新的真正意义。《易经》中“鼎卦”的中心意思就是告诫我们一定要勇于革新，出奇制胜。这也与南怀瑾先生的思想不谋而合，面对不断变化的世界，我们要积极适应，及时改变，从容应对，打破一直束缚我们的思想，从而取得更大的发展。如果谁能用心地发现不断变化的需求，然后率先利用自己的能力适应这种变化，谁就会率先尝到因创新而带来的成功喜悦，这是从古至今都不变的道理。

古时候，有一年，鲁班奉命修筑一座宫殿，需要大量的木材。于是，鲁班每天都带着自己的徒弟们上山伐木，但是他发现，一天下来他们砍不了多少木头，效率非常低。他一直想着怎样才能高效率地砍到需要的木头。这一天，像往常一样，他与徒弟一起上山。在路上，鲁班的手不小心被一株草割破，他很好奇：一株草竟然能将手割破？有这么锋利吗？这样想着，他便开始仔细观察那株草。他发现，那株草的叶子两边长满了细齿，用手轻轻触摸这些细齿，能感觉到它们很锋利。他猜测，应该就是因为这些细齿，手才被割破的。他若有所思。之后又有一次，他无意中看到一条大蝗虫吃草，两排大板牙，一开一合，很快就吃了一大片。鲁班也觉得奇怪，就抓住了一只蝗虫，发现蝗虫的大板牙上同样有很多细齿。经过这两件事情，鲁班受到很大的启发。他在一片竹片上刻了很多的小锯齿，然后用小树去做实验。果不其然，一来二去，很快，小树就被划出了一道口子。鲁班非常高兴，就这样，他开始用竹片锯木头。可是，用了不久，竹片就不能用了，他左思右想，怎样才能长久地使用呢？于是，他想到了质地较硬的铁片，便立马请铁匠师傅帮忙制作了带有小锯齿的铁片。完成之后，鲁班就带着徒弟上山尝试锯树。他和徒弟一人拉住锯子的一边，俩人一来一往，很快就把树木锯断了，又快又省力。这样伐木的方式很快被人效仿，锯就这样被发明出来。

相信在鲁班之前，也会有很多人有相同的遭遇，但是为什么只有鲁班一个人能够从被草划伤的经历中受到启发，发明了锯呢？这非常值得深思。大多数人会认为这只是一件小事，不值得大惊小怪，在伤口好了之后就很轻易将这件事情忘记了，而鲁班却有比较强的好奇心，有积极思考的心态。他从生活中的琐碎小事，进行观察、思考、分析、钻研，勇于开拓创新，最终取得了创造性的发明。

在当今高速发展的今天，更需要创新意识。无论是国家、企业，亦或是个人，都需要有创新精神。只有勇于创新的国家，才能让自己屹立于世界强国之林。

遵从《易经》的教导，了解千变万化的世界，知道非进则退的道理，积极应对生活中出现的一系列变化，才能永远保持前进的姿态。

# 自助，人助，天助

用《易经》的道理做人，依靠自己内心的力量处事，便可勇往直前。

——南怀瑾

《易经》中讲到“是以自天佑之，吉无不利”。这句话是说，人助自助都要靠自己，只有这样，上天才会保佑你。其实，在南怀瑾先生看来，“天”可以看作我们自己的内心。我们只有懂得了《易经》这个道理，按照《易经》教给我们的道理为人处世，那么结局便很容易大吉大利。

## 高瞻远瞩，助人助己

“井卦”讲的就是互相依存、互助互利的智慧。“井卦”告诫我们的是品德是立身之本，在平时的生活中要努力提高自己的道德修养，助人助己，虽然良好的品德不能带给我们大富大贵，但是拥有了它们，便是不可多得的无价之宝。南怀瑾先生也非常认同这个观点，他认为，同别人搞好社会关系的前提就是，在别人需要自己的时候，尽自己最大的努力去帮助他，这样才能使得彼此关系融洽，进而让这种融洽的关系为己所用。一个人不要吝啬对别人的帮助，不去帮助别人的话，很难积攒下自己的人情，如果一个人的人情银行里没有储蓄，那么需要人情的时候也很难提出款来，所以，无论何时，只要别人有需要，只要自己有能力，就应尽可能帮助别人。因为很多时候，帮助别人也就是在帮助自己。

美国有一个富商叫卢卡斯，他的女儿得了一种非常严重的怪病，四处寻医无果，他就一边在外奔波继续寻医，一边在家照顾女儿。他多方打听到，有一个瑞士的名医要来美国讲学，而且曾经治愈过类似他女儿的病症。但是，这个医生什么时候来、会在哪里落脚等消息他一无所知，只是听说其行程安排得很满，根本没有一点多余的时间，他有些失望。一个风雨交加的夜晚，富商正在家里照顾生病的女儿，突然响起了敲门声，他打开门一看，是一个其貌不扬、矮矮胖胖的人，被雨淋得还有点狼狈不堪。富商问道："有什么事情？"那个人很抱歉地说道："我刚到这里不久，迷路了，希望可以借您的电话一用，找人来接我。"富商本来就因为自己女儿生病的事情烦躁不已，又看到这么无关紧要的人借电话，于是就语气不善地回答道："我的女儿正在养病，我不想有人来打搅！"说完，"啪"的一声关了门，将那个人拒之门外。

第二天，富商像往常一样拿起报纸阅读，报纸头版头条就是介绍那个瑞士名医的讲学内容，以及已经回国的消息。令富商惊讶的是，报纸上刊登的那个人就是昨天晚上希望借用电话的人。富商追悔莫及，自己一直心心念念的名医都已经到了自己的家里，自己却没能把握住。假如自己昨天愿意帮助那个人，将他迎进自己家中，没准那个医生就能看到自己生病的女儿，愿意尝试救助，现在可能女儿的病就有转机了。可是，自己当时却没有对他伸出援手，将其拒之门外，最终才导致了这样的结局。这只能怪自己呀！

是啊，生活中这样的事情很多，我们每个人都会遇到困难，茫茫人海中，如果遇到向自己张口求助的人，如果可以，就尽自己最大能力帮助他吧。就像南怀瑾先生所比喻的那样，有能力的时候多向自己的人情银行里增加储蓄，才能在自己最需要的时候派上大的用场。

### 自助者，天助也

《易经》中"颐"卦的六二爻："颠颐，拂经；于丘颐，征凶。"意思就是，养活自己必须遵循自力更生的原则，遵循正道，垦荒开田，如果违背了这一原则而做不切实际的幻想，全部寄希望于他人，那么前景必然危险。这其实说的就是“自助精神”，自助精神是个人得以成长的关键之所在。不管是在西方，还是我们的传统文化中，都有“自助者天助”的谚语，这个“天”，毫无疑问，就是自己，这则谚语经过长时间的实践流传至今，不无道理。

拿破仑年轻的时候，一次外出打猎，突然听见有人在呼救。拿破仑顺着声音来源找到了呼救者，原来呼救者掉进了河里，正在河里挣扎叫喊。拿破仑站在河边，想了想，非但没有伸手救他，而是冲着正在挣扎的那个人大喊：“你若是不自己游上来，我就一枪打死你！”那个人见求救无效，反而增加了自己危险的可能性，只能奋力自救，最终靠着自己的力量游到了岸上。在他上岸后，拿破仑笑着说：“看吧，你自己完全可以依靠自己的能力游上岸来，为什么一定要等待别人来救你呢？如果你一直不能自救，而是依赖别人相救，那就太危险了。今天是我路过这里，可以救你，假如你下一次再落入危难，没有人经过呢？难道你就一直等待吗？生命本来就是自己的，自己要对自己负责。”

可见，不论在任何时候，都要牢牢记住，自己才是自己的救世主，激发潜能，自己解救自己，才是生存之道。南怀瑾先生极度推崇孟子的一句话：天将降大任于斯人也，必先苦其心智，劳其筋骨，饿其体肤，空乏其身，行拂乱其所为，所以动心忍性，增益其所不能。为什么他要一次又一次将这句话向学生强调呢？因为这句话明确地讲出了，任何一个人，要想成就一番大事业，都会先经历一段艰苦磨练。艰难困苦是对你的试炼。面对艰难困苦，你用自己的意志力战胜它们，那么你就会迎来想要的结果。反之，你被这些磨难打败了，你承认自己不能战胜这些困难，那么你永远也不会成功。就好像要忍受黎明前无尽的黑暗才能看到光亮一样，忍受不了，就要永远在泥沼中挣扎。

自助者，天助之，机遇总是留给有准备的人，一个人应该懂得自助，懂得依靠自己多做一些有意义的事情，塑造更好的自我，在自助中收获信心，收获力量，才能成就美好的人生。

# 无咎者，善补过也

懂得小心谨慎反省与改正错误，这是最高的哲学。

——南怀瑾

《易经》当中除了“吉凶悔吝”这四个现象以外，还有一种叫“无咎”的现象。然而，正如南怀瑾先生所参悟的那样，“天底下的事情既没有绝对的好，也没有绝对的坏，你认为好了，就出毛病了”。说到底，人生在于一个“悔”字，要做到“悔”这一点是很困难的，只能无限接近“无咎”的状态，而不可能达到真正的“无咎”。所以，并非卜卦卜到了无咎，就可认为没有问题了，就一味地认为这是好卦，那就大错特错了，而是要警醒自身，善于补过。

## 闻过则喜，人生之大幸

南怀瑾先生告诫世人，“若想真正达到没有毛病的境界，就要‘善于补过’，要随时随地反省自己，要随时随地检查出自己各个方面的错误，才能尽可能向无咎靠近。”

一般而言，人们犯错后面对他人的指责，常会表现出两种截然不同的态度。第一种是虚心接受，就像孔子教导世人的那样“闻过则喜”；第二种则会觉得有失颜面，会为自己辩解，以洗清自己所受的“冤屈”。这两种态度体现的正是接近无咎和远离无咎的两种人生境况，所谓的“闻过则喜”体现的是一种谦逊、理智和大度的人生修养，千百年来为人们所传颂。

说起来，孔子是“闻过则喜”这方面的表率。有一次，陈国的司寇问孔子，鲁国的昭公是否懂礼数，孔子不假思索地对司寇说，昭公是个懂礼数、有修养的人。听了孔子这番话，司寇陷入了沉默，等孔子离开后，司寇马上对巫马期说：“古人常说，君子从不会偏袒人，莫非现在这世道，就连君子也开始偏袒人了吗？”

巫马期听了一头雾水，虽然知道司寇话里有话，但仍不明就里。于是，司寇向他解释了事情的原委。原来，这位鲁国的昭君娶了一位来自吴国的夫人，二人是同姓，所以讳称她为吴孟子。这位陈国的司寇认为，鲁君这一做法根本不合乎礼法，并且公然违背了同姓之间不可通婚的规矩。

听了陈国的司寇这一番话，巫马期也觉得很在理，便将这番话传达给了孔子。孔子听后非但没有生气，反而坦然地说道：“这真是我孔丘的幸事啊，一旦我犯了任何过错，就会有人来提点我啊！”而自此以后，孔子在评价他人时更为严谨、更加客观。

听别人公然指出自己的缺点，孔子非但没生气，反而很高兴，并反省自身，这正是他闻过则喜的表现。然而，对大部分人而言，要达到闻过则喜的境界是很困难的。当别人指出自己的缺点或错误时，能忍住不当场翻脸就已经很有修养了，能像孔子那般觉得这是一件幸运之事的人则少之又少。然而，如果我们仔细想想孔子的所作所为，就会觉得他所倡导的“闻过则喜”是很有道理的。面对他人指出的错误不羞不恼，反而将之视为一件幸事并接受了，这体现的是一种圣人的胸怀和修为。

### 随时改正自己的过失

如何理解“无咎者，善补过也”这句话的内涵呢？南怀瑾先生为我们讲了一个生动的例子，譬如你做生意，三点半钱要进账，你卜到了无咎，就认为没有问题了，事实上这是靠不住的。你要去找钱才行，钱不会自己长着脚跑到你的兜里去，不然你迟早会被这种不思进取的思想拖垮的。总而言之，要善于补过才行。

古语有云，“从善如流”，说的就是对真理采取服从态度，如同水向低处流淌一样。这句话告诉人们，面对他人对自己过错的指责时，一定不要急于辩解，要保持冷静，虚怀若谷，反复思考后服从于真理。如果真的是自己做错了，就要及时改正，以免造成更大的损失或犯更大的错误，这就是古人常说的“从善如流”。

然而“从善如流”的关键在于“善”，只有听从正确的建议，才能向积极的方面发展，才能弥补自己的过错。历史上，因“从善如流”而兴国、误国的例子比比皆是，其中齐桓公就是典型的例子。

为了争夺王位，年轻的齐桓公与自己的兄弟公子纠你争我斗。当时管仲是公子纠的老师，为了帮公子纠夺取王位，曾派出杀手前去追杀齐桓公，并向他射出了致命的一箭，幸运的是，带钩挡住了这一箭。为了让管仲麻痹大意，齐桓公故意咬破舌头，假装吐血而亡，才逃过了这一场劫难。

经此一事，在齐桓公眼里，管仲成了仇人。齐桓公登上王位后不久，就打算将管仲杀掉，但他的恩师鲍叔牙却再三劝阻他，希望他能对管仲委以重任。齐桓公思索再三，最终接受了鲍叔牙的建议，不计前嫌，拜管仲为相国，后来又尊称他为“仲父”。当了相国之后，管仲果然能力超群，在国内推行“富国强兵”的政策，在国外推行“尊王攘夷”的政策。在管仲的辅佐之下，齐桓公最终称霸于诸侯。

令人遗憾的是，齐桓公一世英名，到了晚年却不思进取，忠奸不辨，不顾管仲等一众老臣的规劝，重用了易牙、竖刁、开方等奸佞小人。三人心怀不轨，后来齐桓公病重，他们假传圣旨，将齐桓公与子女和大臣隔离开，后来又不为齐桓公提供饮食。最后，齐桓公被活活饿死了。更令人发指的是，齐桓公死后，这三人秘而不宣，桓公的尸体被放置在偏僻之处整整 67 天而无人问津。其间，他们派人去追杀太子昭和其他旧臣，最后还拥立了新的太子。

虽然太子昭后来复位除奸，但是从此齐国一蹶不振，最终灭在了秦国手中。早年时，齐桓公从善如流，善于接受正确的意见，甚至大度地重用仇人，国力富强，称王称霸。而到了晚年，他却忠奸不分，不听忠言，最终误国误己。这就是鲜明的对比。

正如南怀瑾先生所说，在逆境中接受他人意见或许难得，更为难能可贵的是在顺境中也能够警惕自己，从善如流。

# 辨吉凶者，存乎辞

千万不能迷信，这就是中国文化哲学的道理。

——南怀瑾

《易经》中讲到“吉凶者，贞胜者也”，南怀瑾先生对这句话是非常认同的。他给出这样的解释：天地间没有绝对的好事，也没有绝对的坏事，好坏都在人为，在于人心，即所谓的“贞胜者也”。“贞”就是“正”的意思，心若正，坏事也不坏了；心若不正，好事也不会好。生活中，之所以会出现那么多的是是非非、好好坏坏，全都是我们自己造成的。

## 福祸无门，为人自召

有一个成语叫“否极泰来”，这个成语是从《易经》中的泰卦、否卦演化而来的，这两个卦象有着紧密的联系，任何事物都可以从否转换为泰，也可以由泰转化为否。善于把劣势转化成优势，化不利为有利，就能够做到“否极泰来”；相反，不好好利用自己的优势，也有很大的可能会变成“泰极否来”。正所谓“福祸无门”，说的就是这个道理。

相信大家都听说过“伤仲永”的故事。北宋年间，江西金溪县有个叫方仲永的小男孩，天资聪颖，学习用功，所以上学后不久，他就能很快掌握书本中的知识，还能够自己创作诗歌。他的父亲知道后，非常高兴，将儿子写的诗歌拿给乡中的老秀才过目指点，老秀才看后，连连称赞诗歌写得好。这件事很快在乡间传播开来，所有人都很惊讶，认为一个小孩子怎么可能写出如此好的诗句。很多人出题考仲永，但无论谁出题，仲永都能够很快地写出很有道理、极富文采的诗句。慢慢地，方仲永的名声越来越大，被人称为“神童”，不断地受到官僚、学者、绅士的邀请，很多人还拿钱请仲永题诗，作为一种荣耀挂在家中显眼的地方。

就因为这样，方仲永的父亲认为有利可图，天天带着孩子四处向别人求讨财物，认为孩子没有继续学习的必要。年幼的仲永就这样与父亲不断地出入达官显贵的豪宅。但是，由此产生的负面效果也逐渐显露，他的知识就那么多，用完之后，再也没有什么可写，写来写去就是那么几首。人们看得多了，也觉得索然无味，而他的天才光环也逐渐泯灭。最终，他和普通人一般无二。

按照道理来说，方仲永天资聪慧，“神童”的光辉理应一直闪耀下去，获得长足的发展，但是，他后天没有努力，白白地浪费掉了自己极高的学习天赋。就好像道家《太上感应篇》中说的那样：“福祸无门，为人自召。”有天赋本是好事情，但是因这个优势而放松自己，不思进取，那就太可惜了。

由此可见，什么事情都不是一成不变的，生活中有太多先天条件好的人，但是因为自己后天的过度放纵，不思进取而最终一事无成。也有很多条件平平，面对无数的挫折最终凭借自己的努力而获得了不平凡的人生。所以，无论何时都要记住，人生的福祸、命运的好坏全部掌握在自己的手中，根本没有命定福祸一说，全是人自己所作所为的结果罢了。

### 用正直之心，逢凶化吉

《易经》中有云“其介如石”，意思是说在高高的山顶上有块石头巍然屹立在那里，这种顶天立地精神就叫做“其介如石”。孔子说“忧悔吝者存乎介”，这个“介”指的就是一个人顶天立地的站在那里，行得正、坐得稳，中正自守，坚如磐石。当你遇到最痛苦、最麻烦的事情的时候，自然也就会逢凶化吉了。

走正直诚实的道路，走问心无愧的道路，必定会有别样的精彩。什么是正直？什么是问心无愧？总的来说就是用最高的标准严格要求自己，有高度的社会责任感、荣誉感，将道德放在首位，用道德约束自己，有勇气接受并且坚持自己的信念，坚定不移，内心坦荡，追求内心的平静。

比如晋代诗人陶渊明，他是个“采菊东篱下，悠然见南山”的隐士，是个“但识琴中趣，何劳弦上声”的雅人，是个“晨兴理荒秽，带月荷锄归”的农夫。他不愿意为五斗米折腰，不愿意与他人同流合污，只想守护心灵的净土，保存最初的本心。于是，他毅然决然地归园田居，远离尘世，远离喧嚣，吟唱着“山气日夕佳，飞鸟相与还”的诗句，与菊花为伍，与清泉相伴，过着闲云野鹤般自由自在的诗意生活。也正是因为他将心灵栖居在平静、纯洁的世界里，他得到了自己想要的升华。他的一生，虽然没有在政治上有所建树，但是却在文学的世界里增添了浓墨重彩的一笔，留下了无数千古传颂的诗文佳句。假使他没能守住心灵的净土，面对官场，浑浑噩噩，那么他也终将成为无数历史尘埃中的微尘，最终埋没在更多的微尘之中。他用实际行动践行着正直的含义，用诗歌书写宁静平和的内心，用一生诠释属于自己的精彩。

南怀瑾先生认为很多时候我们会遇到逢凶化吉的事情，之所以会这样，与我们平时自己的行为准则密切相关。当一个人做任何事情都秉承着正直、正义，都坚守自己“善”的本心，那么他就不会做出有违天理的事情，试问，这样一个人，又怎么会遇到所谓的“祸事”呢？即使遇到，也必然能够逢凶化吉。

# 与天地相似，故不违

一切合于自然之道，就不会违背大自然的原理准则。

——南怀瑾

《易经》的学问精神，非常推崇“仁智”，“仁”的智慧，是成就圣人的境界。圣人指的就是学问、德业、修养达到标准的人。了解这个之后，努力做到上知天文，下知地理，宇宙的法则都掌握在自己手中，也就是达到“宇宙在手，万法由心”的境界，那么他就不会做出有违自然之道的事情，即“与天地之相似，而不违”了。

**敬畏自然，顺应天道**

老子说过：“人法地，地法天，天法道，道法自然。”意思是说，人是以地的法则运行，地是以天的法则运行，天是以道的法则运行，道是以自然为法则运行，自然为最高运行法则，是最高的标准。《易经》中讲否卦：“否之匪人，不利君子贞，大往小来。”这句话的意思是，事物本身有自己的发展规律，人为地改变规律，就会带来不利。

在农业文明时期，人们为了自己的眼前利益，大面积地毁林开荒。长此以往，最终造成了水土流失、土地沙漠化等不可恢复的生态灾难。为什么会出现这种情况呢？归根到底，就是因为人们为了能够得到更多的耕地，满足自己眼前的利益，不惜将森林全部砍伐。但最终结果，并不像人们想象的那样如愿以偿得到耕地，相反，那些地方全都变成荒芜之地，人们最终“人财两空”。进入工业文明时期，人们不择手段，对大自然过度索取，造成了大气污染、温室效应、臭氧层空洞等无数生态灾难。很自然地，大自然也在不断地“回馈”着我们，各种疾病、各种自然灾害一次次地威胁着我们的生命。假如我们依旧不能正确认识自然，遵从自然之道，自以为是地一心想要征服自然，那么后果将是难以想象的。

为什么我们国家会提出“建设环境友好型社会”的口号？为什么政府开始严惩一个又一个严重污染环境的工厂？为什么会提出“不能将经济发展建立在污染环境的基础上”？为什么重视“可持续发展”？为什么近年来各国首脑、专家经常一起讨论如何应对气候变化？这一切就是因为人们慢慢认识到了自然的重要性，知道了一直破坏自然，必将受到毁灭性的打击。种种措施，都是在尊重自然的基础上做出的积极而又现实的选择。

《易经》中：“恒：亨，无咎，利贞，利有攸往。”意思是说，坚持顺应自然，在遵从自然常道的基础上，就能够亨通，不会有灾难。就像南怀瑾先生所倡导的那样，尊重自然之道，敬畏自然，充分意识到大自然的伟大，承认人类本身也是大自然的一部分，应该调整自己与大自然的关系，尽最大努力做到与自然和谐相处，而不是彼此对立、互相伤害。只有以谦卑诚恳的心来认识自然、了解自然，发现自然本身的规律和秩序，才能与自然友好和谐地长久发展。

### 孝敬父母，遵从人道

在《易经》中，乾坤两卦代表父母，震、坎、艮三个卦象分别代表长男、次男和少男，巽、离、兑三个卦象代表长女、次女和少女。父母加上六子组成一个家庭，父母就是家庭中的天地。

中国有一句古话：“百善孝为先。”可见，在中华民族那么多传统美德之中，孝敬父母居于首位，是重中之重。我们每一个人，无论大人小孩，男女老少，都需要遵循“孝”。《弟子规》里这样写道：“父母呼，应勿缓；父母命，行勿懒；父母教，须敬听；父母责，须顺承；冬则温，夏则清；晨则省；出必告，返必面。”这些都是规范子女行为的准则，也是我们应尽的职责与义务。南怀瑾先生认为，现代“孝”的含义虽然随着社会的进步与改变而不断地丰富和改变，但是“孝”的本质却是不变的，我们不仅要在物质上尽孝，更要从精神上尽孝，关心父母的心灵需要。

有这样一个简单却又感人的故事：儿子回到乡下帮父亲办完丧事，要求母亲跟他一起去城市里生活，可是任凭儿子怎么劝说，母亲就是不肯离开落后、贫瘠的老家，说是不习惯城市生活。于是，儿子没有勉强母亲，最终说好每个月给母亲寄 300 元生活费。这一天，这位母亲收到了一张汇款单，是一张 3600 元的单子，起初，她不明白儿子为什么一下子给自己这么多钱，单纯地以为儿子只是关心母亲，害怕每月 300 元的生活费不够。这样想着，她脸上洋溢着难以抑制的喜悦，逢人就说是自己儿子寄来的。就这样，这张 3600 元的汇款单在村子里大妈大婶们的手中传来传去，所有人都说这位老母亲的儿子很孝顺。但是，一个月一个月过去了，母亲再也没有收到儿子的汇款或是来信，她慢慢明白，那 3600 元应该是儿子一下子将一年的钱全给了，她心底的失落油然而生。不久之后，儿子收到了母亲的来信，信上说道：不要一次性将一年的钱全部寄过来，一个月寄一次就好。刚开始儿子不明白为什么母亲一定要求这样做，一次寄过去，可以节省时间，自己可以去干很多其他事，为什么一定要分开寄呢？左思右想，儿子突然明白了母亲的用意。其实，母亲并不在乎儿子的钱，她只是想要每月都有儿子的消息。他很后悔，自己没能早早地了解到母亲的内心。于是，他决定，无论多忙多累，也不能忘了远在乡下的母亲，也不能忽视母亲内心深处的感觉，他不但每月按时将钱给母亲寄过去，还会附上一封长长的信。知道母亲认字不多，他尽可能都用最简单的文字，还配上生动形象的图画，告诉母亲自己一个月来的生活、工作等一系列情况。

不难想象，这位母亲在收到儿子的汇款还有信的时候，内心会是多么的欣慰与高兴。是的，尽孝不仅仅要在形式上，更要从内心深处真正地关心父母，关心他们的身体，在乎他们的想法。

南怀瑾先生曾讲解过《孟母三迁》的故事，讲到了父母在子女成长过程中付出的责任与爱。我们不禁感怀，更应该尽可能早地、尽可能多地向父母“尽孝”，不留“子欲养而亲不在”的遗憾，以此回报父母当年的栽培养育之恩，这不仅是自己对父母孝心的表现，也是遵从人道的体现。

# 周乎万物，道济天下

智慧周遍了所有的学问，就能够救济天下。

——南怀瑾

古人讲到儒家，一般都把儒者当成是智慧的代表，儒家也自认为，一个读书人就要什么都了解，否则便认为是可耻的。所谓的“一事不知，儒者之耻”。所以，作为一个真正的知识分子，天下之事，要无所不知，上知天文，下知地理，中通人事，乃至万物的道理都要清楚明白。只有达到这个境界，才能够有动力、有方法，救济天下。南怀瑾先生对此也非常认同。他多次劝导年轻人，在最好的时间，应该不遗余力地去学习知识，丰富自己，探索未知。只有这样，生命才不算浪费。

**勤奋探索，不断拓展知识领域**

《易经》中乾卦称“天行健，君子以自强不息”，这已经成为我们的一种民族精神，说的就是君子要自强不息，勤奋探索，从而获得“飞龙在天，大展宏图”的机会。

南怀瑾先生说：“每一个人的气度、知识范围、胸襟大小都不同。如果要立大功成大业，就要培养自己的气度、学问、能力，像大海一样深广才行。要够得上修道的材料，也要像大海一样汪洋才行。”如果想让自己的知识像汪洋大海一般，就要勤奋探索，不断探索未知的世界。

袁隆平，一个世人瞩目的名字，他很早就致力于杂交水稻的研究，成功实现了三系杂交水稻的“三系配套”，成功地使得两系法杂交水稻研究顺利进行，并且最终取得成功。他以中国科学家过人的胆识和丰富的经验，经过不懈的奋力研究探索，使得我国的农作物育种取得了史无前例的辉煌成就，解决了无数人的温饱问题。他发表了很多具有里程碑意义的重要论文，获得多项国际大奖，被国际同行誉为“杂交水稻之父”。他为之奋斗的杂交水稻事业被人们誉为“第二次绿色革命”，给整个人类带来了福音。

成功过后，面对接连而至的荣誉，袁隆平没有沉醉，反而坚持继续探索；面对无数的挫折困难，没有止步不前，依旧勇敢钻研。在他的书房内悬挂着一首自己的七言绝句：“山外青山楼外楼，自然探索永无休。成功易使人陶醉，莫把百尺当尽头。”诗词淋漓尽致地表明了他探秘杂交水稻永无休止的决心。

袁隆平的一生，是勤奋探索的一生，是不断扩展新知识的一生。正是因为这样，他才能在世界历史上留下浓墨重彩的一笔。做学问最需要的就是这种精神，不盲目地迷信权威，坚持自己的想法并且积极地去实现它，才能真正有所成。

反观现在，由于时代发展，科学进步，很多现代人习惯于坐享其成，缺少了敢于质疑、敢于提问的精神。如果一直这样下去，世界少了敢于质疑的人，那么整个社会就会停滞不前，人类会因此退化。所以我们在做学问时，应当多想、多问、多钻研、多探索，就像南怀瑾先生说的那样，培养像大海一样深广的气度、学问、能力，共同创造一个欣欣向荣的世界。

### 按照客观规律改造世界

就像南怀瑾告诉我们的那样：不断地学习知识，用自己掌握的知识去改造世界，让我们的世界更加适宜于人类生存。

被称为“医圣”的李时珍，是中国历史上最著名的医学家、药学家，其所编著的《本草纲目》是本草学集大成的著作，对后世的医学和博物学研究做出巨大的贡献，被誉为“东方医药巨典”。

李时珍从很早就开始思考要编著一本无误、全面、利用价值大的医书。为了《本草纲目》的写作，他全身心地沉浸在浩如烟海的医书宝库中，熟读各种古典医籍、历代名家著述和大量关于花草树木的书籍，仔细研究、认真记录所有与看病相关的文字。在编写过程中，他脚穿草鞋，身背竹篓，翻山越岭，寻医采药，足迹遍及全国各地，走上万里路，倾听千万人的意见。经过长期的实地调查，李时珍最终创作出这本吸收了历代本草著作精华的《本草纲目》。这部伟大的著作尽可能地纠正了以前的错误，补充了不足，还有很多重要发现和突破，是到 16 世纪为止中国最系统、最完整、最科学的一部医药学著作。《本草纲目》不仅为中国药物学的发展做出重大贡献，而且对世界医药学、植物学、动物学、矿物学、化学的发展也产生了深远的影响。

李时珍完全做到了“周乎万物，道济天下”。他用自己的努力勤奋学习大量的知识，他用刻苦、探索、奉献将知识运用到造福人类的实践活动中，从而为人类做出了不朽的贡献，创作出造福无数人的《本草纲目》。

# 乐天知命，故不忧

---

中国文化对于人生最高修养的一个原则有四个字，即“乐天知命”。

——南怀瑾

---

知道宇宙的法则，合于自然，知道生命的道理、生命的真谛，乃至生命的价值，就不会有什么烦恼了。南怀瑾先生讲道：学习《易经》的人，很容易无忧，因为他们知道痛苦、烦恼、艰难、困阻、倒霉……都是生活的一个阶段，快乐、得意、高兴也是如此。每个阶段都会过去，因为天下没有不变的道理。就等于一个卦象，到了某个阶段，就会变成另外一个样子。因为知道一切万事万物都在不停地变化，所以便能够随遇而安，“乐天知命，故不忧”。

## 乐观心态，快乐生活

“境由心生”的道理大家都明白。在两个人面前各放着半瓶水，一个人看了后，心想：“我还剩半瓶水。”而另一个人看后，想的却是：“我只剩半瓶水了。”对待同样的半瓶水，为什么不同的人会有不同的看法呢？这主要是不同的心态在起作用。乐观者从半瓶水中看到的是知足、希望，而悲观的人看到的是不满、绝望。可见，不同的心态造就不同的境遇。如果你用乐观的心态去看待世界上的事情，即使面对的是挫折险阻，你也能看到希望，你总会找到乐观的理由，进而克服这些挫折。

大哲学家苏格拉底住在五楼，搬起东西来极不方便，但是他用乐观的心态对待这件事情，认为住在五楼可以免受底层的潮湿之苦。后来，因为某些原因，他住在了一楼，地面上经常潮湿无比，但是他依旧住得很开心。他认为，住在这里，搬东西方便了很多，不用像以前一样那么辛苦。不管处在何种不利环境下，他总能乐观对待，他的内心永远是满足、快乐的。

现实生活中，每个人都难免有深陷困境的时候，南怀瑾先生讲《易经》就是要告诉我们一个道理，“境由心生，事在人为”，我们用积极的心态看待问题，就会收获很多的幸福与快乐。人生的悲欢离合无可避免，但是面对生活的态度却是我们自己可以选择的。在我们前进的道路上要坦然面对所有的事情，乐观地面对生活，尽可能做到“闲看庭前花开花落，漫随天外云卷云舒”。

## 活到老，学到老

古人云：书山有路勤为径，学海无涯苦作舟。无止境的学习是每一个向上者必须做到的。人要想不断地进步，要想生活中少些忧愁烦恼，就要活到老学到老，不能有满足之心。庄子也曾说：“吾生也有涯而知无涯。”

“活到老，学到老”是中国常用的一句谚语，表达的是一种“生命不息，学习不止”的进取精神。人为什么要不断地学习呢？原因很简单，人类在漫长的发展过程中，创造了无数的精神财富和物质财富，知识是无穷无尽的，永远也不可能有学尽的那一天，所以活着的每分每秒都要不断地学习。

康熙帝以酷爱读书学习闻名，五岁便开始读书，八岁读完《大学》《中庸》。三十三岁时，在南巡的船上他依然挑灯夜读。侍奉他的太监劝他多休息时，他说道：“深味古今义理，足以愉悦我心。予之不觉疲劳，以此故也。”康熙帝一直到晚年依然坚持学习，对多门学科都有涉猎，经、史、子、集，军事、音乐、法律、天文、地理、理发、算术，学习范围广泛。他还临摹无数张书法，为很多的庙宇题匾。

一个日理万机的皇帝很难有太多的时间和精力去读书，但是康熙帝却做到了常人难以做到的，不禁令人肃然起敬。他在位六十一年，统一祖国，发展国力，抗击外来侵略，成为一个名垂千古的好皇帝。他的种种成绩、各项荣誉，都与他的不断学习、勤奋刻苦息息相关。不断地从书卷中寻求治国的方法，怎么可能会没有回报呢？

孔子曾说：“三十而立，四十而不惑，五十而知天命，六十而耳顺，七十而从心所欲，不逾矩。”在生命的不同阶段，之所以会有不同的感悟，就是因为随着时间的推移，我们在不断学习，从学习中懂得了越来越多为人处世的道理。

# 安土敦仁，而恒爱

人之所以“安”其于“土”，不愿远迁，是因为人内心的“仁慈心理”。

——南怀瑾

《周易》讲究阴阳美学智慧，这种智慧具有鲜明的回归于现实大地的精神。《易传》曰：“安土敦乎仁，故能爱。范围天地之化而不过。”南怀瑾先生指出：天地像父母一样爱护我们，给我们一切的恩惠，我们对大地却只有破坏，没有一样可以还给大地。以热切、诚恳的效仿大地的精神来做人，实践我们仁爱仁慈的精神，才能够博爱。所以说，仁者爱人，像大地一样地爱人，像天地一样地付出，不求回报。

**重情重义，感天动地**

《列子·汤问》中有个“高山流水”的故事。春秋战国时期，楚国有个叫俞伯牙的人，精通音律，琴艺高超，但他总觉得自己还是不能够淋漓尽致地表达对各种事物的感受。他的老师知道后，带他乘船到仙岛上，让他欣赏自然的景色，倾听大海的涛声。俞伯牙只见波涛的汹涌澎湃，浪花四处飞溅，海鸟灵活飞翔，各种声音听起来就像是大自然和谐动听的音乐。他不由自主地取琴弹奏，音随意转，把大自然的美妙融入了琴声之中，但是之后，他发现没有人能够听得懂他的音乐，因为他内心深感孤独寂寞，忧伤无比。一天夜里，俞伯牙乘船游览，面对清风明月，思绪万千，取琴弹奏，琴声悠扬。忽然他感觉到有人在听他的音乐，只见一个樵夫站在岸边。他随即请樵夫上船，弹奏起赞美高山的曲调，樵夫能够听出雄伟高山的感觉；当伯牙弹奏表现奔腾的波涛时，樵夫能够赞叹宽广浩荡的滚滚流水。俞伯牙不禁激动地说道：“你真是我的知音啊！”这个樵夫就是钟子期。但不幸的是，之后钟子期早亡。俞伯牙知道后，十分悲痛，在钟子期的坟前最后一遍弹奏高山流水的曲子，之后便尽断琴弦，终不复抚琴。俞伯牙的重情重义感动了世世代代无数的人们，“高山流水”的故事也一直被人们所称颂。

“高山流水”的故事，就如同南怀瑾先生在《易经系传别讲》中讲到的那样，“安土敦仁”并不仅仅指的是古时候的安土重迁，也可以指朋友、知音之间的重情重义。正是因为世界上有那么多有情有义的事情、重情重义的人们，我们的生活才得以丰富多彩，我们的世界才得以充满欢声笑语。

**讲仁爱**

“临”卦，下兑上坤，兑为泽，坤为地，泽水之上有陆地，象征着君子也应该像泽水与大地一样互相临近，永无止境地包容和保护百姓。《序卦传》中说道：“临者，大也。”这就说明了居于上位的统治者如果能亲临百姓，保护百姓，讲求“仁爱”，其发展前途才会远大。

南怀瑾先生也常常教导人们要注重“仁义”，常常将孔子和孟子极为推崇的品德、仁爱等通过各种方式教给学生。在他看来，即使不是所有的学生都能够成为国家的栋梁，但只要这个人具备“仁爱”的品德，他就一定不会成为无用之才，必将在社会上有所作为。

作为国家的最高统治者，更应该有仁义之心，有了仁心才能够从思想上爱护自己的民众，才能够施行仁政，最终使国家得以安宁。

有一天，孟子前去拜见梁惠王。梁惠王问他：“先生，您不远千里来到我这里，肯定是有了对我国有利的想法了吧？”孟子说道：“大王，为什么总是提到‘利’呢？我觉得只要有‘仁爱’就行了。”梁惠王却坚持自己的观点："别说其他的，你快说出如何有利于我的国家的方法吧。"孟子回答道："人们通常会询问'怎样使我有利'，结果为了利益而不断相互斗争，最终把国家推到了危险的境地。如果一个国家拥有一万辆兵车，那么杀害国君的，一定是那个手中掌管一千辆兵车的大夫。其实，这些大夫拥有的已经不少了，但是多方衡量利益关系，他们很难感到满足，他们想要拥有所有的兵车，甚至想要变成国君。但是，假如这些人拥有'仁义、仁爱'之心，他们就不会这么做了。从来没有见过讲'仁义'的人将自己父母抛弃，也从来没有见过讲'仁义'的大夫将国君取而代之的。所以说，大王'仁义'就是对国家有利，对您有利，何必非得强调'利'呢？"

在这里，孟子清楚地强调了"利益"关系，所以他劝导一国之君要讲仁义，不要只重功利不讲信义，只有这样，国家才不会混乱。

国家的根本是人民，因此治理者要以百姓安居乐业为宗旨，这样才能获得长远的发展。可是，近些年来，随着经济的高速发展，很多人只看到眼前利益而忽视长远利益，贪污腐化的现象日盛一日。现在很多人已经不懂得礼义廉耻，这无疑是令人痛心的。所以，南怀瑾先生审时度势，大力倡导《易经》文化中的"安土敦仁，而恒爱"的道理，这无疑是在为我们的正确发展指出一个方向，一个讲仁爱的国家领导者，才会是百姓爱戴、拥护、支持的对象。

# 走曲线，曲则全

---

为人处事，善于运用巧妙的曲线，便可以事事大吉。

——南怀瑾

---

《易经》有“走曲线，曲则全”这一说法，“曲”是为了减少阻力，是为人处世的方法，以弯曲和旋转求得全面认识，是合乎道和自然规律的。换言之，做人要讲艺术，便要讲究曲线的美。

南怀瑾先生曾经说过这样一句话：“人生好像在大海中航行，时时遇见波涛阻力，因此船头不能做成方形，而做成尖圆形，就是为了减少阻力。”这其实就是在向我们形象地讲述“走曲线，曲则全”的道理。在我们的生活中，很多事情，走直线有时候是行不通的，换个角度、换个方法，反而能够获得意想不到的效果。学会用“走曲线”的智慧，才能在纷繁复杂的社会中游刃有余，才能越走越远，越走越顺畅。

**幽默机智，以退为进**

《易经》“蹇卦”的六四爻：“往蹇来连。”这里的“连”象征艰难，六四爻位于上下饮水之间，象征往来艰难。这就教给我们一个道理：如果形势不允许我们直线前进，但是我们偏要贸然前进的话，也就是“明知不可为而为之”，那么我们通常会一无所获；相反有时候适当地以退为进，不仅可以减少失败的可能性，还会避免很多不必要的麻烦。用南怀瑾先生的话说，就是“善于巧妙地运用曲线之法，可以使很多事情好起来”。

据历史记载，汉武帝有个奶妈，奶妈将他一手带大。这个奶妈仗着自己的身份，恃宠而骄，常常在外面做些犯法的事情。终于，奶妈又一次犯错，皇帝忍无可忍，准备将她法办。奶妈眼见着皇帝不再念旧情，这回要动真格了，于是很害怕，只好去求救于东方朔。东方朔是汉武帝非常喜欢的一个人，他幽默、滑稽、爱讲笑话，总是能用别人意想不到的笑话将汉武帝逗笑。同时，汉武帝很喜欢他的另一个重要原因就是，东方朔说的做的都很有道理。东方朔听了奶妈的话后，对奶妈说道："此非唇舌所争。奶妈你一定要注意了，这件事情，只凭嘴巴来讲，根本没有用。你要我救你，你就一定要听我的话。"奶妈点点头。东方朔说道："等皇帝下令要依法处置你的时候，肯定会叫人你拉下去，当你被牵走的时候，一定要记住什么话都不要说，皇帝要你滚只好滚了，但你走两步，便回头看看皇帝，走两步，又回头看看皇帝。千万不能对皇帝说我是你的奶妈，请原谅我吧，你不能这样对待我。否则，你的头将会落地。记住，你什么都不要讲，给皇帝喂奶的事情更不要提及。只有这样，或许有一点点希望可以保全你。"

后来，当汉武帝让人将奶妈拉下去法办的时候，奶妈就照着东方朔的吩咐，走一两步，回头看看皇帝，鼻涕眼泪直流。这时东方朔站在旁边说："你这个老太婆，真是有毛病，虽然给皇帝喂过奶，那又怎样，这能是你做坏事的借口吗？快滚吧。"听到东方朔这么一讲，皇帝想起了小时候的点点滴滴，奶妈千错万错，却一直对自己很好，一心一意将自己喂养长大，可现在，自己却要把她杀了，心里也着实难过，又听到东方朔这样一骂，便说："算了，免了你这一次的罪吧！但是，记住以后别再犯了。"

这件事情看起来只是历史上的一件小事，但由小及大，东方朔以这种幽默的方式，运用了"曲则全"的艺术，救了汉武帝奶妈的命，也避免了汉武帝后来的愧疚于心。

南怀瑾先生建议为人处事，要讲艺术。善于言词的人，说话婉转，这样才容易达到目的。直来直去，有时是行不通的。"走曲线"是大智慧和大容忍的统一，既有含蓄的平和，又有斗士的刚猛，这样遇事才能审时度势，泰然处之。

**深谋远虑，曲线救国**

南怀瑾先生认为，事物常在对立关系当中产生，因此人的行为也要保持“有直有曲”，恰到好处地运用中庸之道，讲究一个“度”。如果一个人行为处事只有“直”，而没有“曲”，未必是件好事。南怀瑾先生想要告诉我们在“曲”中有“全”的道理，在“不争”中有“争”的原则。

《象》曰：“往蹇来誉，宜待也。”意思是说，贸然前进有危险，应该从容宁静地等待时机到来。所谓“卧薪尝胆，东山再起”说的就是这个道理。

越王勾践在被吴王夫差包围，走投无路、准备自杀的时候，他的一个谋臣及时劝住了他说：“你没听说过‘曲线救国’吗？我们可以贿赂吴国的大臣，暂时投降吴国，留下性命以图东山再起。”勾践最终听从谋臣的建议，派大臣带着美女和珍宝贿赂吴国大臣，并最终见到了吴王，献上西施，说：“越王愿意投降，做您的臣下伺候您，请您饶恕。”而夫差也自负地以为越国已经不足为患，又看上了西施的美色，就不听身边忠臣伍子胥的劝告，答应了越王，把军队撤回吴国。吴国撤兵后，勾践和大夫范蠡到吴国伺候吴王，放牛牧羊，忍辱负重，终于赢得了吴王的欢心和信任。三年后，他们被释放回国。勾践回国后，卧薪尝胆，立志发愤图强，准备复仇。他派文种管理国家政事，范蠡管理军事，亲自到田里与农夫一起干活。勾践的这些举动感动了越国上下，经过十年的艰苦奋斗，越国终于兵精粮足，转弱为强。最终吴越决战，勾践一举击败吴兵，完成称霸大业。

这个故事正体现了南怀瑾先生所说的：走曲线，曲则全。《易经》中需卦的意思就是需要等待获取成功与成长的条件，等待也是一门“走曲线”的艺术，等待需要耐心，学会等待，就是在给自己创造机会。对于越王勾践来说，等待就是一个获取成功的前提。一个君主有“曲线救国”的意识，才有东山再起的机会。假如越王不能等待，那么他的国家就停留在吴王将他逼入绝境的时刻，也不可能有之后的卷土重来。

# 求于人者，畏于人

一个人到了处世无求于人，就成为了天地间第一等人。

——南怀瑾

《易经》中讲到“颐卦”：“颐：贞吉。观颐，自求口食。”翻译成现代汉语的意思是：颐养，必须坚持正道，才会吉祥；观人美食，不如自去寻食。它讲述的道理就是，我们要走正道满足“口食之需”。有句俗话，“吃人嘴软，拿人手短”，说的就是“求于人者，畏于人”这个道理，

南怀瑾先生的观点与这个卦象很相似。他认为，淡看名利，淡看世俗，无欲无求，也无所羁绊。心中无尘杂，志向才能明晰和坚定，才不会被贪念侵蚀，也不会被虚荣蒙蔽。一个无所畏惧的人，是以心绪宁静来涵养德性，以生活节俭来提高品德。所以，真正无惧无畏的人，是在内心保持清洁和坚定，并不随世俗风潮而有所改变的人。

**无欲无求，随心所欲**

古人云：人到无求品自高。无欲无求不仅能够使人品格高尚，不去做损人利己的事情，而且会使人的心境变得美好。无欲无求，就放下了心中所有的纠结和焦虑，达到了宁静欢乐的境界。真正达到无欲无求的境界，才达到了人生的最佳状态。如果一个人本身品德高洁，心中没有贪婪，没有欲望，那么在他的眼中，万事万物并不因世人的言语而有所改变，他就能够随心生活。

在英国正式承认美国独立之后，华盛顿向其将士发表了告别演说，

在演说的最后，他公开表达了自己想要退役、过平民生活的热切愿望："分离的时刻马上就会到来，我将永远退出历史舞台了。"两天后，他辞去大陆会议一切职务，交回大陆总司令的委任状，正式解甲归田，辞官归隐，回到他日夜思念的故乡弗农山庄。在给一位朋友的信里，华盛顿说：

"亲爱的朋友，我终于成了波托马克河畔一个普通的百姓，可以随意地栽种树木，可以在葡萄架和无花果树下休闲纳凉。可以不用再面对军营的喧闹，不用为繁忙的公务而夙兴夜寐。我觉得，我此刻此时所享受的这种宁静幸福，是很多人都无法理解的，不管是贪婪的、追逐功名的军人们，还是那些日夜精心策划以谋私利的政客们，他们都是永远无法享受到的。我期望自己能够独自悠闲地漫步，此刻，我无比希望我能够就这样无欲无求地走完我的人生路途。我非常知足，也非常快乐。"

从上面这封信我们可以真切地感受到，华盛顿先生对于将军职位的毫不贪恋，对平民身份的无比向往。在他看来，这个转变，是再平常不过的一件事情。将军的职位对他来说，是义务，是责任，是约束自身的基本准则，而不是虚荣、财富，不是获取个人利益的手段。因而，对他来说，一旦胜利降临，自己完全就可以坦然地告别这个舞台，没有一丝的犹豫和留恋。

内心无欲无求的人，将功名利禄看作是过眼云烟，一辈子跟随着内心的想法做事。而有的时候，正因为不强求任何事情，反而会得到别样精彩的生活。所以，现实生活中的我们，需要有一种放弃欲望的清醒，保有明确的志向，这样才不至于被欲望所牵引，这样才能够不畏惧任何人。

### 自立自强

《周易》云：天行健，君子以自强不息。君子是顶天立地的人物，不因困难而却步，不因权势而畏惧。它告诉我们，在人生的路途上，困境、挫折不可避免，这个时候我们就应该自立自强，大胆地向命运发出挑战，让自己不断前进，尽情创造自己的价值。

大卫·洛克菲勒是洛克菲勒家族的第三代，他事业上最大的成功就是创立了大名鼎鼎、位列世界十大银行第六位的曼哈顿银行。在他担任这个银行执行委员会主席兼总经理之后，银行的资金从 20 亿美元上升到 34 亿美元。他在事业上之所以这么成功，与他从小养成的自立自强精神有很大关系。在 1915 年的纽约，大卫出生。虽然那时他已有亿万财产，但大卫的父亲教导孩子非常严格，规定孩子们每周只能得到三角钱的零用钱，并且要求他们每人必须准备一个小账本，将自己的钱的用途记录清楚。父亲每周会检查一次，如果发现钱的使用合格，还会给予奖励。就这样，孩子们从小就能自主地管理金钱。大卫的父亲为了教育孩子从小懂得金钱的价值，养成自立自强自主的生活习惯，故意让孩子们有经济压力。零用钱很有限，如果想多用，就必须自己去赚。因而，大卫从很小的时候就想尽一切办法挣钱：知道抓住阁楼上的老鼠，每只可挣五分钱，他就在下学的时候捉老鼠；劈柴禾、拔杂草等杂活从来都不放过。甚至，他为了赚取给家人擦皮鞋的劳务费，每天在清晨六点以前起床，在家人都在睡觉的时候，完成所有人的擦皮鞋工作。擦一双皮鞋五分钱，一双长筒靴一角钱。就这样，他每天都能靠着自己赚取的一些经费，去做自己想要做的事情。正是因为大卫在童年时代过着自己养活自己的生活，从不享受富豪的生活，所以才有了长大后金融事业上的巨大成功。

南怀瑾先生在无数的讲演中都提到“自立自强”，他以过来人的经验告诉我们，自强自立是做好事情的基础。就像大卫学会了自强自立，并一生坚持，积极进取，最终从一无所有到开创了自己的事业。正所谓“求于人者，畏于人”，不向他人张口求助，脚踏实地做人做事，不被利益熏心，不被欲望左右，无所畏惧，自立自强，才能勇往直前。听从南怀瑾先生的教导，遇到任何事情，尽可能学会依靠自己，不要张口求助，不要伸手乞讨，只有这样，才能自尊自强、无惧无畏地行走在世间。

# 内直外方，四海一家

内直外方，人们都很难做到，即便做到了也要关注一个更重要的原则：四海一家。

——南怀瑾

在孔子的儒家思想中，有这样一句话："直其正也，方其义也。君子敬以直内，义以方外，敬义立而德不孤，直方大，不习无不利，则不疑其所行也。"用《易经》的知识来解释，"直"就可以代表"正"，"方"可译为"义"。"君子敬以直内"，这句话可以翻译成君子的内心修养足够公正。"义以方外"，对外，为人处世，言而有信，合乎时宜，因而"敬义立而德不孤"，不要担心寂寞，不要害怕倒霉。"直方大，不习无不利"，一个人一旦具备了正直、端方、宏大的秉性，即使不修习也不会不利。孔子是在强调"直、方、大"在做人做事方面的重要性，公正、义气、仁爱，内方外圆，胸襟伟大，这是自我修行的一个重要方面。南怀瑾先生也这样认为，一个人真正做到对内清明，对外方直，这是一件非常难的事情。

**为人正直，赢得美誉**

古人的智慧认为，无论身处太平盛世，抑或是纷争的乱世，为人处世都应当刚直严正。南怀瑾先生认为，为人正直，就是内心要坚定，不能随便，自己要坚守立场和原则，监督自己以及坏人不做坏事，不能人云亦云，不能别人做什么，自己就没有原则地跟着做什么。

明中后期历史上有名的清官海瑞，在做官期间，竭力反对贪官污吏，敢于直言辱骂皇帝荒淫无道，从来都以内心的清廉正直严格要求自己，做着自己认为对的事情，所做的每一件事都是为了国家利益、百姓利益。为了给老百姓谋福利，他无畏大批的同僚，革除县府各官的“常例”，使得众官丝毫不敢侵占一点民脂民膏；展开一系列反腐倡廉活动，大力抓捕贪官污吏。为了国家，面对昏庸的皇帝和颓废的朝政，他毅然买好棺材上疏死谏，写了一篇名为《直言天下第一事疏》的著名奏章，文中直言痛批皇帝的种种缺点，痛骂皇帝的残忍和虚荣愚蠢，甚至明确指出皇帝根本没有尽到做皇帝的责任。海瑞这篇奏疏被史家们看做“史无前例”的天下奇文。海瑞为官一生，刚直不阿，一生清贫，廉洁奉公，虽然不被当时昏庸无道、黑暗无比的官场所容纳，但是他独有的品格却为其赢得了属于他的荣耀。在他去世之时，江南的黎明百姓集体为他送行，市民罢市多日，家家户户都为他披麻戴孝；他的为人正直，使他名垂千古。

海瑞不在污浊的官场中浑浑噩噩，保持了自己正直无私的一面，将天下百姓的利益置之于一切之上，不畏强权，不惧流言，孑然一身行走在官场中。就好像南怀瑾先生说的那样，内直外方，海瑞真正做到了这样，所以他才没有被污浊的官场污染，也因自己的正直无私成为历史长河中的一颗明珠，闪耀着熠熠光辉，为后人做了很好的榜样。

**为人处世，言而有信**

《易传·系辞上》说：“天之所助者顺也，人之所助者信也。”意思是说，天帮助的人是顺从的人，人所帮助的人是言而有信的人。《易经》“中孚卦”讲到了为人言而有信的智慧。九五爻“有孚挛如，无咎”，就是说人如果言而有信，就不会有灾祸降临。在现实生活中，“言必信，行必果”这句话说起来容易，做起来却异常艰难。南怀瑾先生教导我们，为人处世要做到言而有信，这是每个人立身做人的基本准则。

春秋战国时，秦国的商鞅在秦孝公的支持下主持变法。为了更好地推行改革，在百姓面前树立威信，商鞅下令在都城南门外立一根三丈长的木头，并当众许下诺言：谁能把这根木头搬到北门，赏金十两。大家都不相信如此轻而易举的事就能得到这么高的赏赐，结果没人愿意去尝试。见此情景，商鞅将赏金提高到五十金。看到这么高的赏赐，终于有人站了出来，将木头扛到了北门，商鞅随即赏了他五十金。商鞅通过这一举动，在百姓心中树立起了威信，从而更好地推动了接下来的变法在全国范围内的开展。新的变法也使秦国渐渐强盛，最终统一了中国。

与商鞅“立木为信”截然相反的一个历史闹剧是：周幽王昏庸无道，贪恋美色。他有个宠妃叫褒姒，为了博取宠妃一笑，他下令在都城附近20多座烽火台上点起烽火。要知道烽火可是边关报警的信号，只有在外敌入侵需要召唤诸侯来救援的时候才能点燃。结果诸侯们见到烽火，率领兵将们匆匆赶到，才发现这是君王为了博得他的爱妃一笑而整的一出闹剧，大家都无奈地摇头离去。他的宠妃褒姒看到这些诸侯被她戏耍后的样子，开心地哈哈大笑。不久之后，外敌大举进攻，周幽王再次燃起烽火，然而一个诸侯都没有赶到，因为大家都以为这又是曾经闹剧的重演。最终，周幽王被逼自杀，而褒姒也被敌人俘虏。

一个“立木取信”，一诺千金；一个帝王无信，玩着小孩子喊“狼来了”的游戏。结果商鞅变法成功，富国强兵；而周幽王自取其辱，亡国亡己。可见，“信”对一个国家的兴衰存亡起着多么重要的作用。就像南怀瑾先生说的，生活中，为人处世言而有信，对四海之内的所有人都能够说到做到，只有这样，才能赢得别人的尊重。

第三章

# 南怀瑾谈心灵管理：君子以成德为行

儒家讲究君子以德修身，更多的是为了完善自己的心灵，对个人行为进行合理的管理，将来才有可能建设美好的家国天下。儒家创始人孔子将《易经》作为六经之一，十分重视以《易经》作为修心养德的法则。正所谓“君子以成德为行”，《易经》认为，君子修身不仅是一种德行修养，更应当付诸实践。这种修身精神对后世人们的身体力行产生了深远影响。

# 人生，如何尽善尽美

人生的最高境界是佛为心，道为骨，儒为表，大度看世界。技在手，能在身，思在脑，从容过生活。

——南怀瑾

南怀瑾先生曾说："一个人如果能够把心安定下来，自然会有一种宁静的感受，身心愉悦。尤其每天活在极度的忙碌紧张当中，只要得到片刻的宁静，就会觉得是很大的享受了。"意思非常明了了，人生最重要的就在于内心的安静。庄子认为人要"动之徐生"，意思就是说人要学会过"慢生活"，对待生活不能总是干着急。悠然自得，不自乱阵脚，不紧不慢地应对一切，这是智慧的生活，也是尽善尽美的人生。

## 元、亨、利、贞的人生境界

南怀瑾先生曾以这样一个景象来描写这个境界："心里的烦恼、忧愁，就像江上一艘搁浅的大船一样，怎么也拖不动，但慢慢等到了春天，河水渐渐涨高了，船自然就浮起来了。"意思就是说，当人的修养到了一定的程度，自然会"此日中流自在行"，而要想拥有尽善尽美的人生，需达到元、亨、利、贞的人生境界。那么，元、亨、利、贞是什么意思呢？

《易传·乾文言》中说："元者，善之长也。亨者，嘉之会也。利者，义之和也。贞者，事之干也。君子体仁足以长人，嘉会足以合体，利物足以和义，贞国足以干事。君子行此四德者，故曰：乾，元、亨、利、贞。"

孔子认为，"元"字有善思善为、朝好的方面发展之意，是世间一切事物的开始，如此才可以称为“元”。“亨”是一切美好事物的集聚体，当许多好的因素相聚合，便可成为一切美好的集聚，称为“亨”。恰如其分的相和，双方彼此都有利，才可得到真正的利。贞，则是一件事物的核心，人们做事应该围绕核心，不偏不倚，便会取得成效。

南怀瑾先生认为，人生的乐趣不应止于物质，用不道德的手段获取物质更是极为可耻。一个人虽然可以重视物质和利益，但是不能被物质欲望控制，人与人之间除了利益关系，还有情感交往，与他人感情相处得好，就能达到礼的标准，这才符合《易经》中所说元、亨、利、贞的道德品质，才可以称作拥有一个完善道德的人生。孔子曾说，“不义而富且贵，于我如浮云”，他将世间的功名利禄看做云彩汇聚在一起，不可能保持长久，终将飘散而去。一个人只有看得明白，看得透彻，努力修养自身，达到元、亨、利、贞的人生境界，才能不被物质所控，让人生尽善尽美。

**无求无欲，平淡为生**

尽善尽美的人生并不易得到，就像东西拿起来容易，放下来困难，如同割肉一样舍不得。就像刚出生的孩子一样，四个小手指头紧紧握住大拇指，一生下来，就想抓取。而人临死前手都是张开的，其实一生什么东西也带不走。由此可见，人生下来就想抓东西，可到了最后，什么都抓不住，抓不住，只好松开。

南怀瑾先生曾讲过猴子偷苞谷的故事，他说：“猴子遇到苞谷后便不停地摘取，左摘一个挟在右腋下，右摘一个挟在左腋下。左右不停地摘，不停地掉，最后走出苞谷田，手中只拿到一个。如果遇到人了，一紧张恐怕连最后一个也丢了。这人生就像是摘苞谷，到了最后没有一个是自己的。所以，还是要学会放下，别等到了最后，一点都不潇洒。”

无求无欲，不追名利，让生活归为平淡，不为名利所累。“天下熙熙，皆为利来；天下攘攘，皆为利往”，但是“名利本为浮世重，古今能有几人抛”呢？据传，乾隆皇帝曾赴江南游玩，在江苏的金山寺上望见有许多船来来往往在长江之中，便问江边的一位老渔夫：“你在这里住了多少年？”老渔夫并不知此人就是当今皇帝，便回道：“住了几十年。”乾隆皇帝又问：“几十年来，你看见每天江上来往的有多少只船？”老渔夫说：“只看到了两条船。”乾隆讶异地问：“这是什么意思？为什么几十年来只看到了两条船？”老渔夫便回答道：“因为江上每天来往的船，都匆匆忙忙的，不是为了名，就是为了利，就只有这两条船而已。”乾隆不禁问道：“那么你的船在江上打鱼，是为了名，还是为了利？”老渔夫呵呵笑道：“名利追求横于世，心灵宁静偏一隅。人到无求品自高，有求则苦，无欲则刚，老夫这一辈子还没达到圣人的境界。”说完，老渔夫飘然离去，留下乾隆皇帝赞叹不已。

的确，生活在世上，想做到尽善尽美不容易，而无欲无求则更难。对世间万物一切无欲，才能真正做到刚正，成为一个顶天立地的圣人。道理虽然明白，但是难以做到。然而南怀瑾先生认为，人生的得意与失意、荣宠与羞辱，要亲身经历过才会明白，古今中外，在官场、在商界，在风云变幻的历史更替中，有多少人经历了绚烂辉煌之后，才体会到人生平淡的可贵之处。所以，无欲无求是需要经历过程的，久历风波与人生荣华之后，自然能看到平淡生活的好处，对外界的欲念也会随之减少，最终达到无欲无求的境界。

那么，人生如何才能尽善尽美呢？在南怀瑾先生看来，所谓的尽善尽美，就是尝遍阴晴圆缺的滋味，在经历人生丰富多彩之后，学会从容地过生活。每个人都在这世上生活，有的人浑浑噩噩一生，有的人追名逐利一生，都错过了人生中最美的风景。所以说，只有做一个真正的生活家，每天在日常柴米油盐中认真体味生活的美好和妙处，他的人生才是有意义和有价值的。这样的人生，既是尽善，也是尽美，与功名利禄无关，与风花雪月无关。欢乐是生活的风景，痛苦也是人生的机遇，丑也是美，缺就是满，人生最好的境界是“不欲盈”。如果任何事都圆满了，人生也就失去真正的意义了，留一点遗憾，才会达到有缺陷的尽善尽美。

# 知至至之，知终终之

政治、军事、外交都是没有善恶是非的，只有利害关系。怎么临时处理，要懂得应变。但是要注意，虽然没有善恶是非，都还是有因果的。

——南怀瑾

“知至至之，知终终之”出自《易经》，曰：“知至至之，可与几也。知终终之，可以存义也。”意思是说，一个聪慧的人，要能从纷繁复杂的社会现实中看出事情的征兆，预感出人生机遇是否到来。一旦时机成熟便伺机而动，抓住机遇，做该做的事，这就是“知至至之”。而一个人敏锐地知道事情将要结束，就立即停止，不做过份的事情，他的行为就不违背仁义，即是“知终终之，可以存义也”。南怀瑾先生曾语重心长地说：“人最高的智慧要达到对己、对人、于事，机会到了，就要紧握机会，该做的就去做。”

## 抓住机遇，万事俱起

人在一生中，总有无数的机遇擦肩而过，有的人及时抓住了，便能飞跃龙门，从此改变人生，而有的人对于机遇却不敏感，即便拥有一身才学，也很难施展出来。

孟浩然是盛唐著名的山水田园派诗人，世称孟襄阳。他早年并未曾入仕，在当地是有名的隐逸田园的大诗人。盛唐时代人才济济，很多人到京城游历，因诗歌写得好而一举成名，朝为田舍郎，暮登天子堂。孟浩然四十多岁时也到京师游历，在太学作诗受到满座宾客的赞叹与佩服，几乎无人能及。一次，唐代著名诗人王维邀请他到内署，刚好皇帝唐玄宗也来到这里。这本是一个极好的大展才华的时机，但孟浩然却满面惊慌，躲到了床底下。王维一心想推荐孟浩然，于是把事情原委告诉玄宗后，玄宗大喜道："我以前听说过这个人，但并没有见过，他为什么这么怕我，还躲起来呢？"于是便下令叫孟浩然出来面圣。当时玄宗的心情极好，所以这又是一次能令孟浩然平步青云的好时机。当皇帝询问孟浩然作过什么诗时，孟浩然朗诵了一首悲天悯人的诗，说到"不才明主弃"一句，唐玄宗脸色大变，不悦地回道："是你自己不想做官，我又何曾抛弃过你，为什么要如此作诗诬蔑我呢？"于是孟浩然被放逐，此后一生未受重用。

孟浩然的事例说明，一个人空有才华却不懂得抓住机遇，不采取相应的行动，那么他的才华终究难以施展出来。即便是一颗钻石、一块金子，也要适时地向人们显露出闪亮发光的本色，以及自身独特的价值，如果面对机遇无动于衷，将会永远掩埋在深土里。

与孟浩然没有把握好机遇的事例相比，历史上的毛遂则更懂得"知至至之，知终终之"的道理。正所谓抓住机遇，便可万事俱起。

战国时期，秦国出兵攻打赵国，包围了赵都邯郸，情况紧急，赵王便派平原君前往楚国请求援救。平原君想选 20 名门客随他一起前往楚国。选了 19 人后，还有一人空缺，毛遂便主动请求前往。平原君见他平时未曾崭露头角，便心生轻视，问道："先生来我这里几年了？"毛遂说："三年了。"平原君说："我听说，锥处囊中，就会脱颖而出。你来了三年，为什么还没有名气呢？"毛遂便回道："问题在于你没有把我这把锥子放在囊中。只要给我一次机会，我定会脱颖而出。"平原君听了，认为说得有道理，便带毛遂出使楚国。果不其然，毛遂不负期望，抓住机遇，在楚赵会盟中立下头功。

毛遂在平原君的门客中是一个人才，但是人才没有机遇施展，就犹如锥子没放入囊中，始终无法脱颖而出。而楚赵会盟是一个展露才华的大好时机，毛遂自我推荐，及时抓住了这一机遇，不仅给赵国立下汗马功劳，同时也使自己的才华不至于被埋没，让自己的人生获得更多成就。

**知终终之，知晓自己的能力**

“知终终之”，是说一个人看到事情该结束了，这时就应该及时收尾，立即告退，若下次遇到机遇，可以再尝试，不能硬留在舞台上不肯退场。所以南怀瑾先生认为，一个人懂得说“下次再会，谢谢”，及时下台，这是一种大智慧，因为他留在台上的以及给人的印象，永远是非常美好的。老子曾劝言“功成、名遂、身退”，就是这里说的知终终之。

不过，“知终终之”的境界很难达到，若是懂得这个道理，则会做到“居上位而不骄”，也就是说，即使坐在最上的位置，都不会觉得有什么可自豪的，那么在下位也就无忧。因为任何时代早晚都会过去，一旦时机已过，舞台很可能就不再属于自己，所以这时候人要懂得“知终终之”的智慧，及时功成身退，才能得以善终。

在中国古老的历史版图上，曾有几位著名的变法人士。第一位是春秋时的商鞅，他因变法使秦国强大起来，但却没有及时功成身退，而是继续在朝中参政，超越了自己的能力限度，最后闹得怨声载道，落个被五马分尸的下场。秦朝李斯也是一代名相，辅佐秦始皇建功立业，统一六国，但他在秦始皇死后没有及时放弃朝中权位，功成身退，结果落得满门抄斩的悲惨下场。宋朝王安石变法也有相似之处，王安石本是伟大的政治家，他的很多思想都走在时代的前沿，但他的一生也没做到“知终终之”，最后凄凉地离开朝廷，而他的变法之道最终也没能贯彻到底。

正所谓乾乾因其时而惕，要知晓自己的能力和限度，如果机会来临，那就拼力施展一番；但是如果时机已过，就要及时退场，不要贪恋权位，不要死守着位置不离开。这样的话，不仅无法施展得更好，而且还会对自身造成危险，正所谓过犹则不及，水满则溢。人生做到不盈不溢，进退自如，才是“知终终之”的大智慧。

正如南怀瑾先生所说，一个有智慧的人，知道应该怎样从社会现实中找到自己的人生机遇。一旦时机成熟便伺机而动，抓住机遇，做自己应做的事，而后知晓自身能力，适当时候能做到功成身退，便是“知至至之，知终终之”的真正意义。

# 忠信，所进德也

> 我平生不欺人，但亦不宁为玉碎，不做瓦全了。但也情不自禁，殊觉难堪。
>
> ——南怀瑾

《周易·乾·文言》中言："子曰：君子进德修业，忠信，所以进德也。"意思是说，君子每天都会努力进取，增进自己的道德学问。为人忠信，便可以立德、立言、立功，最终成就人生的"三不朽"。

**忠义之信，至死不负**

季札是春秋时期吴国国君的公子。季札在一次出使鲁国时路经徐国时拜会了徐君。徐君初次见到季札便被他的涵养与他腰间佩戴的佩剑所深深吸引住了。在古代，剑不仅是饰品，也是一种礼仪。无论是士臣还是将相，身上通常都会佩戴着一把宝剑。不过，季札的这柄剑剑身魄力非凡，几颗宝石嵌于其内，华丽而不失庄重。徐君很喜欢这把佩剑，但又不好意思说出口，只是羡慕地盯着看。季札看在眼里，记在心里，他想，等做完国君交付的使命之后定要回来将这把佩剑赠给徐君。

不料途遇不测，季札出使回来后，徐君已经过世。季札来到徐君的墓旁，内心的悲戚难以言说。他仰望苍天，将佩剑挂在树上，心中祈祷着："您虽然已经逝去，但我心中对您曾经的诺言依旧还在。希望您在天上看到这棵树时，还能看到我赠予您的这把佩剑。"他对着墓碑鞠躬叩拜后，默然离去。

季札的随从不解地问他：徐君已经逝去了，您将这把剑放在这里，又有何用呢？季札回道："始吾已心许之，岂以死背吾心哉？"意思是说，虽然人已经远走，但曾对他有过许诺。我知道他很喜欢这把剑，本想回来后就将佩剑送给他。君子讲求的是诚信与道义，怎能因为生死过世而背弃为人应有的信与义，违背原本的初衷呢？

自古以来，先贤一直教育我们，高尚的道德和人品是一种内在的坚守，内心的诚挚和信念最能呈现出一个人的品格。尽管季札只是在心里许诺徐君，并没有开口答应他，但在徐君过世之后，季札仍然坚守自己的承诺，没有违背做人应有的诚信。这种"信"到极致的行为，让后人非常感动，可谓做到了真正的"大信不约"。孔子曰："人而无信，不知其可也。"没有信用，就如同车子无法走动一样。《中庸》云："不诚无物。"如果缺乏真诚的心与应有的信义，那任何的事业都很难成就。

### 尽信尽义，忠信为德

"忠信，所进德也。"什么是"进德"呢？在孔子的传统道德观念中，始终以"忠信"为本，"忠"是为人处事无不尽心尽力，"信"是言而有信，信己信人，只有做到"忠信"，才会在道德上取得进步。因此，"忠信"是"进德"的前提和基础，没有忠信，一切德行都是虚伪的。

南怀瑾先生认为，"忠"是"仁之实"，而"仁"的本质也就是"忠"。上"为人君"者，要"止于忠"；而下"与国人交"时，又要"止于信"。曾子曾言："吾日三省吾身：为人谋而不忠乎？与朋友交而不信乎？传不习乎？"——其中所谓"为人谋"，其实就是"为君谋"，因此"忠"是对于上而言；而"与朋友交"则是指在下交友时要讲究信用。

东汉朱晖是南阳人，《诗经》中有句："朱晖信心，以待知己，张堪既亡，赡其妻子。"说的便是他。朱辉在太学念书时，为人处事非常有气节，由于品德高尚、尊师重友而受到同学老师的尊重。虽然早年丧父，但这些并没有影响他的发展。他的同乡张堪研究儒学，曾在太学见过朱晖，两人彼此欣赏，结为了忘年之交。后来，张堪生重病，有一次在太学里又见到朱晖，便拉着他说："今后我若逝去，想把妻儿托付给您照顾。"朱晖听后心感责任重大，便不敢做出回答。张堪去世后，家中妻儿生活凄苦，朱晖便亲自探望，不时地周济他们。朱晖的儿子朱撷问道："父亲往日不曾和张堪做朋友，为什么突然这样周济他们呢？"朱晖答道："张堪曾经说过将我视为知己的话，我心里已认定他是我的朋友，他家人有难，我一定会帮。"

南怀瑾先生认为，忠信是修养个人道德的阶梯，如果一个人处事为人无不尽心，对工作有忠心，对朋友有仁义，一生言而有信，尽信尽义，那么便无愧于天地，无愧于自身，他的德行也必定超越常人，正像古代儒者所赞誉的"进德修业，便为君子"。

# 修辞，立其诚也

真正的智慧到了最后，无所谓智慧不智慧，用世俗道理说，最聪明的人是最平凡的人，看起来最平凡最笨的人，却有上上智。一般人觉得自己聪明的，其实是笨人。什么理由？因为他不肯平凡；真能够平凡，就是最高明的人。

——南怀瑾

“修辞，立其诚也”出自《周易·乾·文言》，原文为：“修辞立其诚，所以居业也。”意思是说，人在说话时要秉持中正之心，怀敬畏之情，始终对自己的言辞负责，运用最合适的方式解决，以成就功业，学会敬言、谨言、慎言。

**言行合一，谨言慎言**

儒家思想教导我们，言行合一是一切道德逻辑的起点，没有言行合一，便没有道德可言，因为言行不一是万恶之始。所以在日常生活中，不要轻易对人许诺，一旦许诺，便要言行合一，实现诺言。

在福克斯还年幼时，一次，福克斯的父亲想要拆掉花园中的小亭子，建造一座比之前更大一点的亭子。小福克斯一直想看看工人们是如何将亭子拆掉的，便要求父亲拆亭子时一定要叫他。不过由于福克斯需要离家几天，便请求父亲在他回来后再拆亭子，父亲一时敷衍地说了一句：“好的！等你回来后再拆亭子。”几天后，小福克斯回家后却发现旧亭子早已不在了，心里非常难过，便埋怨父亲说：“爸爸，你说话不算数！”

父亲听后觉得很奇怪，说："什么不算数？为什么不算数？"原来父亲早就把几天前说过的话忘得一干二净。老福克斯听后仔细想了想，决定向儿子认错。他认真地对小福克斯说："爸爸做错了，我应该对自己说过的话负责！"老福克斯重新找回工人，让工人们在原来的位置上重新盖起一座和旧亭子一模一样的亭子，当着小福克斯的面把"旧亭子"拆掉，让小福克斯认真地观看工人们是如何拆掉亭子的。后来老福克斯将这总结为："言而有信，对自己的言语负责，这一点比万贯家财来得更为珍贵！"

父母对自己的言行是否负责，也会直接关系到孩子的品格。其实，不光不能轻易对孩子许诺，对任何一个人都是如此，一旦许下诺言，就要尽可能地完成。

**不为所惑，诚信修身**

人们在追求"真善美"，摒弃"假恶丑"时，"真"与"假"排在前面，而后才有"善恶美丑"。因为做人便是如此，诚信修身才是人的根本。

有一次，一个中年司机走进汽车维修店，对店主说："我在一家运输公司工作，要买点零件，你在我的帐单上多写点吧，等我回公司报销后，也会给你好处。"店主直接严词拒绝了司机的要求。司机不耐烦地说："我做的生意很大，以后也会常来，你可以赚不少钱。"店主却说这种事无论如何都不能做。司机不屑地说："换谁谁都会这么干的，赚钱的事你都不做，真是太傻了。"店主面露不悦，让这个顾客立即离开，到其他地方谈这种生意。没想到这时司机突然笑了，他满怀敬佩地握住店主的手说道："我就是那家运输公司的老板，我一直在寻找一个值得我信赖的维修店，今后我希望能跟你合作，一定会常光顾！"就这样，维修店得到与运输公司长期合作的机会，店主也因此获得稳定的客源和丰厚的利润。

维修店的店主是一个坚守诚信的人，面对利益诱惑时，如果是违反原则的，他便不为利益所惑，这样的德行品质可能会失去一些眼前的小利益，但从长远的角度来看，坚守诚信的人势必获得别人的信任，有更多成功的机会。

汉代荀悦在《申鉴 · 俗嫌》中曾言：“在上者不受虚言，不听浮术，不采华名，不兴伪事。言必有用，术必有典，名必有实，事必有功。”意思是说不听假的话，不采用不切实际的方法，不谋取浮华的名声，不做虚伪的事。做任何事，关键在诚、在实。这在我们的社会生活中有极强的现实意义，社会需要愿听真话，敢讲真话、勇于负责、善抓落实的人。

“诚谓诚实也，外则修理文教，内则立其诚实，内外相成，则有功业可居。”因此，我们应秉持中正之心，怀敬畏之情，始终对自己的言辞负责，做到“修辞，立其诚也”，成为一个敬言、谨言、慎言的人。

# 利贞者，性情也

性，不是讲男女之性，而是讲人性、天性，代表形而上本体的那个性。所以佛家后来讲明心见性，性就代表了本体。中国文化开始只分两层——性跟情。性代表本体。这个宇宙是怎么开始的？先有鸡先有蛋？先有男的先有女的？一切所来自的那个东西叫性，它所起的作用叫做情。这就是性、情之分。

——南怀瑾

《易经·乾》有言:“利贞者，性情也。”孔颖达疏曰:“性者，天生之质，正而不邪；情者，性之欲也。”在中国文化中，性代表人本身，情后来衍生为人的情绪。中国人把人的心理叫做七情六欲，七情象征着喜、怒、哀、惧、爱、恶、欲，六欲则属于佛家之道。

南怀瑾先生认为，“利贞者，性情也。人就要有点自己的脾性，方为一个真正的人”。这里说的“利贞”两个字，所代表的一个是性，一个是情，其中贞是性，利是情。以现代人们的观念来看，性是非常理智的，当我们遇到一件事情，心里总觉得不应该骂出去，但由于自身情绪不好，一有不对就开骂，骂出去的时候自己理性上是知道不生那么大的气的，但情绪上还是忍不住。当然，情和人的生理也有很大的关系，生病感冒亦或是肠胃不好，身体不舒服，情绪也会坏许多，这也是一种性情。

## 适时拒绝，率性之情

所谓“利贞”的性情，就是一个人拥有祥和之性，贞正坚固。2012年，品格温润、长相普通的法国总统候选人弗朗索瓦·奥朗德，在选举中击败了高傲的萨科奇，一举成为法国第七位总统。在隆重的就职典礼中，他一把抱住自己的挚爱瓦莱丽再不松手，感动了在场的很多人。有人说，如果把法国的第一夫人比作品牌的话，法国前第一夫人布吕尼是顶级品牌“迪奥”，她被赋予如太阳般的热情，微微透露出些许性感，奢华而高调。而奥朗德的“第一女友”瓦莱丽则更像品牌“阿玛尼”，平和低调，智慧与美貌并重，她出身平民家庭，却依靠着自己的努力，一步步走到法国政治记者的顶端，并帮助男友奥德朗成功当选法国总统。

但就在这样万事俱备的时刻，瓦莱丽却迟迟不肯接受法国“第一夫人”的国母称号，一直坚持要与奥朗德继续维持恋人的关系，拒绝跟奥朗德回家，做“第一夫人”的花瓶。那么，为什么她拒绝做法国的“第一夫人”呢？

瓦莱丽出身平民，在家里排行老五，下面还有一个年幼的妹妹。一家六口曾为生活所迫，挤在政府的廉租房内艰苦地生活。父亲因战争而失去一条腿，再也无法工作，平日里只能依靠政府微薄的残疾人补助金过活。母亲则是滑冰场里的小小收银员。面对家庭的困难，瓦莱丽并没有对生活失去希望，在这种环境下，她更早懂得了人生的艰难与不易。正因为生活赋予了她克服困难的勇气与坚强，她很清楚地知道自己该要什么，不该要什么。她要为自己的人生而继续奋斗，如果她选择做了法国第一夫人，虽然衣食无忧，享受荣华，但那毕竟不是真正属于自己的，而是借用别人的光环，照耀自己的人生。她不想成为摆设，更不想成为男友的附庸，她要自己活出属于自己的精彩，等到自己的能力、智慧、财富和地位都能够跟男友真正平等时，才考虑婚姻问题。

由此可见，瓦莱丽不仅是个有智慧的女人，而且也拥有着一份属于自己的真性情。她懂得适时拒绝，懂得追求真正的自我幸福，而不是以找到一位如意郎君，结婚生子作为人生成功的目标。她的美丽可爱之处，以及令人敬佩的地方，也正在于此。

**性情之人，谨守原则**

《中庸》里讲“天命之谓性，率性之谓道，修道之谓教，道也者，不可须臾离也，可离者，非道也”。就像男女之间的爱情一样，爱到最痛苦的时候，人们很想把痛苦的回忆忘掉，但伤感却总是剪不断，理还乱，离愁不断。《中庸》告诉我们：“喜怒哀乐之未发”，情绪还未发出来的时候，一切都刚刚好，处理事情时性情发挥得恰到好处，就会“发而皆中节”。

人们都有自己的性情，真性情是自由自在，不违背本心所愿，也不委曲求全，在原则和底线的面前不低头妥协。这样的人生，正是由心出发，“发而皆中节”，生活得合乎自然性情。

魏晋时期，嵇康和阮籍位列竹林七贤之首，在历史上，两人都以真性情闻名于世。王戎与嵇康交往二十年，从没见过他发怒，因此赞美他“意趣疏远，心性放达”，但是嵇康的性情更表现为“刚肠疾恶，轻肆直言，遇事便发”的一面。他曾与向秀在树荫下打铁，贵公子钟会前来拜访，带来大批的随从官员。嵇康一见这样的场面就十分反感，他并没有因为钟会地位高就去巴结，相反，他根本不理睬钟会，只当做没看见他。钟会很丢面子，只得败兴离去，从此嫉恨嵇康，常在司马昭面前搬弄是非，最终将嵇康处斩。

而阮籍与嵇康的性情类似，他对于司马氏政治集团不满，因此整天宁可喝酒烂醉，也不愿意跟朝廷合作。当司马氏来向他提出两家联姻时，阮籍一连大醉六十天，每次都以醉酒加以推辞。后来司马氏又逼他做官，他只挑了一个小官，在“步兵尉营”做一个“步兵校尉”，因为营中有人会酿酒。做小官没多久，又去云游四方，司马氏也拿他没办法。有一次阮籍的嫂子回娘家，阮籍去送行，按照当时的礼法，小叔子跟嫂子不能打交道，可阮籍并不以为然，在他看来，给嫂子送行是真正的合乎礼法。他不效命天下，不避男女之防，这样的真性情，虽然不为当世的陈腐观念所容，但阮籍只求问心无愧，认为自己只需遵循内心的原则，不管外人如何评价。

嵇康和阮籍在所生活的时代没有显赫的功业，但是他们生活得悠闲洒脱，超乎礼法与教条，也超越了狭隘与污浊。他们活得真实、自然，展现出个人的真性情，同时又坚守个人的原则，藐视虚伪腐朽的官场生活。

正像南怀瑾先生所说，真正活过的人，生命应是自主的，精神应是自由的，人格应是独立的。真性情的人，他们只做自己认为该做的，做自己认为无愧于心的事。真实的性情就是自我的立场和原则，不去冒犯他人，但不因为讨好别人而放弃自己的真实想法。在大是大非面前，要坚守自己的原则，这样才能“倾听自己内心的声音，有自己的性情，成为一个真正有性情的人”。

# 何谓情，彼此相互的关系

不管是金钱、前途、功名、地位，或者爱情、亲情等其他情绪，即使你没有去想它，心里头就是有个东西，那个叫思。尤其是两个谈恋爱的人分开了，念念不忘地在想他（她）；又譬如说父母把孩子送到外国去读书，远在重洋，心里头永远记挂着，那都是思。思来自哪里，来自情！

——南怀瑾

在《易经》中，有“六支发挥，旁通情也”。其中，卦的错综复杂就是旁通。人与普通的物不同，当我们出现在一个团体中，很多东西都会牵一发而动全身，因为大家彼此认识，长时间里互相都有了感情。因此，就像前面所说的旁通者情也，彼此相互的关系即是情。

彼此相互的情分许多种，有亲情、爱情、友情等。从字的结构上来看，“情”字由竖心旁和一个青字组合而成。竖心中的竖是笔直的竖，心则是人最重要的器官，象征着人的思维。

## 拳拳亲情，终得感动

从亲情上看，情来自血缘关系，是至亲血脉相连的一种感情，亲情也是彼此相互给予，父慈子孝，兄弟关爱，都是发自本心的亲情。

春秋时期，鲁国有一个叫闵损的少年，由于年幼丧母，家庭贫苦，一直过着孤苦的生活。后来他的父亲再娶，继母刚进门时对他还算不错，但当她有了自己的孩子以后态度大变，只关心自己的儿子，不断地刁难闵损，故意不让他吃饱饭，而且给他用柳絮和芦苇花做棉衣，虽然看着衣服厚实，但其实并不耐寒。但闵损从未有过任何怨言，对继母仍十分孝顺，以德报怨，包揽家中所有的脏活累活，而且疼爱自己的小弟弟，从不和他争宠。

闵损九岁这一年，冬天父亲做完生意归家，全家人团聚一堂。闵损为父亲端上一碗热水，由于太冷，他的双臂冻得发抖，结果碗中的水洒了许多，这让父亲很生气。他看两个儿子都穿了厚棉衣，闵损畏畏缩缩很怕冷，但小儿子却不冷，因而认为闵损不长进、没出息。

饭后，父亲带上闵损赶马车拉货，寒风冻得他缩成一团，而且因为没吃饱饭，根本没有力气。父亲看他穿着厚厚的棉衣，心中更加火大，猛拍了闵损一鞭子，闵损的棉衣被鞭子打出裂痕，露出白白的芦苇花。父亲看到这些，才明白原来他被继母狠心虐待。

回到家后，父亲写下一纸休书，要休掉闵损继母。继母立即跪下磕头认错，这时闵损也跪下说道："请父亲息怒，恳请您饶了母亲这一次吧，一家不能无母，更何况'母在一子单，母去三子寒'，您不能让小弟弟失去母亲。"父亲被闵损的言语打动，原谅了妻子这一次。继母羞愧难当，她怎么也想不到，在这最关键的时刻，是闵损出言相助。从此，被闵损感化的继母改过自新，再也不虐待大儿子，闵家也愈来愈和睦起来。

从闵损的故事中可以看出，亲情也需要彼此包容，相互给予。闵损忍辱负重，心怀拳拳赤子之心，最终用真情换来了继母的敬重与和睦的家庭。

### 彼此相爱，相谐相知

在爱情中，更需要琴瑟相谐，彼此倾慕相爱。历史上司马相如与卓文君的爱情故事，正诠释了"爱情，是彼此倾慕"的道理。

司马相如是西汉著名的辞赋家，但早年父母双亡，家中贫苦，并不得志。有一次当地富豪卓王孙大宴宾客，司马相如恰巧也在其中。司马相如早听说卓王孙有个女儿名叫卓文君，只有十七岁，貌若天仙，善弹琴，文采非凡。曾有人形容她的美貌："双眉远望如山，脸际常若芙蓉，皮肤柔滑如脂。"因而司马相如对她十分倾慕，在宴会间，他演奏了一首《凤求凰》，以表达自己的求偶之意。而卓文君也听说过司马相如的才华，她悄悄躲在帘后，恰好听到了这一曲《凤求凰》。就这样，两人彼此爱慕，互相属意。

但是卓王孙不同意把女儿嫁给穷困潦倒的司马相如，两人最终选择了私奔。由于生活窘迫，卓文君卖掉自己的首饰，开了一家酒铺，亲自当垆卖酒。而司马相如也因一篇《子虚赋》闻名于世，被皇上召作侍郎客。两人一别就是数年，在家中久等的卓文君突然接到司马相如的来信，只有寥寥几个字："一、二、三、四、五、六、七、八、九、十、百、千、万。"卓文君看到信中"万"字之后就明白了，没有"亿"字，就意味着"无意"。原来司马相如打算另娶，所以要跟卓文君断绝关系。卓文君强忍悲痛，执笔回了一首《白头吟》："皑如山上雪，蛟若云间月。闻君有两意，故来相决绝。愿得一心人，白头不相离。"卓文君写完后便弃笔而去，不再回头。司马相如收到信后，忆起往日种种，深受感动的同时，也自觉愧对卓文君，于是打消了再娶的念头，回信写道："诵之嘉吟，而回予故步。当不令负丹青感白头也。"两人重归于好，从此相伴一生。

因为怀念彼此曾经的感情，司马相如才悬崖勒马，及时悔过，把两人的爱情看做人生中重要的东西，举案齐眉，相濡以沫，最终成就了一段爱情佳话。

常言道："六只发挥，旁通情也。"当人与人之间相处时间越来越长，彼此会产生长远的感情，彼此依赖，难以割舍，这就是"情"的力量。正如南怀瑾先生所说，无论功名利禄的阻隔，无论时间与距离多远，即使脑子里不想，但心里这个东西永远都在，心里头永远记挂着的，那都是情。

# 让理想成为现实

许多人都在感叹这个社会、这个时代太重现实。其实，在任何时代，任何地区，人活在世间，就要生存；渐渐地，慢慢地，不知不觉就会重视现实。只有少数人能超脱现实，为崇高的理想而努力，放弃自我而为天下人着想，不顾自己短暂一生的生活现实，而为千秋万代着眼。

——南怀瑾

理想是人们对未来事物的美好希冀，也象征着人们满足于眼前的物质和精神需求，又憧憬追求着未来的生活目标。南怀瑾先生认为，期盼满足更高的物质与精神需求，是理想形成的动力和源头，但理想不是空中楼阁，也不是虚无的幻想，它与现实紧密相连，在很大程度上，理想以现实为基础和前提。

### 理想与现实之间

在我们的社会生活中，理想与现实之间有着密切的关系。一般来说，理想不是一蹴而就的，它看似远离现实，而且不容易实现，有的理想甚至需要几代人前赴后继的奋斗，才有实现的可能性，愚公移山的故事就是一个典型的例子。

传说有一位叫愚公的人，已经年近九十。愚公一家靠山而居，但困于山中，出行非常不便，于是愚公便和家人商量将山挖平，为大家开拓出一条平坦的道路。大家纷纷表示赞许后，愚公便带领着身体强健的子孙后代凿石挖山。一位自作聪明的老头嘲笑愚公:“你真是太傻了！你已风烛残年，山上的草木尚且不能损坏，又能奈这两座大山如何呢？”愚公回道:“即使我死了，但我还有儿子，子生孙，孙子又生儿子，子子孙孙无穷无尽，迟早会把山挖平的。”“聪明”的老头无话可答。后来天神知道了此事，为愚公的诚信所感动，便将山移开了，从此以后，愚公的子孙后代都有了宽敞的道路。

愚公的故事说明，理想并非不切实际的白日梦，有了理想之后，一定要回到现实中去，并尽早付诸行动。只有通过现实中的努力与不懈奋斗，才有希望实现理想。

《周易·文言传》中曾言:“君子以成德为行，日可见之行也，潜之为言也，隐而未见，行而未成，是以君子弗用也。”意思是说，人的品德修养，是平常大家都能看得到的，无论事情多小，都要随时随地提高自己的道德修养。不过，“潜龙勿用”是“隐而未见”的，即使有很崇高的理想与道德品质，如果不采取行动，就没有任何成果，那么对社会与国家亦没有什么大的贡献，便是一种无用的空想，与现实也无法产生任何关联。

西汉时期，有个叫匡衡的人，自幼非常喜爱读书，立志成为一个有学问的人。但由于家中贫穷没钱念书，他就想尽办法，在农忙时节替富人家打短工，不要工钱，只求能有书看。

就这样，匡衡靠自己一点点认字、读书，但由于每天都要在地里干活，根本没有时间看书。于是他便利用晚上读书，但家中没有钱买灯油，他就把墙缝挖开一个洞，借着邻居家的光线来读书。他一点点努力，一步步克服困难，最终读书破万卷，成了一个很有学问的人。

匡衡自幼立志，有很崇高的理想，而且他勤奋劳动，说明道德品质也很高尚，但是有了理想和道德并不一定能获得成功，如果理想无法落实到现实中，不能在现实的日日夜夜中付诸行动，那么所谓的理想只能是空谈。匡衡凿壁偷光苦读的故事说明，远大的理想和现实的行动无法割裂，只有为理想不懈努力，在现实生活中排除万难，战胜艰苦的条件，有朝一日才会实现自己的理想。

### 将理想与现实结合

南怀瑾先生认为，理想之所以称为理想，是因为它的远大和宏伟，因此理想的确立在很大程度上要与现实保持一定距离。现实在眼前，而理想在未来，如果理想很容易实现，就很难算得上是理想，只能说它是一个短期目标。当然，如果树立的理想太过遥远，完全脱离了现实根基，永远难以实现，那也不可行，最好的办法是将理想与现实结合，一步一个脚印，在现实中努力成长，最终让理想成为现实。

很久以前，一个年长的人给两个饥肠辘辘的人一根鱼竿和一篓肥肥的鱼。这两个人一个选择了一篓鱼，另一个则选择了一根鱼竿，两人就此分开。选择鱼的人就待在原地用干柴搭起篝火开始煮肥美的鱼，饿了许久的他很快就连鱼带汤吃得干干净净，过了没多久，这个人活活饿死在干柴篝火旁。另一个选择鱼竿的人则继续提着鱼竿挨饿受冻，一步一步地走向荒凉的海边，然而他费尽力气还没走到海边时，就再也没有力气继续走下去了，只好饿死在路上。

此时，又出现了两个饥肠辘辘的人，他们也像前人一样得到了长者赠送的鱼竿和一篓鱼。不过他们并没有像那两个人一样就此分开，而是商定一起协作，去寻找大海。两人每次只煮一条鱼，在长途跋涉之后，他们终于来到海边。从此以后，两人互相协作，开始依靠打鱼为生，没过几年，两人便盖起了结实的房子，各自有了温馨的家，也有了结实的渔船，过上了幸福美好的生活。

这个故事告诉我们，如果一个人眼光不够长远，只注意到眼前的利益，得到的只是暂时的欢乐；当一个人拥有了高远的目标，同时又以现实条件为基础，一步步从现实走向理想，那么最终就能获得理想的生活。

南怀瑾先生认为，人的一生中，既要有远大的理想，同时也不能脱离现实。没有理想的人生，是终日的蝇营狗苟，毫无意义；而理想如果缺乏现实的基础，永远不采取行动，那就容易沦为空谈和吹嘘，终将无法实现理想。

# 隐士的思想：无可，无不可

三千年读史，不外功名利禄；九万里悟道，终归诗酒田园。

——南怀瑾

《易经系传》中有孔子的话："易之为书也！不可远；为道也屡迁，变动不居，周流六虚；上下无常，刚柔相易；不可为典要，唯变所适。"南怀瑾先生解释说，《易经》这门学问是活的学问，也就是宇宙变化的法则，这也就是佛学所讲的"无常"，而变动无所在，无所不在充满了法界，就是《易经》的"变动不居，周流六虚"。

孔子告诉我们"唯变所适"，即是"无可无不可"，也是《易经》的精髓所在。意思是说，具体的生活方式是可以变通的，可以这样，也可以那样，每个人都跟别人不一样，怎样生活取决于个人的想法和追求。一个人可以秉持自己的生活理念，追求自己的生活理想，不必拘泥，也不必刻意，寻到了合适的时间、地点与环境就好。

## 谋士或隐士，无可无不可

在中国的历史中有许多名士，他们的人生或仕或隐，都不拘泥尘俗，只追求自己的生活理想。他们不刻意追求功名利禄，也不沽名钓誉自负清高，过着一种无可无不可的生活，正符合《易经》中"唯变所适"的思想。

严光，字子陵，是东汉著名的隐士。他生于西汉末年，少年时期就名声鹊起，与刘秀不仅是同学，而且成为至交好友。西汉灭亡，王莽夺位之后，严光一直帮助刘秀，最终辅佐刘秀建立东汉，成为历史上的东汉光武帝。严光对于刘秀的作用，就好像西汉刘邦手下有张良、韩信一样，而刘秀之所以能够平定叛乱，建立东汉政权，与严光的努力是分不开的。刘秀即位后，深知严光是贤良之才，因此授严光为谏议大夫。但严光却推辞不受，并且改名隐居，周游名山秀水，拜师法门学道，终身不事王侯，耕钓富春山。

严光被古人视为清高的代表，不攀龙附凤，也不热衷争名夺利，具有功成不居的高风亮节。实际上，严光不仅是清高，而且拥有大智慧，秉持无可无不可的生活哲学。对他而言，时机合适的时候，可以帮助老朋友平定叛乱，成为刘秀身边的谋士，辅佐他登基立国；而功成之后，也可以隐居山林，做一个逍遥自在的隐士，不必被功名束缚，也不必担心功高震主。余生在江边垂钓，即便没有荣华富贵，也乐得自由惬意。

由此可见，“无可无不可”不仅体现了个人的道德修为，而且是一种旷达的生活态度。无论进退，都不以牺牲人格、气节和自由为代价，荣华富贵也好，粗茶淡饭也罢，都不能让一个真正有人格尊严的人折腰。

### 无可无不可，旷达自由处世

《易经》中曾言：“九四重则而不中，上不在天，下不在田，中不在人，故或之，或之者，疑之也，故无咎。”意思是说，专心致志地反复钻营仕途，最终却难以一帆风顺。南怀瑾先生解释说，上位高官不居，下位连最小的主管农事的官也无法担任，位于中间的庖人、亨人等官职也没有他们的份。这样就令人很迷惑，这里的迷惑，就是产生怀疑。不在天位，不在地位，亦不在人位，天、地、人三位都没有占到，就像一个大学刚毕业的人，不参加社会工作，没有任何生路，这就是“上不在天，下不在田，中不在人”的意义了。但是，这只是对世俗人而言，中国历史上有一种隐士，他们的思想就是要超脱天地人，追求一种不在三界内的隐逸境界，达到无可无不可、自由旷达的处世状态。

魏晋时期的嵇康旷达狂放，向往自由，虽然不是纯粹的隐逸山林，但他对礼法向来不屑一顾，而且也不愿意与司马氏的朝廷合作。竹林七贤之一向秀曾这样评价与嵇康的友情："余与嵇康、吕安，居止接近。其人并有不羁之才。然嵇志远而疏，吕心旷而放。"他说当时竹林七贤都有不羁之才，但嵇康"志远而疏"，在生活上"无可无不可"，"头面常一月十五日不洗，不大闷养，不能沐也"，称嵇康"纵逸来久，情意傲散"。而嵇康由于学习了老庄思想，便更加"重增其放，使荣进之心日颓"。嵇康回归自然，超然物外得自在，不为世俗所拘，而又重情谊，他的"无可无不可"的处世态度在生活中显得尤为明显。他常在家中枝叶茂密的柳树下打铁，并引来山泉，围绕柳树建造了一个小池，平时打铁累了，就跳到池子里泡一会澡，十分惬意随性。他终日活得懒散而无拘无束，不拘泥于世俗追求，蕴含着狂放与旷达的生活态度。

当时与嵇康相识的钟会家世显赫，他非常仰慕嵇康，一心与其结交，但嵇康一直不屑与其同道。钟会几次造访嵇康都遭到漠视，最终恼羞成怒，在司马氏面前陷害嵇康"言论放荡，非毁典谟"。嵇康被处死之时，心境平淡，抚琴弹了一首《广陵散》，弹完之后说道："《广陵散》从此绝矣。"然后毅然走上了刑场。

嵇康的精神，也是中国千百年隐士的精神，秉持自己的生活理念，追求着自己的政治理想，对待生活保有"无可无不可"的态度，这是对自由独立人格的最好诠释。正如南怀瑾先生所说："三千年读史，不外功名利禄；九万里悟道，终归诗酒田园。"无可无不可的处世态度，正是人们心灵归属的静谧家园。

## 后天环境教育：不习无不利

> 常有人问我，为什么能有这么好的学问，我都实实在在告诉人家，这都是我十三岁以前熟背这些古书的效果。
>
> ——南怀瑾

《易经·坤》卦的六二爻辞："直，方，大。不习，无不利。"意思是说，大地是厚重的、四方辽阔的，这是显而易见的，不去刻意关注研究它，那也没什么问题。南怀瑾先生阐释这里的深刻含义，认为人的本性近于"道"，就好像大地一样，生下来就是那样的，而且每个人都是差不多的，因为人的本性相近。但是人的道德修养就不一样了，就像孔子所说，"性相近也，习相远也"。习是指后天的教育与习惯，人受到的后天环境的教育越多，性情也就离原本的位置越远。

所以南怀瑾认为，不管人的本性多么相似，后天环境和教育对人造成的影响则是人格形成和道德修养更关键的因素，譬如父母的家庭环境教育，学校的教育，社会文化的潜在影响等。先天性情产生在我们出生之前，我们无法控制，但在后天环境教育中，只要掌握了成长的规律，在环境和教育中进行培养，进而令心智成熟，再不断地学习，就能养成良好的性情，达到较高的修养。

### 欲速则不达，后天环境的造就

古代有"伤仲永"的故事，仲永未满五岁就能出口成章，可成年后却又"泯然众人矣"。对此王安石认为，仲永的聪慧是先天所拥有的，他的天赋很高，但最终还是与常人没有什么不同，后人把这些事件的原因归结为他未能受到良好的后天教育，聪明才智也就此荒废。

但是《道德经》中也说："五色令人目盲，五音令人耳聋，五味令人口爽。"意思是说，过量的刺激与信息非常不利于孩子的成长。诸葛亮同样这样认为，他晚年得子，取名为瞻。他曾在给兄弟的信中这样写道："瞻年已八岁，聪慧可爱，嫌起早成，恐不为重器而。"其大意就是，孩子早慧并不好，过早成功更不好，让他慢慢成长，经历各种后天的磨练环境，反而更加重要，否则很难成就大器。

孩子的成长自有其规律，一位美国儿童心理学家格塞尔曾做过一对双胞胎爬梯的实验。在实验中，第一个孩子从第 48 周开始每天做 10 分钟的爬梯训练，一直持续 6 周。到了第 52 周时，第一个孩子便熟练地爬上了 5 级楼梯。另一个孩子则从第 52 周开始做爬梯训练，两周过后，第二个双生子不用其他人帮助，就可以顺利爬上楼梯顶端。

格塞尔研究后发现，有两个可支配儿童心理发展的因素：一个是成熟，一个是学习。二者之间，他更着重于成熟。他认为，儿童心理发展是儿童的行为或心理形式在环境影响下根据一定的顺序自然出现的过程，双胞胎爬梯实验就是最好的证明。通过这次实验，格赛尔得出结论：心智不成熟，就无法进行学习，而学习只是对成熟有一定的促进作用。这说明儿童的成长受到生理和心理成熟机制所制约，过早地训练孩子，让孩子学习各种知识，只会对儿童的心理、生理造成负担，甚至会让孩子产生逆反心理，对学习失去兴趣。

因此，孩子的父母要理性客观地认识后天环境教育，不要急于求成，因为欲速则不达，首先要了解孩子的成长进程，然后再开展适当的后天教育和学习。

### 后天教育成就人生

SMPY（20 世纪 70 年代美国科研机构发起的一个对数学超常儿童、

学生进行发现、鉴别的组织）曾经公布45年来对天才孩子和成功者研究的重大发现：即使是拥有高IQ的天才儿童，也需要后天的培养环境，需要家长和老师的帮助，才能发掘出最大的潜能。也就是说，一个孩子是不是聪明，与先天的遗传关系很大，但是他将来能否有所成就，则很大程度上靠后天的培养。

马尼尔·托雷斯小时候是一个非常好动的孩子，父亲是一名普通的喷漆工，马尼尔经常拿着喷漆筒玩，几次不小心把油漆喷到别人的衣服和衬衫上。于是周围的人称他是"喷漆的讨厌鬼"，马尼尔非常伤心。但是他的父亲并没批评他，而是安慰他说："你并不是故意恶作剧的，而且衣服上喷了漆也不难看，至少颜色好多了。"马尼尔得到父亲的安慰，也觉得白衬衫上喷了红色的油漆并不难看。慢慢地，他开始留意衣服上喷过漆的颜色，常常用油漆喷衣服，别人都嘲笑他是个十足的蠢蛋。

马尼尔上大学之后，有一次带着女朋友参加一个宴会，结果女友的衣服与另一位女同学撞衫了。大家都对马尼尔开玩笑说："你不是会喷衣服吗？为什么不给你女朋友喷一件独一无二的衣服呢？"这句话让马尼尔的女友无地自容，因而对他大发脾气，并提出分手。伤心的马尼尔回到家里，把这件事告诉父亲，父亲鼓励他道："别人说你做的是件傻事，但说不定真能用喷漆的方法来做一件衣服！"马尼尔顿时来了灵感，决定制造喷色衣料。他日日夜夜查阅资料书籍，拜访大学的知名化学教授与设计师，想要发明出一种既能迅速晾干又便宜实惠的无纺喷色布料，做出合身但又不会与人撞衫的衣服。经过两年多的努力，马尼尔把棉纤维、塑胶聚合物和可溶解化学成分的溶剂聚合一起，终于研究出了喷色面料。

衣料研制成功后，马尼尔让模特戴上护目镜，将喷色筒对准衣服喷出后，一件颜色艳丽的T恤便出现在众人眼前。如果不喜欢这种颜色了，也可以选择再喷上其他颜色。当然，衣服还可以清洗，这样就再也不用担心衣服颜色不喜欢，或是跟别人"撞衫"。如果人们不想要这个款式，还可以选择把面料溶解，重新做成其他款式。2010 年 9 月，马尼尔向政府申请专利，同时成立了“喷罐面料有限公司”，时装界也将“喷罐制衣”视为至宝，纷纷与他签订长期合约。

马尼尔成功后，在产品发布会上说道：“如果说这是一个奇迹，那就是一个被嘲笑出来的奇迹，我感谢曾经嘲笑我的每一个人！”

可以说，马尼尔并不是一个智力超群的天才，在服装制造方面也不见得有过人的天赋。但是很显然，他的成功受到后天环境和教育的影响，他生活中经历的事情，以及受到的嘲讽和鼓励，都成为他走向成功的契机。因为后天环境的影响，一个原本没有天赋的人走向了成功。

南怀瑾先生曾说：“常有人问我，为什么能有这么好的学问，我都实实在在告诉人家，这都是我十三岁以前熟背这些古书的效果。”由此可见，天赋固然重要，但后天的环境和教育对一个人的成长和成功更是关键，只要抱定信念，坚持学习，不要放弃，后天的努力依旧可以使人成功。

## 积善之家，必有余庆

---

中国人的教育，一向是为了达成完善的人格道德标准，这个标准和“积善之家，必有余庆。积不善之家，必有余殃”的因果观念相通，也和孝道思想同流。

——南怀瑾

---

《易经·文言》中曾言：“积善之家，必有余庆；积不善之家，必有余殃。”意思是说，修善积德的人家，肯定会有更多的吉庆；作恶坏德的，也定会有更多的祸殃。这里阐述的是道德从循序渐进、一点点积累，到最后量变引起质变的现象，同时也是在向人们发出警告，当一些小的不良现象滋生后，要及早看到并提高警惕采取相应措施，若不加以管制任其发展下去，后果将非常严重。

### 积善之家的熏陶

积善之家的潜移默化，是祖辈父母留给后人的最好礼物，这样的道德熏陶是一种长远的教育方式，势必对子孙后代产生重大影响。

梅兰芳是闻名于世的中国戏曲大师，著名的京剧表演艺术家。他生于梨园世家，祖父梅慧仙是一位德艺双馨的京剧艺人，曾做过“四大徽班”之一的“四喜班”班主。在旧社会的戏班里，班主通常有苛待学徒的恶习，但是梅慧仙不同，不管是对待名角，还是普普通通的学徒，他都以礼相待，仁慈宽厚。“国丧”期间戏班无法演出，没有了收入，别的戏班都不给工钱，但他不惜借钱，也要给与自己一同在戏班奋斗的学徒发放工钱。

梅慧仙有位朋友叫谢增，是清朝道光年的探花，官至御史，但终生廉洁清正，两袖清风，生活有时很窘迫，梅慧仙总会送钱帮助他渡过生活的难关。谢增不愿白受恩舍，因此每次都会亲笔写一张借据给梅家，几年之后，谢增共欠了梅家三千多两银子。后来谢增病逝，梅慧仙前往吊祭，见过谢家的人后，拿出一叠借据。谢增的儿子们惶恐地说："我们知道父亲借了您许多钱，但现在实在无力偿还，等我们有了能力，一定会如数归还。"梅慧仙便摇头说："我不是来向你们要钱的，我和令尊是多年至交，今天知己亡故，十分伤痛，我是特意来了结这件事情的。"说完，他便将借据放在灵前的白蜡上焚烧。他知道谢家后人凑不够丧葬费，于是赠予三百两银票，帮助谢家，在场之人无不被他的义举感动。梅兰芳的老师曾对他说："你祖父待戏班里的人实在太好。每到过年过节，都会根据每个人的生活状况给予相应的照顾。"梅慧仙经常助人，为人好慈重义，厚待他人，因此有"义伶"之称。他胸怀宽广，乐善好施，一举一动都成为后人的楷模。梅兰芳自幼深受祖父影响，不仅传承了祖父高超的戏曲才华和造诣，而且受到祖父高尚道德的熏陶，立志成为像祖父一样的义人。

积善之家，必有余庆。南怀瑾先生认为，为人所付出的，总会有因果轮回，将来从上天那里得到回报。日本侵占中国的时候，梅兰芳蓄起胡须，拒绝给日本人扮装唱戏，年复一年靠卖画和典当度日。上海的几家戏院老板见他生活窘迫，邀他出来演戏，都被他婉言谢绝。而当时的汪伪政府闯入梅兰芳家，让他率领剧团轮回演出，庆祝所谓"大东亚战争胜利"一周年。梅兰芳拒绝说："我已经上了年纪，留了胡须，也不再吊嗓子，早已退出舞台了。"

梅兰芳之所以被称为戏曲界的艺术大家，不仅是因为戏曲技艺高超，更重要是他的德行和人品被人赞誉。这也正是梅家祖辈留下的祖训，是梅慧仙对子孙后代潜移默化的影响和教育。

### 积善积不善，教育使然

古代中国人很重视家庭教育，儒家思想倡导孝悌仁义，很多道德观念都是在家庭生活中培养出来的，祖辈和父母对儿女的日常监管和教育，直接影响到后代能否成为一个有德行的人。

南北朝宋废帝刘子业十五岁登基当皇帝，虽然是家中长子，但自幼缺乏家庭教育，结果成为一个荒唐残暴的皇帝。《宋书》中这样评价他："虽曰嫡长，少禀凶毒，不仁不孝，著自髫龀。"意思是说，刘子业自幼性情十分凶狠，不仁不孝，猪狗不如。历史上记载，刘子业登基之后，到祖庙里批判戏谑老祖宗的牌位画像，"詈辱祖考，以为戏谑"，给画像中的父亲加了一个酒糟鼻子。他对几个叔叔也不尊敬，长相不好看的，封之"贼王"，脾气暴躁的，封之"驴王"，喜欢习武的，封之"杀王"，还有一位体型偏胖的叔叔，封为"猪王"，而且赐下猪食给"猪王"食用。他生性残暴，滥杀无辜，而且荒淫无道。《资治通鉴》记载这位皇帝的荒唐事："游华林园竹林堂，使宫人倮相逐。"就是说刘子业闲来无事，命令宫女脱光衣服在宫里捉迷藏，以图淫乐。如此荒唐失德的皇帝，为天下臣民所不容，登基不到两年，在他十七岁的时候就被叔叔反叛所杀。

刘子业的不善，为他自己积来了杀身之祸，正是"不积善者，必有余殃"的例子。而一个家庭如果忽视子女教育，没有让后人养成积善之德，那么即便是祖辈积累下来的善德，也会顷刻间瓦解崩塌。

狄仁杰是唐代著名法官，他刚正廉明，执法不阿，兢兢业业，在唐高宗年间，曾一年之内处理了大量积累的冤案，为 1.7 万人洗清冤情。武则天时期，他是朝野推崇备至的断案如神、摘奸除恶的大法官，才干与名望受到武则天赞赏，做了宰相。狄仁杰在职期间，老百姓对他十分爱戴，送了一块"德政碑"给他，以表彰他谨慎自持，从严律己。但是狄仁杰常年在外办案，忽视了子孙的家庭教育，使得他的第三子狄景晖嚣张跋扈，最终惹来民愤。

新旧唐书中都记载狄景晖做官时名声很不好，不仅贪婪，而且残暴，让当地百姓民不聊生。狄仁杰知道之后非常生气，主动罢掉儿子的官职，并且要严惩不贷。后来朝中大臣为他求情，狄景晖也跪在父亲面前，表示愿意改过自新。但是此后他还是秉性不改，并且变本加厉，对百姓残暴无比，被欺压的老百姓无比痛恨他，直至迁怒到狄仁杰，最终忍无可忍，将狄仁杰的“德政碑”给砸了。

“德政碑”是狄仁杰由于体恤民生，百姓给他立的碑，然而因为他的儿子，这块碑又被百姓砸毁。从这一立一砸两个举动，可以看出狄仁杰家庭教育的失败，在他一生的功绩上涂抹了污点。

因此南怀瑾先生说，“臣弑其君，子弑其父，非一朝一夕之故，其所由来者渐矣，由辩之不早辩也。易曰：履霜坚冰至，盖言顺也。”由积善积不善的问题，可以看到因果观念的推演，从而发展出中国几千年一贯的教育目标，如何教育后代做一好人，做一完人。如果只注重知识和生活技能的传授，百于注重品德的培养，迟早是要出问题的。

# 风云聚会，万事随心

“终身逌然，不知荣辱之在彼也，在我也”，这就是人生哲学。人为什么要外面人讲你好，你才觉得自己好呢？外面跟我毫不相干，在我自己，我认为好就好，爱笑就笑，爱哭就哭，跟别人毫不相干。

——南怀瑾

《易经》中说：“六四，乘马班如，求婚媾，往吉，无不利。象曰：求而往，明也。”六四爻到外卦来了，“乘马班如”，已经解释过了。“求婚媾，往吉，无不利。”六爻是人生的六个阶段，在某一阶段遇到的现象要倒霉，在某一个环境里会发了财。是得志？是倒霉？到了另一阶段时，都有所改变而不同。

**万事随心，做自己真正想做的事**

汉德·泰莱是纽约的一位神父。一次，他在教区医院中听到一位生命垂危的病人说：“善良的上帝啊，我热爱歌唱，音乐是我的终生，我希望唱遍美国。身为一个黑人，我的愿望已经实现，没有什么可忏悔的。但我想感谢您，谢谢您保佑我开心地度过这一生，能用歌声养活我的家庭。如今我的生命即将终止，我已无憾。亲爱的神父，希望您替我转告我的孩子，一定要万事随心，追随自己的心，做自己真正喜欢做的事，他们的父亲会永远为他们骄傲。”

上天在给予一个人生命的同时，一定也赋予属于他一生的使命，跟随自己的心，做自己最想做的事。漫长的岁月里，每个人的使命都潜藏在自己的心灵深处。当夜深人静，我们专注地倾听自己的心跳时，一定能够听到那个来自心底的声音，告诉我们人生的方向在哪里。

在我们的生活中，思想很容易被世俗的观念所左右，一个人的职业要体面，环境要舒适安逸，工资要丰厚，却全然不顾自己到底心里是否充实安宁，有没有快乐与成就感，这样很容易在物欲的世界中越走越远，回首看看自己走过的路，才发觉一路上的失落与遗憾追悔。可惜一切都为时已晚，除了忏悔，我们还能为这个世界留下什么？南怀瑾先生告诉我们，人生在世，就要万事随心，做自己最想做的事。

### 万事随心，做自己最好

南怀瑾先生曾说："人要乐天知命，知道自己，也知道天命，永远是乐观的人生。我曾告诉佛教界的人，很多宗教都是悲观的，佛家的大慈大悲也是讲悲的，但我们中国的儒家是讲乐的。就像我们常看的《论语》一样，上面没有一个悲字，都是在讲乐。谈生命只谈生而不谈死。人多半是悲观的，本来生命是很可怜的，以另一个角度看是很令人悲观，但如果从《易经》的角度来看人生就是乐天知命，非常乐观没有忧愁的。总而言之，风云聚会，万事随心，这并不难。"

从前，曾有一对兄弟因为逃难而失散，多年后才得以重逢。生性乐观的哥哥在饥寒交迫下投身寺庙做了和尚，个性平稳安静的弟弟也在种种缘由下成功娶了妻子、生了儿女。兄弟两人的生活都不是很开心，哥哥羡慕弟弟能够娶妻生子，有温馨美丽的家；弟弟则羡慕哥哥皈依佛门，远离凡尘的纷纷扰扰。一次，兄弟俩约好在山中的凉亭里闲谈，正准备离开时，突然出现了山崩。他们情急之下躲进山洞才得以幸免于难。夜里，哥哥害怕弟弟冷便将僧衣给弟弟盖上，第二天清晨，弟弟感谢哥哥的照料，又脱下自己的上衣给哥哥盖上。几天后，兄弟俩终于得救，但哥哥被送回了弟弟家，弟弟则被送回了寺院。两人就这样将错就错地开始体会自己憧憬的生活。哥哥为了家庭努力干活，一天到晚累得半死却还是难以支持一家人的温饱，也没有感受到在家里生活的温暖。弟弟为了准时撞钟，诵早课，和衣而睡，彻夜未眠，半点感受不到出家生活的悠哉。兄弟俩在生活的重压下重新回到了自己原来的位置，这才发觉，其实还是找到自己的位置，随心地做自己最好。

人们总喜欢拿自己的短处与别人的长处反复比较，比官职高低，比财富多少，比来比去认为自己最倒霉，生活不易，时运不济，轻者哀叹恼怒，重者则愤世嫉俗。但人们往往看不到自己所拥有的东西，并不知道其实自己也被别人羡慕。其实，每个人都有自己的生活轨迹，各有各的快乐标准，不应该拿着自己的标准比较别人的生活。人的一生，既要看到自己的缺憾，也要看到自己的收获。万事随心，不迷茫也不抱怨，做最真实的自己最好。

正如南怀瑾先生所说："终身逌然，不知荣辱之在彼也，在我也。"并不是外人说我好，我才是真的好，外界与我并无相干，我自己觉得好就好，我爱笑就笑，爱哭就哭，跟别人毫不相干。风云聚会，万事随心便是如此。

# 第四章

## 南怀瑾谈领导艺术：

大人者，与天地合其德

在延续几千年的中国古代社会中，《易经》中的思想发挥着重要的指导作用，而《易经》是一门与人打交道的学问，包含了古代管理哲学的基本精神。《易经》中强调，领导事业要以人为中心，以道德教化为导向，以正己正人为途径，并由此展开管理哲学论。《易经》为古代儒家的管理智慧提供了“治国之道”和“兴国之法”，南怀瑾先生采用“经史合参”的方法，旁征博引，引入许多生动的励志历史故事，对立身治国的管理原则做了深入浅出的阐述，轻松而又深刻，展示出儒家精神“治国兴邦”的人生志向。

# 至中至正，领导人的风范

一个领导人的风格德性，有如龙的德性，是至中至正。

——南怀瑾

《文言》中记载，“九二曰‘见龙在田，利见大人’，何谓也？子曰：龙德而正中者也，庸言之信，庸行之谨，闲邪存其诚，善世而不伐，德博而化。易曰：见龙在田，利见大人，君德也”。南怀瑾先生认为孔子对九二爻的解释是在说一个领导人应该做到的风范，这里所说的领导人不只是最高的领导人，一个小单位的主管乃至一个家长，都是领导人。人要达到至中至正，先要养成的伟大胸襟。

## 中庸之者，执两用中

儒家主张中庸之道，所谓中庸之道即在处理问题时不要走极端，而是要找到处理问题最适合的方法。简单地说，就是要自我管理，顺应自然规律，时刻保持克制和正气。

古人所谓用人不疑，疑人不用，在孙权的身上就有所体现。诸葛瑾，字子瑜，是蜀汉丞相诸葛亮的亲哥哥。诸葛瑾在江东受到孙权的重用，初为长史，后为南郡太守，最后竟拜为大将军，领豫州牧。这当然引起了一些人的嫉妒，便私下中伤诸葛瑾明保孙权，暗通刘备，为其弟诸葛亮所用。对此，孙权付之一笑，言道：“子瑜和我共事多年，恩如骨肉，彼此了解得十分透彻，对于他的为人，我是知道的，不合道义的事不做，不合道义的话不说。”为了让众人相信，孙权还特意以当初诸葛亮来东吴时，自己曾授意诸葛瑾劝诸葛亮留下来一事加以说明。当时诸葛瑾就回绝了孙权，诸葛瑾说：“我的弟弟诸葛亮已然投靠了刘备，应该效忠刘备。我在你手下做事，应该效忠于你，这种归属决定了君臣之分，从道义上说，都不能三心二意，我兄弟不会留在东吴，如同我不会到蜀汉去是同一个道理。”“能够说出这些话的人，足以显示其高贵的品格，他又怎么会背叛于我呢？”孙权以这样的话做结束。事后，为了堵住众人的嘴，更为了显示对诸葛瑾的信任，孙权曾数次派诸葛瑾出使蜀国，而诸葛瑾也均出色地完成了使命。每次到蜀汉，只是在公众场合和弟弟见面，私下场合，兄弟俩从未会面过，诸葛瑾以他的忠诚，回报了孙权的信任。

正如南怀瑾先生所说的“自我管理”，时刻保持克制，平常也讲求信。后人之所以都尊孔子为圣人，深深地为他折服，正是因为他时刻注意保持克制、讲求信义。现在的“领导人”若是多多学习前之圣人，修行品德，把握好临界点，去做好自己，达成“领导”风范，那么在领导过程中便会游刃有余，得心应手。

### 大中至正，粹然归矣

南怀瑾先生认为，一个领导人首先要客观公正，才算具有了领导人的风范和德行。《易经》中记载：“（豫卦）六二，介于石，不终日，贞吉。《象》曰：‘不终日贞吉’，以中正也。”张载《张子正蒙·卷四·中正篇》：“大中至正之极，文必能致其用，约必能感而通。”明代时，王守仁《传习录》上卷中也写道：“不知先生居夷三载，处困养静，精一之功，固已超入圣城，粹然大中至正之归矣。”

东汉时，羊续做南阳太守，他为人廉洁，对当时官僚权贵的贪污腐败和奢侈铺张十分厌恶。羊续生活十分朴素，用的餐具是粗陋的瓦器，吃的是粗茶淡饭，衣服是破旧的，盖有补丁的被子，出门乘坐的一辆马车也很破烂。府丞焦俭是他的下级，为人也很正派，他看自己的上级生活太清苦，又听说羊续喜欢吃鱼，就买了一条鱼送给他。又怕羊续拒收，就说:“大人到南阳不久，可能还不知道，这就是此地有名的‘三月望饷鲤鱼’，所以我买一条送给您。这只是我对大人的一点敬意，您知道的，我绝非阿谀逢迎之辈，务请笑纳！”羊续见焦俭这么说，只好笑着说:“既然如此，恭敬不如从命。”

等焦俭走后，羊续把这条鱼挂在室外，再也不碰它。第二年的三月，焦俭又买了一条鲤鱼送过来，没想到羊续指着那条枯干了的“三月望饷鲤鱼”，说:“你去年送的还在这呢！”焦俭目瞪口呆，只好带着活鱼走了。这就是羊续悬鱼的典故，它表现出羊续的清廉正直，做领导的至中至上，也给手下人树立了一个典范。

正如南怀瑾先生所说，领导人首先要把握好中正的临界点，怀着伟大的胸襟，讲信义正直，这才是领导人应有的德行和风范。

# 功在天下，而不傲慢

万事退一步就叫谦，不傲慢就叫谦。

——南怀瑾

“劳、谦。君子有终，吉。”这是《易经》中谦卦九三爻的爻辞。南怀瑾先生认为，谦卦是地山谦，山最高了，但它却处在平地的下面，而这块平地呢，却又在山顶上。谦卦的道理就是这样，你到了最高处，就要平实，不要认为自己有多高，这就是谦的含义。

## 不傲才以骄人

山顶的上面是平地，达到最高处时也要有最平凡的心态，对人谦恭有礼。诸葛亮在《将诫》中有这样一句:“不傲才以骄人，不以宠而作威。”意思就是，不倚仗自己的才华在别人面前表现出骄傲的神情，不能因为自己受宠，就到部下那里作威作福。这和南怀瑾先生所解释的谦卦有着异曲同工之意。

楚霸王项羽是贵族出身，他英雄盖世，力拔山河，又拥有雄兵百万，故而恃才傲物，从不把别人放在眼里。项羽率领大军杀入秦都咸阳后，杀了秦王子婴，焚烧阿房宫，甚至杀了很多贫民。司马迁在《项羽本纪》中记载:“居数日，项羽引兵西屠咸阳，杀秦降王子婴，烧秦宫室，火三月不灭，收其货宝妇女而东。”

就在项羽打算引军向东的时候，有一个叫韩生的谋士劝说他:“将军，您应该在咸阳建都，因为这里是关中地区，易守难攻，而且土地肥沃，财物丰富。如果在此建都，一定能实现统一霸业。”但是项羽骄傲自大，根本听不进韩生的建议。他觉得咸阳的都城已经残破不堪，以前是秦国的都城，在这里建都很不吉利，而且西部的条件太艰苦，不如家乡繁荣。另外，他还想率领大军回到家乡去，向乡亲们炫耀一下自己的财富和威风。所以他对韩生说：“一个人富贵了，就应该回归故乡。如果富贵不归故乡，就好像穿着华丽的衣服在夜间行走，谁能看得见呢？”

韩生听了项羽的这番话，感到非常失望。他离开项羽的军帐，摇头说道：“人家说楚地的人是‘穿衣戴冠的猴子’，以前不信，今天听了这些话，果然没错！”韩生的话传到了项羽耳朵里，项羽勃然大怒，立刻把韩生抓起来，将他烹杀了。

这件事情说明项羽的性格中傲慢自大的缺陷，他在鸿门宴上放走刘邦，也是因为骄傲轻敌，心里瞧不起一个小小的亭长刘邦，最后导致失败和乌江自刎。对比之下，刘邦不骄傲自满，善于招揽人才，重用张良、韩信、萧何等人，最终由弱转强，得了天下。

南怀瑾先生认为，骄傲的兔子和缓缓前进的乌龟，如果兔子认为自己跑得很快，等等乌龟也没关系。如果兔子在乌龟追上的时候醒了，那还是不晚的，但是骄傲的兔子一直认为乌龟不会赶上来，因为太过骄傲，它就安心地入睡，以为胜券在握，却被乌龟赶超了。一个人具有优秀的才能，别人羡慕不已时，一定不能因为才能过人而骄傲，只有谦虚谨慎，才会走得更远。

### 身有功名而知谦

子曰：“三人行，必有我师焉，择其善者而从之，其不善者而改之。”我们都知道，要向身边的人学习，也就是说学无止境。但是当一个人有了功名后，往往会碍于面子而不知谦逊，或是目空一切，不可一世。张廷玉说，“盛满易为灾，谦冲恒受福”，有功名的人在学习处世的过程中，仍需怀有一颗谦虚的心。南怀瑾先生认为，身负功名而不忘知谦，才是真正的大家风范。

物理学家爱因斯坦在世的时候，已经是一位声誉显赫的物理学家，深受人们的敬仰。纽约河滨教堂设立世界上最伟大的学者塑像，当时爱因斯坦是唯一尚在世的人。但是作为全世界顶级的科学家，爱因斯坦并没有被荣誉冲昏头脑，而是始终保持一种谦逊待人的态度。当人们把他当做偶像时，爱因斯坦感到难以理解，而且很反感报刊杂志上的宣传，记者、画师来找他拍照、画像，更让他难以忍受，直言说不想变成行业模特儿。

很多人说爱因斯坦是天才，是超人，但他自己从来不这样想。他知道自己小时候比普通孩子更笨一些，他所走的路都是从前道路的延伸，而且科学创新也是在前人的基础上开辟出来的，所以他总是抱着感恩的心态赞赏前人的贡献。有一位记者赞美他为物理学做出独一无二的贡献，爱因斯坦说："在科学的道路上，有许许多多人在共同奋斗，各人有各人的工作，各人有各人的贡献，所以我对同行的工作非常尊重，他们每个人的贡献都是独一无二的。"就算对待自己的下属和学生，爱因斯坦也没有丝毫的傲慢，凡是和他接触过的人，都为他的和蔼可亲和平等待人而感动。他还总结了一个成功公式，认为成功 = 艰苦的劳动 + 正确的方法 + 少说空话。他认为自己不是天才，仅是一个忠实而勤勉地追求真理的人。

南怀瑾先生说："万事退一步就叫谦，不傲慢就叫谦，让一步就叫谦，多说一声谢谢、对不起，就叫谦。"无论是做人还是做事业，无论是平民百姓还是领袖人物，有了功劳而不傲慢，身负才华而能自谦，这便是《易经》上"劳而不伐，有功而不德，厚之至也"的道理。

# 居上位而不骄，在下位而不忧

人的修养，要做到“忠信”这两点。

——南怀瑾

《易经》乾卦九三曰：“君子终日乾乾，夕惕若，厉无咎。”孔子曰：“君子进德修业，忠信，所以进德也，修辞立其诚，所以居业也。知至至之，可与几也。知终终之，可与存义也。是故居上位而不骄，在下位而不忧，故乾乾因其时而惕，虽危无咎矣。”南怀瑾先生对孔子的这段话是这样理解的：一个人欲进德修业，无论处在高位上，还是居于下位，都要战战兢兢地小心。人最高的智慧要做到对自己、对人、对事全面把握，知道机会到了就要抓住，去做应该做的事情。

**上者不忘初心**

中国古人常赞叹具有梅之傲气的人，但是这里的傲气并不是骄傲，而是傲骨，是不肯摧眉折腰事权贵的傲气，而非昏了头脑的傲慢。

说起隋炀帝，人们的印象里只有厌恶和暴力，殊不知此人也是学问渊博，才高八斗，曾创立科举制，但是这样一个皇帝却在后期压迫子民。唐太宗李世民是历史上善听谏言的人，与此一起出名的还有谏臣魏征。唐太宗读完隋炀帝的文集，对左右大臣说：“我看隋炀帝这个人，学问渊博，也懂得尧、舜好，桀、纣不好，为什么做的事那么荒唐？”

魏征接口说：“一个皇帝光靠聪明渊博是不行的，还应该虚心倾听臣子们的意见。隋炀帝自以为才高，骄傲自信，说的是尧舜的话，干出来的却是桀纣的事，直到后来糊里糊涂，就自取灭亡了。”

不得不说魏征的分析十分准确，南怀瑾先生解释“居上位而不骄”就是“虽然居于最上的位置，也不觉得有什么可骄傲的”，时刻保持着平常心去学习和进步，这也就十分接近我们所说的不忘初心，一个人无论达到怎样的高度，都要知道自己的身份是什么，应该做的是什么事，不要有点成绩就开始自满傲慢。中国有句古话“月盈则亏，水满则溢”，是在比喻事物盛到极点就会衰落。上位者也有下来的一天，一定要守好本心。

居于上位者最难的就是保持平常心，有些人总喜欢端个架子，总是觉得扫了面子，旧时有皇帝，今朝有领导。现在一些人总是喜欢用经验来管教后辈，总认为他们太年轻，没有经验，什么也不懂。这就是过于自满了，也就是上位者骄。这些人不应忘记中国还有一句话叫做“青出于蓝胜于蓝”。

### 下者各司其职

南怀瑾先生认为，时代在不断变化，上位与下位之间的关系并不固定，有可能随时会换位。但是一个下位者如果不好好了解自己，摆正自己的位置，做好自己的事情，那么很可能无法安分守己，虽好高骛远，最终一事无成。

古代有一位地主，家有良田数百亩，家财万贯，他自认是当地的富豪，因此态度十分傲慢，接人待物不可一世。有一天，邻居前来谒见他，地主心中有些疑惑，纳闷地想：“邻居家里也很有钱，来我家到底是为了什么呢？”他接待了邻居，发现邻居衣着朴素，身上也没佩带值钱的饰物，因此有些瞧不起他，便盛气凌人地问道：“你来我家究竟有什么事，不会是来借钱的吧？”邻居笑着说：“我从院子走进来，一路看到许多亭台楼阁，果然是大富之家。”地主得意地说：“我家共有良田二百余亩，房产数十，一辈子享受不尽。”

邻居微笑着说："我眼下变卖了家中所有的良田宅邸，进城去做生意。家中只剩这一座老宅子，如果你想买下，就便宜些卖给你。"地主听了一愣，忙问邻居做什么生意，邻居说做绸缎珠宝生意，都是一本万利的买卖，城中无比繁华，比乡下地方强多了。如果赚到了钱，一年就可以买下数十亩地，几代人也不愁吃穿。有钱之后，还能捐个官当，那就更威风八面了。

邻居走后，地主对做生意的事有些心动，心想家中的田产都是祖辈留下来的，一代一代经营了上百年，才有如今的规模。如果做生意的话，一年就能暴富，而且还能做官，那岂不是光宗耀祖的事情？

于是，地主也进城做绸缎珠宝生意，结果卖了良田房产，花了大笔的银子，铺子生意却不好，几年内连本钱都赔光了，只得灰溜溜地回到乡下，守着剩下的几亩地过日子。

这个故事说明，每个人都应该清楚自己属于什么位置，无论做什么，都应先守住自己的本分，那么事情就会变得简单轻松。做到忠于自己，忠于责任，即便身处下位，也能过得悠然自得，无忧无虑。

上位者"信"，下位者"忠"。不骄不忧，才会走得直，行得远。就像南怀瑾先生所说，"每一个人把自己安排对了，整个大我也安排对了，有许多事往往是因为这个'我'安排得不好，才把整个事情砸烂了。"

# 莫到琼楼最上层

人要有自知之明，必须自知才德能力的深浅才好。

——南怀瑾

《易经》上九曰：“‘亢龙有悔’，何谓也？”子曰：“贵而无位，高而无民，贤人在下位而无辅，是以动而有悔也。”意思是说，人升到了最高处的时候，便没有了更高的位置，而且身在高位，其他人无法接近，这样就很容易失去群众基础，这时在左右旁边，反而没有真正的人才。所以说，升高到没有办法再高了，反倒是处于最难处。《易经》的这段话是劝人们不要升到最高位，南怀瑾先生也认为，人如果坐到最高的位置，就没有继续上升的余地，如果不辛苦硬撑着，就只好走下坡路了。

### 知足常乐

国民革命取得成功后，孙中山“退位让国”，袁世凯则成为中华民国第一任大总统。但是，袁世凯做总统并不知足，他还想做皇帝。他有两个儿子，大的叫袁克定，是个拐脚，非常想做太子，继承父亲的皇位，因此对袁世凯怂恿得最厉害；二儿子袁克文，是一个文采风流、名士气息很浓厚的文人，极力阻止父亲当皇帝。当时的人很喜欢把袁世凯比作曹操，而袁克文类似是曹植，袁克文写了一首诗劝诫父亲知足常乐，适可而止，不要当了皇帝遭人唾弃，到时候后悔终身。其中一句诗曰：“剧怜高处多风雨，莫到琼楼最上层。”意思是说，人生不必追求最高，要学会满足，一味地追求高处，琼楼玉宇虽高处，但还有那丝丝寒气逼人。

袁世凯看了之后勃然大怒，他非但不听劝，反而把袁克文软禁了起来。后来袁世凯登基称帝，并改元洪宪，没想到受到全国上下各界的反对和攻击。结果不到一年，袁世凯就身败名裂，一生所有的努力都付诸东流，留下来的只是一笔千秋罪过的笑料。

南怀瑾先生用《红楼梦》中的两句话作袁世凯一生的总评："负父母养育之恩，违师友规训之德。"他认为袁克文反对袁世凯当皇帝，不仅深明事理，而且充满了老庄哲学中知足常乐的情操。孙子说："兵无常势，水无常形"，天地之间没有一成不变的事情，万事万物，瞬息变化，无法测度。如果懂得知足常乐的道理，便能以不变应万变。尤其是身居高位的人，要能够放下心中妄念，不要总想着升到最高。一个领导人只有从容理性，轻易不妄动，以守为攻，才是守住位置的最好策略，否则急功近利往最高位上爬，很容易遭到倾覆，疾速往下坡路上走。

### 动而有悔

南怀瑾先生在《易经杂说》中提到"做人也不要做得太高明了，做得太高明了不好玩的，贵到没有位置好占。有的人，学问、人格、仪表都好，可是太贵了，贵而到了无位，连一个科员的位置都得不到。高到极点，下面没有干部了，或者说天下人都是干部，可是天下人都不敢说话，有意见都不敢发表，这就讨厌了，到这时就到了亢龙的境界"。紧接着南环瑾先生给了八个字，即"动而有悔"和"动辄得咎"。

从《易经》来看，"亢龙有悔"的根本原因不是"位"，而是"时"。《文言》中"与时偕极"说，乾卦发展到上爻已经走到尽头，再也没有发展余地了，所以我们把这个阶段说成是终极阶段，好比动物临近死亡，植物临近干枯，盛时已逝，难免有悔。处在这个时候，如果还试图以"动"来改变局面，则容易落到失败的下场。也就是说，当一个人升到高位时，就会出现"动辄得咎"的状况，也就是无论怎么做，都会受到责备或处分。

在中国历史上，陈胜吴广起义是第一次大规模的农民起义，但是这场声势浩大的反秦起义最后却无疾而终。当起义军打下了陈县(今河南淮阳)时，陈胜召集当地百姓父老商量，大家都说:“将军的义举是替天下的百姓报仇，你征伐暴虐的秦国，立下了大功劳，应该称王。”于是，陈胜就被百姓拥戴称王，国号为“张楚”。就这样陈胜、吴广连番征战各地，各地百姓纷纷杀掉官吏，响应起义，很快起义风暴席卷了大半个国家。到了这个时候，陈胜控制起义军的能力已经达到极限，如果战线继续拉长，势必造成号令不统一，而且曾经的六国旧贵族也会趁机攻城占地，对起义军的发展造成阻碍。但陈胜、吴广并没有意识到这一点，他们一心想攻入咸阳，推翻秦二世，然后自己当皇帝。结果，起义军派出队伍向西进攻，打进关中，逼近秦朝都城咸阳。秦二世立刻派人把在骊山做苦役的囚犯和奴隶放了出来，组成一支军队，与起义军对决。而此时原来的六国旧贵族已经各自占据了地盘，没有人去支援起义军。结果，起义军孤军作战，吴广在荥阳被部下杀死，而陈胜在逃跑的路上被车夫设计杀害。这场声势浩大的起义只持续了六个月，便以失败告终。

陈胜认为，起义军离胜利只有一点点距离，只要攻入咸阳便会获胜，但实际上并不是如此简单。陈胜刚被百姓推举为王，建立国号，应该占据地盘，安定下来，巩固自己的势力，慢慢积累力量，然后再图谋更长远的目标。但陈胜、吴广却急于攻打咸阳，造成最终失败的后果。

南怀瑾先生认为，一个领导人刚升入高位，尚未坐稳位置，就急着攻城略地，想继续往上升，这是缺少智慧的草率做法。那么他无论怎么动，最后都容易招来失败的下场，这就是“动而有悔”的道理。所以身在高位的领导人一定要摆正自己，认识自己所在的环境，因为处于最高位时，也是最危险的时候，动而有悔，动辄得咎，只有稳扎稳打才是上策。

# 以美利利天下

伟大的胸襟，才够得上“元亨利贞”的“利”。

——南怀瑾

《易经》中曰:“乾，始能以美利利天下，不言所利。”意思是说，从乾卦开始生出万物，它也具有利于天下的功能，但它却不自诩利天下万物的功绩。南怀瑾先生认为，真正拥有伟大胸襟的人物，做事利于他人，利于天下，这才是优秀领导者应该具有的特质。

## 助人称利

南怀瑾先生说《易经》上讲的利是中国传统文化思想中的“利”，并不是求利，而是自己帮助了别人就称做利。

北朝魏齐时，有一个人名叫李士谦，虽然他家中非常富有，但是他却一生崇尚节俭，而对别人却十分慷慨。他经常用家中的钱粮周济乡里的穷苦老百姓，被当地百姓称赞为大善人。有一年春季闹饥荒，很多人家都吃不上饭，家家户户都来找李士谦借粮食。他从家里拿出一万石粮食分给乡里缺粮的人家，众人千恩万谢，承诺秋季收粮食时一定偿还。没想到秋天又遇上了收成不好，庄稼歉收。借了粮的人家无可奈何，只好去恳求李士谦，请他延一延期，等有了粮食一定偿还。李士谦说:“我借粮给你们，是为了让大家度过饥荒，而不是为了求利。既然今年的年成不好，你们借的粮食就不用还了。”于是他摆设宴席，请这些欠粮的人一起吃饭，当着大家的面烧毁了全部的借据。到了第二年，粮食丰收了，许多人主动挑粮来还他，没想到李士谦坚决不收粮食。就这样，李士谦乐善好施30年，到隋文帝开皇八年去世。他去世的时候，当地百姓有一万多人为他送葬，哭声惊天动地，所有受过他恩惠的人都无比感激并怀念这位大善人。

很多人帮助别人并没有寻利的目的，也不为获得丰厚的回报。在古人的智慧中有这样一个词——利他，这原本是一个佛教用语，意思是给予他人方便和利益不求回报。与释迦摩尼割肉喂鹰一样，舍身救生，不求回报，只为帮助别人，甚至可以放弃自己。而《易经》中所言“以美利利天下”也是提倡这种助人的精神，南怀瑾先生认为，使别人获得方便与利益，帮助他人，尊重他人利益，这是一种出于自觉自愿的利他精神，不仅有益于社会和他人，从长远来看，也有利于自己。

### 利与义

南怀瑾先生在《易经杂说》中将“利与义”作为解释“乾，始能以美利利天下”的小标题，而在孟子的《鱼我所欲也》中说：“舍生而取义者也”，这就是利与义的比较，但和南怀瑾先生的想法有区别的是“利”的不同。此时孟子所表达的“义”和南怀瑾先生所想的“利”有着异曲同工之妙。中国一向注重道义，舍生取义是一直为人尊敬的。舍生取义这个词本身就有个故事。

春秋时期，晋国有个名士叫豫让，他最开始投靠在智伯门下，很受重用。后来智伯被赵襄子杀害，豫让下定决心为智伯报仇。谋划了几个月后，他打扮成仆役的样子混进赵府，伺机行刺赵襄子。后来不小心行迹暴露，被赵襄子抓住，赵襄子见豫让对曾经的主人忠心耿耿，佩服他是一个义人，于是就放了他。但豫让仍然不死心，说：“你虽然放了我，但我还会刺杀你的！”

豫让回家后，剃了眉毛和胡子，毁去面容，又用炭火把声音弄嘶哑。有人劝他说：“你如果投靠赵襄子，得到他的信任，然后再行刺他，不是更方便吗？”豫让却回答说：“作为一个人，怎么可以行如此诡诈之事呢。”

后来某一天，豫让得知赵襄子外出，便预先埋伏在桥下。赵襄子到桥边的时候，马匹突然惊叫起来。豫让被发现，抓到赵襄子面前。赵襄子说：“你屡次舍生取义，确实令人尊敬，但可惜这次我不能再饶恕你了！”豫让说：“我临死前只有一个请求，你把外袍脱下来，让我刺三剑，了却我为主复仇的意愿，也就死而无怨了。”赵襄子便脱下外袍，豫让刺了三剑之后，便自刎而亡。

豫让甘愿舍弃生命也要完成道义，便有了“舍生取义”的成语。南怀瑾先生在《易经杂说》中说，“乾”至刚至阳，能以最好的利去利天下，而自己却不求利，这便是乾所生出的“义”。中国历史上有许多“舍生取义”的故事，孟子、岳飞、文天祥、谭嗣同等等，都是这样的圣贤英雄。

孔子曾说：“不义而富且贵，于我如浮云。”孟子说：“万钟则不辨礼义而受之，万钟与我何加焉？”这种舍利而求义的精神是中国传统儒家思想的精髓，也是《易经》中所提倡的道德情操。南怀瑾先生说，为天下求利，自己不求利，德行有礼，行为有利天下，这种伟大的胸襟，才能够称得上“元亨利贞”。

# 学、问、宽、仁，领导人的修养

仅有学问还不行，要宽厚，待人接物，胸襟要伟大，包容万象，不能狭隘，然后“仁以行之”，还要仁慈。学、问、宽、仁，四点一定要做到，“见龙在田，利见大人”就是这四德，是领导人应该做到的修养。

——南怀瑾

在《易经》中，古人将学、问、宽、仁作为君子修养的四德。《易经》曰：“见龙在田，利见大人，君德也。”意思是说，君子要努力学习聚集知识，要深入探讨研究明辨是非，以宽容的态度实施自己的权力，要以仁爱之心对待百姓，那么就会得到百姓的拥护和爱戴。南怀瑾先生说，《周易》里提出“如果看到舞龙并敲大鼓，很快就会看见大人物到来”，百姓为迎接大人物而敲锣打鼓，这正是领导者对民众实施恩德的影响和结果。

## 以问求学

南怀瑾先生认为，一个身居高位的领导人必须精于学问，而在“学问”二字中，“学”和“问”是分不开的。《论语》中孔子说：“敏而好学，不耻下问，是以谓之‘文’也。”孔子是我国伟大的思想家、政治家、教育家，儒家学派的创始人，他的学问影响了后世无数人，因而人们都尊奉他为孔圣人。然而孔子认为，无论什么人，包括他自己，都不是生下来就有学问的。

有一次，孔子去参加鲁国国君的祖庙祭祖典礼，在去的路上，他不时地向身边的人询问祭祖事项，几乎连鸡毛蒜皮的琐事都问到了，根本不在乎别人是不是比自己学问高。有人见他如此，便在背后嘲笑他，说孔子不是经常讲仁义礼智吗，谁知道他自己连仪礼都不懂，竟然什么都要问，而且向那些地位低微的侍者奴仆求问，这不是没有尊严吗？孔子听到这些议论的话，并没有在意，他说："对于自己不懂的事情，当然要问个明白，不管别人是什么地位，都应该虚心求问，这正是我求礼知礼的表现啊。"

孔子做学问不耻下问，而且也赞赏跟他一样的人。当时卫国有一个大夫叫孔圉，一生为人正直，虚心好学。他死后，卫国君授予他的谥号为"文"，后来人们便把他称作孔文子。孔子的学生子贡知道这件事后，有些不服气，他认为孔圉并非完人，身上也有不足的地方，而"文"这个字是对德行完美的赞誉，孔圉不配用"文"做谥号。于是子贡就去问孔子："老师，孔文子为什么被称为'文'呢？他到底有什么资格呢？"孔子回答说："敏而好学，不耻下问，是以谓之'文'也。"意思是说，孔圉这个人聪敏又勤学，经常向地位比他低的、学问比他差的人学习求问，而且并不以为耻辱，这是一种高尚的品格，因而可以用"文"字作为他的谥号。

一个人的学识无论有多深，都需要从他人那里学习新的知识，正如韩愈在《师说》中写道："人非生而知之者，孰能无惑？惑而不从师，其为惑也，终不解矣。"人不可能生下来什么都知道，想学到知识，想成为学问大家，必须要不耻下问。要问的不仅是渊博的学者，普通人也可以成为我们的老师。正如韩愈所说："是故无贵无贱，无长无少，道之所存，师之所存也。"

南怀瑾先生认为，领导者的学问一点点提升，最重要的是要不耻下问，在求问求知的时候，无论出生的早晚，地位高低贵贱，年纪大小，只要道理存在的地方，就是老师存在的地方。

### 宽仁为治

《中庸》里有一章写到鲁哀公问政，也就是向孔子讨教治国之道。孔子以周文王和周武王为例，告诉鲁哀公一个领导者所需要具有的品格。

孔子对鲁哀公说：“周文王、周武王的各项政教，都被人记载在木板和竹简上。他们因为有贤臣的辅助，所以这些政教能得以实施，一直延传到后世。但如果没有贤臣的辅助，周王推行的政教和措施就会被废除。君王努力执政，才能管理贤臣，就像治理土地努力种植一样。一个君王想要获得贤臣的辅助，就要修养自身的品德，遵循天下的大道，富有仁义之心。而所谓的仁义之心，就是要求君王爱护百姓，尤其要尊敬贤人。这种仁义之心又有远近亲疏之分，尊敬贤人时也有贵贱等级之别，礼就由此而产生。一般来说，臣民如果得不到君王的信任，那么君王也无法治理好臣民，所以君王必须修养自身品德，知贤爱人，达到礼的要求。”

孔子认为，天下通行的关系一共有五条，即君臣、父子、夫妇、兄弟、朋友，而君子需要具备三种美德：智慧、仁爱、勇气，才能圆满处理好这五种关系。有的人生来就知道这些道理，有的人遇到困惑之后去学习，然后知道这些道理。但不管是先天知道的，还是后天学习的，最终只要努力，都能掌握这些道理，并且修养出宽仁的品格，这一点对于领导者来说非常重要。

南怀瑾先生认同孔子的说法，认为宽仁的品格和学问一样，都是领导者必要的修养。世上没有人生来就会当领导人，想懂得许多道理和知识，不一定非要有天赋，只要后天学会积累，敢于求问，那么自然会获得一些知识储备。作为一个领导者，无论有没有聪明的天赋，“宽”和“仁”的修养是必不可少的，对待下属要有博大的胸襟，还要有“仁义”，这不仅是儒家一直追求的品德，也是《易经》中强调的必胜之道。

因此南怀瑾先生总结道，学、问、宽、仁这四德，领导人一定要做到，这是走向成功的条件和修养，只有做到这四德，才会达到“见龙在田，利见大人”的境界。

# 学以聚之，仁以行之

功在天下也不傲慢，能够普爱天下人。

——南怀瑾

《易经》有言：“君子学以聚之，问以辨之，宽以居之，仁以行之。”意思是说，君子要通过学习来积累知识和学问，通过研究讨论来明辨事理，并且用宽容的胸襟对待他人，用仁义的态度做事。南怀瑾先生认为，“学以聚之”“仁以行之”是在教导我们做人做事。他进而解释道，“学以聚之”就是将学问和经验积累起来，而“仁以行之”就是将学问施行出来，普爱天下人。

## 没有积累，不以成学

古人有云，不积跬步无以至千里，古今中外无数事例证明，成功无法一蹴而就，更不是无所作为等待幸运降临。南怀瑾先生阐释“学以聚之”时认为，世上没有唾手可得的机遇，也没有轻而易举的成功，无论是学问、经验，还是才能、财富，都需要一个积累的过程，没有积累，不以成学。

曾经在美国和日本，有两个年轻人，他们原本都是普通人，但为了获得成功而不懈努力，持之以恒地进行积累。

日本人认为创业需要资金，而资金需要积累才会变成财富，于是他每月把工资和奖金总数的三分之一存入银行，而且一直坚持存钱，雷打不动。很多时候他手头拮据，但也咬着牙照存不误，宁愿借钱度日，一个月一个月硬熬过去，也从来不动银行存款。

美国人则是另外一种情况，他在证券公司上班，每天花费大量时间和金钱研究证券市场发展的规律。虽然他生活十分艰难，住在狭小的地下室里，经常靠朋友接济度日，但他认为积累知识和研究经验很重要。他把自美国证券市场有史以来的记录搜集到一起，将数百万根的K线一根根地画到纸上，然后贴到墙上，每天对着这些K线静静思考，试图在杂乱无章的数据中寻找规律。

很快六年过去了，日本人靠自己的勤俭节约，共积蓄了五万美元存款，他的坚持和毅力打动了一名银行家，为他提供了1百万美元的创业贷款。于是日本人创立了麦当劳在日本的第一家分公司，成为麦当劳日本连锁公司的掌门人。他的名字叫藤田田。

而美国人则是研究了古老数学、几何学和星象学与美国证券市场走势的关系，并发现有关证券市场发展趋势的预测方法，命名为“控制时间因素”。他成立了自己的公司，并在金融投资中赚取了五亿美元的财富，成为华尔街上靠研究理论而起家的神话人物。他的名字叫威廉·江恩，是世界证券行业“波浪理论”的创始人。

藤田田和江恩国籍、职业、工作领域各不相同，而且他们的创业方法也不同，一个靠节衣缩食攒钱起家，另一个靠研究K线理论致富，但他们有一个共同点，都是依靠不断积累而获得成功。

南怀瑾先生认为，许多成就大事业的人，正是从一点一滴的努力和积累中得到机遇的。积累不一定就会成功，却有成功的可能性；但是如果不积累，那就一定不会成功。无论是学识、经验、财富、技能，都是靠积累才会逐渐增长，也许增长速度缓慢，时间持续较长，但这些都是获得成功和机遇的基础，不可急功近利、急于求成。

### 施行仁义，重于财利

孔子解释《易经》中的九二时说：“宽以居之，仁以行之。”仁以行之的含义是，对百姓施行仁义，时常用仁义来行事。

《战国策·国策》里有这样一个故事，战国时期齐国的孟尝君为人慷慨好士，门下养食客数千，其中有一个人名叫冯谖，很有学问本领。有一天，孟尝君询问府里的食客："哪位精通算帐和理财，帮我去薛地收债？"冯谖自报奋勇去收债，辞行的时候，冯谖问："如果债款全部收齐了，用这些钱买些什么东西回来呢？"孟尝君回答说："你看我家里缺少什么东西，就买什么吧。"于是冯谖到了薛城，召集那些应当还债的百姓，将借约核对完毕，冯谖就假传孟尝君的命令，把借款全都烧掉，百姓齐声欢呼，对孟尝君感激涕零。

冯谖回来后去见孟尝君，孟尝君奇怪他为何回来得这么快，问他是否把债款全收齐了，冯谖说收齐了。孟尝君又问他用这些钱买了什么东西回来，冯谖回答说："我见您府里堆满了珍宝，好马挤满了牲口棚，堂下站满了美女。您府里缺少的东西就是'仁义'了，因此我替您买了'仁义'。"孟尝君很奇怪，问他："买仁义怎么个买法？"冯谖说："您只有一块小小的薛地，却不能爱护那里的百姓，反倒用商人做生意的手段向百姓收取利息，我私自传您的命令把借据都烧了。百姓齐声欢呼感谢您，这就是我给您买的'仁义'啊。"孟尝君一听很不高兴，但又无法反驳冯谖，只好不了了之。

过了一年，齐湣王将孟尝君贬回他的封地薛城去住。孟尝君十分落魄，心情苦闷，但是他刚走到离薛城还有一百里的地方，就见当地百姓扶老携幼，都在大路左右迎接他。孟尝君非常感动，回头对冯谖说："先生当初替我买的仁义，如今我终于看到了。"

儒家思想认为"仁义重于利"，仁义虽然不像财物一样看得见摸得着，但它能获得人心。就像孟尝君一样，虽然损失了一点钱财，但在他潦倒落魄的时候，百姓们却热烈地欢迎他，爱戴他。这正是冯谖帮他施行的"仁义"结出的善果，昔日失去的钱财在他需要的时候获得了加倍的回报。南怀瑾先生解释《易经》时，认为"仁以行之"是领导人应该具备的修养和德行，一个人不仅要积累学问和经验，还要积极付诸实践，并以仁义之道对待他人，这才是一名成功的领导者的作为。

# 以贵下贱，大得民也

中国历史上做领导人的有四个字“礼贤下士”。

——南怀瑾

《易经》中言：“初九，磐桓，利居贞，利建侯。象曰：虽磐桓，志行正也，以贵下贱，大得民也。”意思也就是，君子有时虽然徘徊不前，但志向和行为要保持纯正。只要能下定决心，深入基层，礼贤下士，仍然会得民心的。南怀瑾先生认为，“利居贞”的“居”，就代表站稳在那里，慢慢地等待，很正地等待，不能动歪脑筋，不能走邪路。成功需要时间，需要等待，不可急。

**以贵下贱，礼贤下士**

对于“以贵下贱，大得民也”的卦象，南怀瑾先生在《易经杂说》中写道：“虽然是虬结不清，但以整个卦象来讲，中心思想是纯正的，行为是纯正的，那便没有问题。”但他同时又指出，从人生政治的道理来说，领导者深入百姓之中，做到以贵下贱，这是很难做到的。

所谓的以贵下贱，就是身居高位者却能放下身份，与百姓和下属打成一片。儒家思想赞扬“君子贵人贱己，先人而后己”的精神，同时这也是一种礼贤下士的态度。

战国时期有一位著名的思想家名叫杨朱。有一次，他在去往宋国的途中住宿在一家客栈里。客栈的老板有两位夫人，一个长得丑，一个长得美。长得丑的那位非常得宠，受到客栈老板的喜爱，而长得美的那一位却受到冷落。

杨朱觉得很奇怪，就问客栈老板是什么缘故。老板回答说："因为长得美的那个，她自以为很美，整天炫耀她的美貌，十分轻浮可鄙，时间长了我就不觉得她美。而长得丑那个她觉得自己很丑，因而待人十分仁善，她性情谦和柔顺，善解人意，时间长了我也不觉得她丑。"杨朱听了之后深以为然，对弟子们说："那些品行高尚的人，都不认为自己高尚，他们待人十分谦虚，时常礼贤下士，愿意以贵下贱，结交地位低的人。这样的人，无论到哪里，都会受到人们的敬重和爱戴。"

秦末时期，楚国贵族项羽趁乱起兵，依靠自己的军事才能成为反秦势力中最强大的一派。项羽出身贵族，身材高大，有王者之范，从外表和身份上很容易取得威信。但是他在取得初期胜利以后，随便屠杀诸侯，并杀死各路义军的首领，同时对民众苛刻，对投降的秦兵凶残，对谋士的建议充耳不闻，刚愎自用。有人才投奔他时，他时常抱以蔑视的态度，不愿礼贤下士。最终，项羽因为倨傲不仁而众叛亲离，被刘邦逼得自刎。与项羽相比，刘邦出身平民，从小不学无术，游手好闲，而且言语粗俗，根本没有王者之风。但他懂得爱惜民力，对手下人宽厚，他知道自己没有太大的本事，所以十分尊重人才，也善待投降的士兵。虽然刘邦在打仗的过程中多次失败，但他因为礼贤下士，吸收并重用人才，逐渐得到许多人的帮助和拥护，最后获得成功，登基称帝，建立了汉朝。

由此看出，领导者如果自以为尊贵，不愿意放下身份和面子，以贵下贱，深入基层，那么最终就会失去群众基础，导致众叛亲离的失败。而一位领导者如果愿意礼贤下士，接触基层百姓，即便他暂时处于困境，也会获得广泛的支持，只要时机成熟，就能获得成功，这正是"以贵下贱，大得民也"的道理。

### 贵贱无定，唯才乃用

南怀瑾先生认为，作为一名领导者，应该明白贵贱无定，二者之间没有绝对的区分。孟子提出“民为贵，社稷次之，君为轻”的思想理论，历代贤明君王都明白“以民为贵”的道理。唐代魏徵就曾告诫唐太宗，“怨不在大，可畏惟人，载舟覆舟，所宜深慎。”什么叫“水能载舟，亦能溢舟”，也就是说水能将船浮起来，也能让船沉入海底，民心相当于是水，一个君王要想得天下，就要依靠民心。从这个角度讲，民心是“贵”的，因为有民心才有天下，任何君王地位在民心面前，都根本不值一提。

贵贱无定，也是说贵与贱的身份没有绝对，时常会发生变化。古人有一句“莫欺少年穷”的话，就是说一个人曾经地位低贱，但他有可能将来获得成功，地位得到提升，变成一个地位尊贵的人。所以对于领导者来说，对于人才贵贱的判断不要拘泥于眼前，唯才是举，唯才乃用，这才真正是礼贤下士的态度。

战国时期著名纵横家张仪，曾经落魄穷困，他去楚相国昭阳府上游说，而当时楚相国正和几百名门客饮酒作乐，酒酣之处得意地拿出一块美玉给众人欣赏，没想到美玉传来传去，最后竟不翼而飞。众人认为张仪贫困，一定是他偷走了美玉，而张仪原本没拿，因而拒不承认。昭阳对他严刑逼供，打得他遍体鳞伤，最后将他驱逐出楚国。

张仪受到冤枉，十分气愤，发誓说：“今天你们楚国人诬陷我偷了美玉，将来我必回来报仇，偷走你们的城池！”后来他到了秦国，凭着口才和能力，得到秦惠文王的信任，并当上了秦国的相国。张仪为秦国献上“连横”之策，并亲自出使楚国，设计拆散了齐国和楚国的联盟，最终攻陷楚国数百里的土地和城池。而因为张仪的谋划，楚怀王最终困死在秦国，楚国都城也被秦国攻破，几乎灭国。

张仪原本是贫贱之人，后来成为秦国宰相，身份地位显贵，这说明他在当时确实是一个难得的人才。而楚相国倨傲无礼，因为张仪身份贫贱就轻视他，并且冤枉他偷玉，最后得到报应，险些亡国，而张仪却借此报了当日被楚国人羞辱之仇。

南怀瑾先生说，“何以叫‘以贵下贱’，在《系传》里讲过，阳卦多阴，阴卦多阳，这个屯卦，是阴爻多，阳爻少，只有两爻，物以稀为贵。而这个时候，最怕傲慢。”一个领导者如果对人才傲慢无礼，没有“以贵下贱”的心态，就会失去人心，走向失败。

# 第五章

## 南怀瑾谈财富法门：

财成天地，小往大来

《易经》中蕴含着多方面的文化价值，被称做经邦济世的智慧宝典。古今仁人志士、明君贤相无不从《易经》当中吸取治理国家、发展经济的智慧。《易经》的核心价值在于探讨如何“崇德广业”，指导人们与时俱进，在经济社会中“革故鼎新”。南怀瑾先生研究《易经》，善于从发展经济、管理经济的角度出发，收集正反两方面的例证，探讨《易经》中的财富智慧。

# 站稳脚跟，伺机而动

欲成人事，必先稳而后趁可乘之机。

——南怀瑾

《易经》屯卦第一爻讲：“初九，磐桓，利居贞，利建侯。象曰：虽磐桓，志行正也，以贵下贱，大得民也。”磐是大石头，桓是草木，一块大石头压在土地上，土地就不能利用了，但土地上的草木怎么办呢？草木有生发之根，虽有那么多大石头压在上面，可是这个要生发的根永远是压不住的，终究要破土而出。

这个道理告诉我们要生出根来，站稳脚跟，得积蓄力量，厚积薄发，在外界种种艰难险阻的困扰下先立足，先生根，只有脚跟立稳了，才有更进一步的可能与机会，接下来便是待机而动，一飞冲天。这个道理，无论是对个人发展而言，还是对一个企业的建成而言，都有着极为重要的意义。

## 站稳脚跟，积蓄力量

南怀瑾先生对于站稳脚跟有这样的看法：草木的根芽发出来是好事情，可是需要时间，也需要等待，不可急躁，不能动歪脑筋，不能走邪路。事业也好，生活也好，都讲求一个稳，合抱之木生于毫末，九层之台起于累土，凡事都讲求根基。

卧薪尝胆的故事可以说是人所皆知。春秋时期，吴国攻打越国。越国兵败后，勾践与吴国讲和。勾践把国家大事托付给文种，自己带着夫人和范蠡到吴国去。勾践到了吴国，夫差让他们夫妇俩住在阖闾的大坟旁边一间石屋里，叫勾践给他喂马。范蠡跟着做奴仆的工作。夫差每次坐车出去，勾践就给他拉马。这样过了两年，夫差认为勾践真心归顺了他，就放勾践回国了。

勾践回到越国后，立志报仇雪耻。对内休养生息，富国强兵，鼓励增加人口。他与百姓一起种地，发展经济，积累财富和军备；委托范蠡建城作都，扩大本国的实力，并和群臣一起谋划攻吴之计。他唯恐眼前的安逸消磨了志气，因此在吃饭的地方挂上一个苦胆，每逢吃饭的时候，就先尝一尝苦味，并自问："你忘了会稽的耻辱吗？"他还把席子撤去，用柴草当做褥子。这就是后来人人传诵的"卧薪尝胆"。

当他发现越国还不足以对抗吴国时，就继续讨好吴王，不断送礼，给吴王送去美女香料，让吴王夜夜笙歌，过着奢靡的生活，以削弱吴国的国力。经过多年忍辱负重的积累，他已经站稳脚跟，只等待合适的时机。最后他如愿以偿，消灭了吴国。

要生发的根，是永远也压不住的，最终会磐桓出来。勾践卧薪尝胆正是如同小草扎根，在土地下的根扎得越牢，时机来临时力量就会越强。金麟岂是池中物，一遇风云便化龙。把握时机，前提就是要积蓄力量，站稳脚跟。

### 伺机而动，一击必胜

时机就如同是这有朝一日的春雷，潜龙在渊，必须蛰伏暗蓄力量，在现代社会中就是预想要什么结果，必须做好完全准备，静待最佳时机的到来。南怀瑾先生在《易经杂说》中提及把握时机，不可轻举妄动，一旦准确抓住了时机，就会一击必胜。同时，时机并不是想要便有的，可能需要漫长的等待。

若问《三国演义》中最受欢迎的人物，绝大多数人都会想到诸葛亮，而诸葛亮就是一个懂得把握时机的人。起初，他在南阳隐居，亲身耕种，只是乡间一介草民的身份。但他博览群书，上能知天文，下能晓地理，日日躬耕不辍，读书不息，积蓄了经天纬地的才华、治国安邦的能力，自比管仲乐毅，号称卧龙，可谓是天下的大才。同时，他仰观政治风云，通晓天下之形势，又结交了很多南阳名士，这一切都是在积蓄力量，为走出隆中做了充分的准备。

等诸葛亮在南阳站稳了脚跟，虽然立足于偏僻的茅庐，却已经盛誉满天下。当时有一些人请他出山做军师，但都被他拒绝了。他虽然胸有韬略，能运筹帷幄，却一直不出仕，是因为在等待一个最合适的时机到来。

后来一代明主刘备三顾茅庐，诸葛亮充分发挥了自己的才华，表达了对时局的真知灼见，使刘备连连感叹："孤之有孔明，犹鱼之有水也！"随后，诸葛亮离开隐居之地，大才横空出世，推动了三国鼎立之势，辅佐刘备建立一个王朝。这期间火烧博望坡，新野之战，赤壁之战，更令诸葛亮名声天下，连东吴英才周瑜都要感慨：既生瑜何生亮！

诸葛亮的成功应该是后世的典范，把握时机，不出则已，一出必定一鸣惊人。在当今社会，我们更应该收起浮躁的内心，切忌贪功冒进，急于求成。一定要站稳脚跟，伺机而动，有朝一日春雷涌动，就该乘风云际上九重。

南怀瑾先生说："站稳脚跟，伺机而动。"在现实生活中，特别是职场里要想站稳脚跟，就要学会在工作中学习和积累经验，不要争做出头鸟，以免成为众矢之的。懂得低调隐藏实力，学会静观其变伺机而动，在最关键的时刻一鸣惊人，才是最明智的选择。

# 穷寇勿追，见机而作

“存亡”“进退”“得失”。

——南怀瑾

孔子对《易经》中乾卦的解释是：前进是阴爻，黑暗的；退回来有阳爻，是光明。南怀瑾先生认为，人生哲学里面最重要的就是“存亡”、“进退”、“得失”这六个字。作为一个最高明的人，做事的时候就要在这六个字上做到刚刚好，该进的时候进，该退的时候退，要是在这些方面都表现得迷惑，就真的是毫无智慧，根本不懂得人生，也太不懂做事。不管是战争中的较量，还是商业上的挑战，都需谨记这个道理，如此，方能立于不败之地。

**适可而止，获益最佳**

南怀瑾先生在《易经杂说》中讲关于现实生活的道理，他认为功名于个人来说，只不过是人生价值的一种实现，如同奔马长跑，到达目的地之后，就要停下来寻找下一个目标。如果一味地在一个跑场上，不知疲倦，不知休止，纵使是一匹千里马，也必有所伤。因为“益而不已必决，故受之以夬，夬者决也”。这意思是说，在受益的时候不要以为得志有福气，《易经》告诉我们要晓得进退存亡之道，得了好处之后不晓得后退，到了顶点就会崩溃。人在功名前，要看得清得失，把握好尺度，认得清自己处于什么样的位置，懂得适可而止，这样才会获得最大收益。

有个小故事，说的是春秋时期有一个乞丐，他所处的国家中经常有叛乱，新王杀掉旧王，过不了多久新王又被人杀掉，如此反复。这一次新上台的君王招募他，让他游过水去查探贼人。乞丐出色地完成了任务，不仅获得真实情报，还砍了贼人的脑袋呈献上来。新王赐给他金银，想要加赏他，他却一文钱也不要。平定贼人作乱，论功劳他应当承袭百户侯，但乞丐摆手说："我怎么能穿这样的衣带白袍呢？怎能对着进辕门的人叩头呢？倒不如在人群中讨饭来得自在。一个人如果可以不在意侮辱，就不会羡慕荣华富贵。"说完飘然而去。

有人说乞丐不懂抓住时机，有人却赞赏他有进有退，有大智慧。因为他早已认清了局势，国家政权交替频繁，今天的新王也许就是明日的阶下囚，跟这样一些人共事，倒不如自己讨饭逍遥自在。正所谓功成身退，实际上是要保存实力，免于被卷入无休止的争斗中。

南怀瑾先生讲："由《易经》来观察宇宙事物，来讲历史文化，人生不会有绝路，要用智慧处理这个事。"人生不管大事小事，首先得认清自己能走到什么位置，正所谓"升而不已必困，困乎上者必反下"，如果一个人不懂得适可而止，一味地只想往上升，就很容易陷入困局当中，而一旦困住了，就必然开始走下坡路了。

### 认清形势，见机而作

万事万物的变化都有一个定律，而《易经》阐述的道理就是最自然质朴的真理，没有一件事物在达到极盛时是不衰退的。这是《易经》的智慧，也是重要的人生哲理。当一个人的地位达到最高，也就开始走下坡路，此时倒不如认清形势，见机而作，为自己谋个好结局。纵观历史上一些颇有才能的大家们我们不难发现，功成名就之后认清形势，及时隐退的多半有个好下场，而那些始终不肯放弃权位的人，到头来或许遭受极大的祸患。

春秋时期，吴王阖闾登上王位，任命从楚国逃亡出来的伍子胥管理国家大事，又任命深通兵学的大军事家、齐国人孙武为将。从此，吴王阖闾励精图治，文有伍子胥，武有孙武，伍子胥与孙武建言献策，筑建城郭，设守军备，充实仓廪，治理兵库。这样一来，吴国的政治、经济和军事力量逐渐得到加强。伍子胥深恨楚国，一心想要报当年流亡之仇，因此他根据吴与周边各国的强弱形势及利害关系，与孙武等一起制定攻打楚国的争霸方略。

最后吴王阖闾亲率兵将攻楚，占领楚国的首都，取得巨大胜利。伍子胥的夙愿得偿，大仇得报，他与孙武共同建功立业，都是位极人臣，备受恩宠，两人此时都处于人生的巅峰。但是孙武感觉自己已经功成名就，便辞官退隐，潜心修著了《孙子兵法》。伍子胥却留在朝中继续辅佐吴王夫差，在越王勾践忍辱负重意图雪耻复仇的时候进言，却被奸佞谗言所害，惨遭身死。

从这个故事来看，伍子胥和孙武都为吴王称霸大业做出巨大贡献，然而两人的结局却截然不同，孙武功成身退，伍子胥惨死吴国。这正是《易经》所说的道理，“物不可以终壮”，人生哪有长久辉煌的？孙武懂得这个道理，他能认清形势，在最合适的时候急流勇退也称得上是见机而作了，所以得以保全性命。比起伍子胥，孙武正是我们应该学习的对象。

南怀瑾先生说，孔孟老庄的道理都是从《易经》中来的，“物壮必老，老者必倒”，这是自然的法则，一个人不能永恒存在，所以就慢慢地退化，直到遁离原来待的地方。万事万物都是这样的道理，阴极阳生，阳极阴生，花草树木一旦走到最繁盛艳丽的时候，紧接着便是枯萎凋零。懂得这个亘古不变的道理，才能在功名场上全身而退。

# 变易：因人因事、因地因时而修正

第一等人，领导变化；第二等人呢？把握变化；末等人呢？只有跟着变化走了。该变死，就跟着死，该活，就跟着活吧；这是普通人。

——南怀瑾

南怀瑾先生讲《易经杂说》时说，《易经》有三个重要的大原则，分别为变易、简易和不易，其中排第一位的就是变易。变易就是变通的智慧，他说："《易经》的智慧广博渊深，变通实在是我们应该时刻谨记的道理。"

《系词》上说："易之为书也不可远，为道也屡迁，变动不居，周流六虚，上下无常，刚柔相易，不可为典要，唯变所适。"这段话的意思是说，《易经》这部书不可不读，因为它是一部讲客观规律的书籍，它其中讲述的一些根本规律，表现形式变化多端，阴阳刚柔相互变动，充满了天地宇宙。我们不能把这些规律看成是固定不变的，这些规律在不同的时期、不同的地点、不同的条件下，表现出不同的形式与作用。只有理解了"变化"二字，才算把握住了《易经》的精髓。

### 知变通，化敌为友

日常生活中，我们常会与周围的人有这样或那样的矛盾，有时因一件微不足道的小事而恶语相加，甚至是大打出手。矛盾的产生往往难以预料，原因也通常很可笑，而结局总是令人痛苦。应当如何避免与人冲突呢？那就是把对手变为朋友，化敌为友，退一步海阔天空。南怀瑾先生说，世界上的事，世界上的人，乃至宇宙万物，没有一样东西是不变的，就算是敌人也可以成为朋友，应时刻谨记宽容变通，海纳百川，有容乃大。

有个小故事，说美国总统富兰克林年轻时，曾经把所有的积蓄都投资给了一家小印刷厂。为了能够得到为议会打印文件的机会，他想了很多办法，做出了非常大的努力，可是，谁也没想到出现了一个非常不利的情况。在议会里有个议员，非常有钱而且很能干，很有威望，却非常不喜欢富兰克林，并在公开场合斥骂他。

这种情形非常不利，因此，富兰克林决心想办法使对方喜欢他。富兰克林听说他的图书室藏有一本非常稀奇的书，就给他写了一封便笺，表示想看一看这本书，请议员把书借给他几天，好让他仔细地阅读一遍。议员接到便笺后，很快叫人把那本书送来，大约过了一个星期，富兰克林把书还给他，还附上一封信，真挚地表达了谢意。

于是，下次他们在议会相遇时，议员主动跟富兰克林打招呼，并且极为有礼。自那以后，议员非常乐意帮忙，于是他们变成很好的朋友。

富兰克林这种处理人际关系的方法值得大家学习，如果他一味地怨怒，不知变通，那么这个议员还会很乐意地帮助他吗？南怀瑾先生说，一切的人和事都是不断在变化的，我们不能固执地看待问题，以前对自己有利的，以后或许是有害的；以前是自己的敌人，以后或许成为朋友。成大事的人必然要懂得包容人的道理，一个朋友一条路，一个敌人一片堵，化敌为友就是要将“堵”变成“路”，使未来的生活道路畅通无阻。

### 心胸开阔，海纳百川

《易经》中的智慧引导人们学会适应变易，这些道理看似简单，但是付诸行动是非常困难的，需要我们有广阔的胸怀和宽容的心态。我们都知道，心胸狭隘的人，容不得他人，也永远不懂得宽容，只会斤斤计较，大动干戈。实际上，不宽容别人的时候，同时也苛待了自己，令自己陷入愤怒和痛苦当中。

南怀瑾先生说，生活当中，摩擦和矛盾不可避免，有的时候我们不必看得如此严重，多一些宽容和爱心，生活中就多了温暖。事实上，宽容别人就是释放自己的胸怀，远离嫉妒和纷争，也就远离了痛苦和伤害。

唐朝有个著名的将领郭子仪，在平定“安史之乱”和抵御外族入侵中立下了汗马功劳，却遭到朝中太监鱼朝恩的嫉恨。鱼朝恩在皇帝面前进谗言，让郭子仪的地位在朝中大起大落，屡次充满危机。当郭子仪领兵征战沙场时，鱼朝恩竟然暗地里派人掘了郭子仪父亲的坟墓，曝尸荒野。郭子仪领兵还朝后，大家都以为他要雷霆大怒。不料，当皇帝忐忑不安地提及此事时，郭子仪伏地大哭，说：“臣多年在外带兵打仗，遇到兵将们挖人坟墓时，我都没有阻止，如今轮到别人挖了我父亲的墓，这件事完全是上天报应我，不是由于别人的缘故。”结果这件事不了了之，郭子仪没有报仇，反倒宽恕了鱼朝恩。

鱼朝恩听说郭子仪回朝，感到寝食难安，担心郭子仪对他报复，便想来一个先下手为强，在家中摆下“鸿门宴”。郭子仪丝毫不以为意，只带了几个随从，穿着便装去赴宴。鱼朝恩见他没有穿铠甲戎装，也没带士兵护卫，觉得惊讶不已，席间有人告诉他实情，说郭子仪已经宽恕了他，说掘坟一事是天谴，不是人祸。鱼朝恩当场被感动得嚎啕大哭，承认自己的过错，从此以后不再以郭子仪为敌，反而处处维护他、帮助他。

郭子仪心胸宽广，宽恕敌人，这种豁达超出一般人的想象，他以宽容为自己减少了一个敌人，增加了一个支持者。正因为心胸开阔，化敌为友，郭子仪辅助四朝帝王，以 85 岁高龄得以善终，成为历史上罕有的“权倾天下而朝廷不忌，功盖一世而主上不疑，侈尽人欲而议者不贬”的显赫名臣。

江河湖泊汇入大海，是因为海的心胸足够宽广，所以才世代不绝，长流不息。只有心胸宽广的人，才会包容对手，才能化敌为友。宽容体现一种超凡的人格魅力，包含着一个人的爱心、理解和修养。宽容不是懦弱的退缩和妥协，而是建立在一种强大的自信之上，愿意与对手和谐相处，共生共赢。化敌为友，有容乃大，这就是《易经》的变易之理对我们的指引。

南怀瑾先生说："明者因时而变，知者随世而制。"大意就是识时务者为俊杰，能够顺应时势而自己改变。聪明的、有智慧的强势的人，会随着时事格局的变化随时调整自己的战略，让自己立于不败之地，并能从变化中获取利益。

## 困中生智，以困解困

临危不惧，大气凌然，沉着冷静，机智灵活。

——南怀瑾

所谓困中生智，指的是能够在紧急状态下出现灵感智慧，使事态向着特别有利的方向发展。忙中出错，则是在紧急状态下乱了章法，使本来能够顺利发展的事物出现了阻滞和错乱。

至于为什么有的人急中生智，有的人忙中出错，好像没有既定的章法和概率。正如南怀瑾先生所言：“临危不惧，大气凌然，沉着冷静，机智灵活。”通常情况下，一个人面对紧急状态的态度、处事经验、个人智商情商、素质修养、气度等，是决定生智或出错的重要因素。

### 以忍待困，困自消矣

《易经》中有一句话：“困于石，据于蒺藜，入于其宫，不见其妻，凶。”其中所表达的卦象意思是有一个人出了事，被困在了乱石之中，周围遍布荆棘，好不容易回到了家中，却发现自己的妻子不见了，这样凶险接二连三地降临到一个人的身上，岂不是很惨？南怀瑾先生认为这种境界便是人生极致的困境了。

那么面对人生的困境到底该怎么办呢？天才幽默大师卓别林便曾经遇见过一个困境。当时他被一个歹徒用枪指着头打劫，卓别林知道自己处于劣势，不能做无谓的抵抗，就十分配合地奉上了自己的钱包。劫匪见自己的目的达到了便要离开，而卓别林却灵机一动拦住了劫匪，说：

“这些钱不是我的，而是我老板的。现在你把这些钱拿走，老板会认为是我在为自己私吞公款找的借口。这样吧，麻烦你在我帽子上开两枪，证明一下我的确是被打劫了。”那歹徒想着，反正自己已经有了这笔钱，帮个小小的忙倒也可以，于是便对着卓别林的帽子开了两枪，而后又在卓别林的要求之下在他的衣服和裤子上再各补了一枪。等到六发子弹全部打光时，卓别林一拳上去打昏了劫匪，取回了自己的钱包。

南怀瑾先生说，临危不惧，沉着冷静，才能够在困境中想到解决的方法，就能够战胜任何困难。卓别林面对歹徒时的所作所为便是一个很好的例子。当你在面对困难时，四周便是乱石荆棘，要想突破这个困难并非没有办法，只要你有自己的立场，哪怕脚下荆棘再多，乱石再多，也能站得稳脚。所以，在面对困难时要冷静，要去思考，让自己的头脑发挥它应有的价值。

### 从困中领悟解困法则

孔子说：“非所困而困也，名必辱；非所据而据也焉，身必危。既辱且危，死期将至，其妻可得见邪？”南怀瑾先生认为，这里的困难是，自己不与时代一起前进，而是自己坚持自己的观点，原来是没有必要忍受这些困难的，但是因为自己有个性，有主见，最后导致了失败，这些是由自己造成的，与其他人没有关系。南怀瑾先生说，这种困境并不是无法挽救的，反而是非常容易解决的，只需要自己沉下心来，多多听取其他人的意见。然后再和自己的行为以及思想联系起来，做到全面思考，接下来的困难就会相应地被一一解除。

2013 年 7 月 3 日，福布斯中文版发布“2013 年中国最佳 CEO”榜单，共有 50 人入选“2013 中国上市公司最佳 CEO”，其中，TCL 集团董事长兼 CEO 李东生榜上有名。对此，福布斯给出的当选理由是：“面对竞争激烈的电子信息产业，TCL 通过优化产业链投资，实现主导产业快速成长，通过国际化战略和品牌建设，综合竞争力持续增强。在整体产业环境不理想的情况下，李东生带领 TCL 集团连续三年保持稳健的增长态势。”

如今，电子产品领域竞争激烈，特别是经过了 IT 和互联网的渗透变革之后，彩电及智能手机领域能有这样的成绩也是颇为难得。而 TCL 今天所能拥有的一切，靠的便是在始终如一坚守原则的同时不断进行理念和技术上的变革。2004 年时，李东生便开始了海外并购，但他没想到的是，电视机平板化的速度实在太快了，这对李东生来说简直就是巨大的灾难，以至于从 2004 年开始直到 2006 年上半年，TCL 都处于巨额亏损的状态，并且痛失了在彩电和手机业务上已取得的优势地位，甚至到了不得不出售部分非核心业务来筹集资金的地步。

“企业的国际化是一项长跑，而不是冲刺，所以一定要有耐力和坚韧的意志。前几年虽然我们在美国和欧洲的业务都先后出现了巨额亏损，也几乎将我们压垮，但好在我们咬紧牙关坚持下来了。也正因为我们的坚持，才有了今天移动通讯业务国际化的成功，才有了彩电业务在欧美市场的坚守，才有了液晶全产业链的成功打造。”这是李东生先生在面对记者采访时的原话。

“鹰的重生已经实现了，我们海外销售比例占整个销售大约 40%，在中国家电企业当中也是最高的。总体来讲，海外业务盈利和销售比例也差不多，有 40% 盈利贡献是来自海外业务。从这个意义来讲，TCL 从一个中国企业变成一个国际化企业，取得了阶段性的成功。”诚如李东生所言，雄鹰已然重生，而它靠的便是困境里那番坚守与变革。因为困中生智，方能以困解困。

南怀瑾先生也说过，当对手把你围困在井里时，他们就像汪洋大海，而此时你只需做出一个很简单的行动，那就是把井打破，只要将你和海水融到一起，你的困难也就解除了，但是如果你非要把自己封闭起来，关在井里，那么凭谁也救不了你。

# 用人如鼎，风火交烹

做人就是要通达，通达人性，通达人情，才能够明白如何用人。

——南怀瑾

《易经》中有关于泰卦的吉凶卦象，说："小往大来，吉亨。"泰卦象征着人情通达，弱势过去，强盛来临，就是吉祥亨通。但如何能改变弱势，迎来强势？泰卦之象是上乾下坤，天之气下降，地之气上升，阴阳二气相互交合，自然顺畅通达。

南怀瑾先生在《易经杂说》中说，乾代表君王和领导者，坤就是广大百姓，上下要经常沟通调和，化解矛盾，以阴阳交泰之道治理国家，就能产生亨通之象。人情之间的交流需要通达，不能一味地墨守成规、食古不化，要依照具体的环境和对象处理人情世故。所谓"用人如鼎，风火交烹"，做人就是要通达，通达人性，通达人情，如此才能够明白如何用人。

### 贤者任人，要有一双慧眼

南怀瑾先生说，六十四卦都要人走正路，摆得正，走得正，则样样都好，如果有偏差了，终归是要出毛病的。所以说，在用人时一定要擦亮眼睛，只有用对了人，才能为自己添加助力。

有些骄傲的人，气势十分强盛；有些勇猛的人，力量十分强大。这样的人都觉得自己很强大，没有耐心听别人讲道理。这种人往往刚愎自用，独断专权，不重视别人提出的建议，付诸行动时会以失败告终。一个自恃勇猛强大的人，别人不会告诉他道理，更没人提醒他的错处，最终成为没有人帮助的孤家寡人。因此贤明的国君能知人善用，使自己年老时也不至于衰败，就算智力用尽了，力气没有了，也不会给国家造成混乱。

南怀瑾先生对此曾经是这样解释的：贤者重用人才，年老的时候就不会因糊涂犯错，但是选拔人才任用人才很难，需要一个人养成不凡的气度。因为任人恰当合适，就可以培养年轻一代，辅佐事业，即便年老也不担心。所以，所有贤能的领导者都拥有一双慧眼，能够充当“伯乐”角色，才会是一位成功人士。而真正的“伯乐”在辨识出“千里马”之后也会为自己添一份助力，所谓的“用人如鼎”，说的便是这个意思。

刘邦是历史上出了名的慧眼识人、明察秋毫，可以说他是位智者，一个争霸获胜的帝王，因为他的身边有众多能人帮助他。刘邦对人才有敏锐的洞察力和判断力，楚汉战争后，他向大臣解释自己胜利的原因时说道：“张良擅长运筹，定策帷帐之中，决胜千里之外。萧何擅长管理国家，安抚体恤百姓，供应馈饷，支援军队的后备。韩信是一个将才，统领百万大军，战无不胜，攻无不克。这三人都是贤能的人才，我有幸能重用他们，因而才取得全天下。”

在楚汉之争的过程中，刘邦任用张良、萧何和韩信，从定制战争谋略，到安抚治理百姓，再到上场打仗，都安排得井然有序，发挥出每个人的长处和潜能。试想如果刘邦仅仅凭借自己的力量，很难对抗项羽大军，更不要说成为开国皇帝。但正因为他网罗天下英才，准确地判断出贤能人才的长处，使之各尽其才，从而形成了巨大的合力，取得了楚汉战争的最后胜利。

由此可见，无论在什么时代，杰出的人才都非常难得。一般有才能的人可以从外表、学历、家世背景判断出来，但真正的顶级人才则需要挖掘，只有挖掘到合用的人才，才能对自己有所帮助。故而，南怀瑾先生认为，不具备识人的眼光，就会错过人才，人才也终将埋没。因此，贤者用人，首要当有的便是一双慧眼。

**贤者任人，要有大胸襟**

一般与“贤者任人”相连的还有一句“无爱于士”，意思是说对人才不要有吝啬之心、苛责之心和怀疑之心，更不要斤斤计较。南怀瑾先生认为，一个领袖完全信任属下是要有气度的，这很不容易。这就好像一个老板，听说属下偷了他一百块钱，气得一夜睡不着，第二天就开除手下，这样的人很难做一个成功老板。毫无证据就怀疑人，已经是没有气量了，即便真有偷钱的事情，如果手下一天能替他赚来五六万块钱，丢的百十块钱也完全不必计较。成大事者，要有这个气度和胸襟。

韩信很小的时候父母就去世了，因为贫穷，他常常遭到周围人的歧视和冷遇。有一次，一群恶霸当众羞辱韩信。其中一个屠夫说：“你虽然长得高大，但其实你胆子小得很。你要是真有胆子，就用剑来刺我吧，你敢吗？如果不敢，就从我的裤裆下钻过去。”韩信自知势单力薄，要是硬拼肯定会吃亏，于是他当着许多围观人的面，从那个屠夫的裤裆下钻了过去。韩信成了将军之后，遇到那个屠夫，屠夫很害怕，以为韩信会杀他报仇。没想到韩信不仅没有杀他，反而封他为护军卫，他对屠夫说，没有当年的“胯下之辱”，就没有今天的韩信。

南怀瑾先生认为，人才并不是道德家，任用人才不必事事都追求完美，挑剔所有的方面。对人才应该有大胸襟，宽容不苛责，这样的话就可以任用鸡鸣狗盗之徒，去做普通人做不成的大事。为什么能这样呢？因为“士为知己者死”，一些有小缺点的人，如果能够得到重用，就会怀有感激之情，最终成为上位者前进的最大力量。

因此，找到人才，留住人才，是作为领袖最基本的素养，也是实现“用人如鼎”的根本之道。

# 韬光养晦，假痴不癫

外表糊涂，内心不糊涂。这种糊涂，只是装糊涂，并不是真糊涂。

——南怀瑾

《象》曰："明入地中，明夷。君子以莅众用晦而明。"古人将太阳西沉看做隐入大地之中，他们认为此时的太阳将光明存于地中而非显露于外，故而将此卦视为外晦内明之象，也因此有了君子"莅众用晦而明"的说法。

南怀瑾先生将此视为韬光养晦，假痴不癫。他认为这种人虽然表面装糊涂，但实际很清楚，假装不行动实际上是在暗中策划。有些有智慧的人表面看来往往有点傻，但其实他们装傻是对自己的保护，正所谓"木秀于林，风必摧之"，懂得装傻的人，一定是个胸中有大丘壑的人。

**计谋于心，痴示于人**

人有时候真的不需太过于明白，每个人都怕自己不够清醒，都希望自己能够心明如镜，可是人生又何必太清醒？把所有的事情都看破了、说破了，又有什么意义？世界很大，个人很小，没有必要把什么事情都看得那么重要。南怀瑾先生认为，人这一辈子活在世间，显得太傻气不行，显得太聪明也不行。所谓"不智不愚"，事实上就是借助糊涂的表面来体现自己最为高明的智慧。

据传，郑板桥考科举时，试卷上写的字体并非官方指定的台阁体，因而没被选上翰林，外放当了一名七品知县。他在山东潍县做官时，同情百姓的疾苦，结果被上级逼迫，同僚排挤，百般无奈之下，郑板桥弃官而去，成为一介布衣。因此，他一生所做的诗赋书画中，总有一种愤愤不平的气息，他因过于刚直始终壮志难酬。

有一年郑板桥专门去山东莱州的云峰山郑文公碑，一时间流连忘返，误了下山的时辰，只能借宿在山间茅屋之中。恰好屋主是一位儒雅老翁，自命“糊涂老人”，而且出语不俗。他的室中放了一块方桌大小的砚台，石质细腻，镂刻精良，令郑板桥十分叹赏。于是老人就请郑板桥在砚背题字。板桥认为这个老人一定有来历，所以就题写了“难得糊涂”四字，用了“康熙秀才雍正举人乾隆进士”的方印。这时砚台尚有许多空白，郑板桥便邀老人写一段跋语。老人提笔写下“得美石难，得顽石尤难，由美石而转入顽石更难。美于中，顽于外，藏野人之庐，不入宝贵之门也”。而后用了一块刻着“院试第一，乡试第二，殿试第三”的方印。郑板桥一看大惊，才知道老人是一位隐退的官员。有感于糊涂老人的命名，见砚背上还有空隙，他便又恭敬地补写了一段话：“聪明难，糊涂尤难，由聪明转入糊涂更难。放一著，退一步，当下安心，非图后来报也。”

世人只知做一个聪明人难，想要看穿一切难，可谁又曾真正体会，想要糊涂更难？人生难得糊涂，看破不说破方是人生的真智慧。有时候放开一些，后退一步便能看到海阔天空。

假痴不癫，重点在一个“假”字。这里的“假”，意思是伪装。装聋作哑，痴痴呆呆，而内心却特别清醒。此计作为政治谋略和军事谋略，都算高招。虽然自已具有相当强大的实力，但故意不露锋芒，显得软弱可欺，用以麻痹敌人，骄纵敌人，便可伺机给敌人以措手不及的打击。

### 谋略在心，难得糊涂

一个拥有大智慧、大谋略的人，便该知道要适时“藏拙”的道理。

有时候，外表上表现出来的愚笨，实际上是一种保全自我的大智慧；还有些时候，适时的糊涂反而会引导人们走出困境。

中国历史上有名的贤后长孙皇后就是一个会“装糊涂”的人。一次，唐太宗上朝与魏征争论，魏征向来直言不讳，在朝堂之上与皇帝争得面红耳赤。唐太宗怒气冲冲地回到后宫，长孙皇后见状，问出前因后果，然后假装糊涂地笑着问唐太宗：“皇上为什么生气呢？”太宗说：“因为魏征跟朕争吵。”皇后又问：“魏征为什么跟皇上争吵？”太宗说：“因为他指责朕做得不对。”皇后立刻说：“他为什么要指责皇上做得不对？”太宗哑口无言，想了片刻只好说道：“因为魏征是一个忠臣，见朕做得不对，就指责朕。”长孙皇后便立刻下拜，笑道：“臣妾恭喜皇上，能够得到一位如此忠言的良臣。”唐太宗会意，心中的怒火也便消了下来。

又有一次，唐太宗因为一匹心爱的骏马突然无病死掉了，因而要杀养马的宫人，长孙皇后假装糊涂地问道：“皇上杀养马的官当然可以，但是得给他列出罪状才行，他究竟有什么罪过呢？”想了一会说道：“臣妾帮皇上给他列出罪状，他养的马死了，这是他的第一条罪；让皇上因马死而杀人，老百姓知道了必定埋怨，因为皇上觉得人命还不如一匹马，这是他的第二条罪；各国使臣听到这个消息，必定轻视我们大唐，连百姓的命都不爱惜，怎可与大唐结交，这是他的第三条罪。有了这三条大罪，他真的很该死。”太宗听后，便赦免了养马人的罪。

长孙皇后从始至终都是不糊涂的、清醒的，甚至聪明的，可是她却没有直接指出唐太宗的不对，而是用了一种看似糊涂，却十分委婉，让唐太宗能够接受的方式来劝谏夫君，也就是假糊涂，装糊涂。假糊涂在于睁一只眼，闭一只眼。不是每件事都非对即错，不是每件事都需要分得一清二楚，少一些计较，多一些糊涂，也就多一些快乐。

人生在世，难得糊涂。对于聪明的人来说，在人前收敛自己的智慧、韬光养晦，让人以为自己无能，让人忽视自己的存在，而在必要时，能够不动声色，以自己的智慧，先发制人，让别人失败了还不知是怎么回事。

正如南怀瑾先生所言，做人当做一个假痴不癫的人，要懂得韬光养晦，要沉得住气，耐得住寂寞，并适时地装糊涂，为自己积攒能量，若是时机成熟，便可拔地冲天。

# 居安思危，方可安身立命

成功的时刻不要忘记失败。

——南怀瑾

《周易》有言：“安而不忘危，存而不忘亡，治而不忘乱。”对此，南怀瑾先生认为，当一个人处于一个非常安定闲适的环境里的时候，不能够忘记身边的忧患和危险，要时刻保持着清醒。不要因为现在的安逸而忘记去考虑以后将要出现的问题，否则，最后的结果可能是丢失一切安逸。

一个人随时保有忧患意识，就一定大有前途。如果忘记了忧患而变得傲慢自大，以为自己了不起，这个人就非失败不可。越觉得自己不够，困难重重，越有成功的可能性，所以忧患就是成功的重要条件之一。一个国家也是如此，如果认为一切都好，骄傲自满，并因此而安于现状，这就是灭亡前的先兆。一个人或国家取得胜利并不困难，困难的是永远取得胜利。贤明的君王深谙这个道理，所以随时审视忧患，更正错误不足，使自己的国家繁荣昌盛，得以持久。

## 无外患者，国恒亡

南怀瑾先生说：“治不忘乱，安不忘危。”意思是说，安定时不忘记动乱，平安时不忘记危险。处在平安稳定的环境里，要想到可能出现的困难和危险。不忘记，才能有所准备；有所准备，才能够防止阻难和危险的出现。这两句用于表示要居安思危，提高警惕，预防祸患。一个人如果没有长远的见识，那么很多事情就会不自觉地找上你，而一个国家如果没有外在压力的威胁，自以为一切太平无忧，那么离亡国也就不远了，夫差与勾践的故事就足以说明这一点。

吴王派兵攻打越国，被越王勾践打得大败，吴王受了重伤，临死前嘱咐儿子夫差要替他报仇。夫差牢记父亲的话，日夜加紧练兵，两年后率兵把勾践打得大败。勾践被包围，无路可走，准备自杀。这时谋臣劝住了他：“我们可以贿赂吴国的大臣，暂时投降吴国，留下性命以图东山再起。”勾践听从谋臣的建议，派他带着美女西施和珍宝贿赂吴国大臣，很容易见到了吴王夫差。

越国谋臣见了吴王，献上西施，说：“越王愿意投降，做您的臣下伺候您，请您能饶恕他。”伍子胥站出来大声反对道：“人常说治病要除根，勾践深谋远虑，文种、范蠡精明强干，这次放了他们，以后一定会想办法报仇的！”而夫差以为越国已经不足为患，又看上了西施的美色，就不听伍子胥的劝告，答应了越国投降，把军队撤回吴国。

吴国撤兵后，勾践和大夫范蠡到吴国伺候吴王，放牛牧羊，终于赢得了吴王的欢心和信任。三年后，他们被释放回国。勾践回国后，立志发愤图强，准备复仇。他怕自己贪图舒适的生活，消磨报仇的志气，晚上就枕着兵器，睡在稻草堆上。他还在房顶挂了一只苦胆，每天早上起来后就尝尝苦胆。他派文种管理国家政事，范蠡管理军事，并亲自到田里与农夫一起干活。勾践的这些举动感动了越国上下，经过十年的艰苦奋斗，越国终于兵精粮足，转弱为强。而吴王夫差自从战胜越国后，以为没有了后顾之忧，从此沉迷于西施的美色，过着骄奢淫逸的生活。他狂妄自大，骄傲自满，杀了忠臣伍子胥。这时的吴国貌似强大，实际上已经是走下坡路了。

终于吴越决战开始，勾践一举打败吴兵，杀了太子。夫差听到这个消息后，急忙派人向勾践求和，但范蠡坚决主张要灭掉吴国。夫差见求和不成，才后悔没有听伍子胥的忠告，非常羞愧，拔剑自杀了。

这个故事正是体现了南怀瑾先生所说的，君主必须保持忧患意识，因为一个国家太平安乐久了，人们的意志就会松懈，所以一旦有强敌进攻，就会毫无还手之力。保持忧患意识，时时刻刻警惕着潜在的危机，才能屹立不倒。

### 人生在世，必有近忧

我们说的必有近忧，是指必须有一种危机感，这种危机感会促使我们积极寻找不足查缺补漏，是积极进取努力向上的动力所在。

一只野猪在树干上磨它的牙齿，一只狐狸见到了，问他为什么不躺下来休息享乐，而且现在也没有看到猎人和猎狗。野猪回答道："等到猎人和猎狗出现时再来磨牙齿，一切已经来不及了。"

微软公司总裁比尔·盖茨曾说过这样一句话："所有员工都要有这样一个意识，微软公司还有三个月就要倒闭！"这似乎是杞人忧天、令人费解的，其实不然。盖茨这样说，是要求员工都要有忧患意识，要不断进取，正是因为这种精神，微软公司才能在全世界站稳脚跟，成为全球知名的企业。

正如南怀瑾先生所说：人不能够活得太安逸，衣来伸手、饭来张口的生活只会让人慢慢退化，逐渐懒惰，幸福的生活也不会太久。要懂得居安思危，在生活中懂得思考，才能够真正让幸福安逸的生活持续下去。居安思危，看似简单，却包含着非常多的道理和意义，对于我们的生活和事业都有着深刻的影响。在生活中我们要时刻注意及时地反思自己，培养自己长远的意识，才能慢慢地走向人生巅峰。

一个人的一辈子非常漫长，不会一帆风顺。坦途和荆棘，顺境和逆境，这些现象常常是交错在一起出现的，因此我们必须提高忧患意识，居安思危。当你的事业取得成功的时候，要能够意识到失败以及挫折；当你的生活非常富裕的时候，要能够意识到贫穷以及困苦；当你意气风发、指点江山的时候，必须能够意识到人生的艰难以及生活的辛酸。居安思危永远是我们人生的格言。

# 无妄也，无贪妄之念

脚踏实地，凭心而为，消除贪念，成功可得。

——南怀瑾

《象》曰："无妄，刚自外来而为主于内。动而健，刚中而应。"意思是说，无妄，阳刚从外卦来，成为内卦的主宰。运动不息而又刚劲强健，阳刚居中而又应合于下。《象》辞说：无妄就是不妄自非为。不妄自非为就是一定要分辨清楚外界的客观条件，把这些客观条件作为自己做事的准则，如果能够做到这些，那么一切都将变得顺利，世界上的一切都会与你有所感应，从而能够得到自然的承认，获得天命的庇护。

一个人的运气总是按照一定的规律而发展，那么人类依据这个规律不断地改变、调整自己的行动才可以得到全面的发展。但是如果行为不正，贸然行动，那么就什么也得不到了。上天不会保祐行为不端的人，他的行为一定不会有什么好的结果。

**贴近实际，尽心做事**

南怀瑾先生说：无妄讲的是实事求是和脚踏实地，而我们往往说理想只是可能而不是现实，是目标而不是必然。只有从实际和现实出发为之奋斗才有可能实现，只有从现实做起才能逐步接近，离开实际和现实那就叫幻想和空想。

因此，我们要分清局势的变化，从现实出发，不要做没有目标或期望过高的事，因为只有这样才能达到预期的目标。如行为不正、妄自非为就会带来灾难和麻烦，是以不利有攸往。

《象》辞说：天下雷动，顺天应时，从而形成了一个绿叶葱葱欣欣向荣的春色，这是“无妄”之象。以前的先祖观察到了这个景象，考虑到了世间的万物只有服从时序的变化和规律才能蓬勃发展，因此就研究各类事物的生长规律，并颁布相应的条文，让各种植物能够在适合的时候生长，天下开始变得繁盛起来。

皮尔自少年时期就喜欢舞蹈，成为一名出色的舞蹈演员则是他一直以来的理想，可惜，因为家境实在太贫寒了，他的父母没有钱送他去舞蹈学校学习，只能将他送到缝纫店，希望他能够学会这门手艺，然后顺利工作，为家里减轻负担。

在缝纫店里，皮尔每天要工作十多个小时，他觉得在这样的环境下自己会离理想越来越远，而且这种没日没夜的机械式工作简直就是虚度光阴，浪费生命，所以他厌恶极了这份工作，一度甚至有了“与其这样痛苦地活着，还不如早早结束自己的生命”的想法。

重重压力之下，不堪一击的皮尔准备跳河自杀。那天晚上站在小河边的时候，他突然想起了自己从小就崇拜的“芭蕾音乐之父”布德里，觉得也许布德里会明白他这种甘愿为艺术献身的精神，能够成就自己的理想。于是他决定给布德里写一封信，希望布德里能收他做学生。

不久之后，皮尔收到了布德里的回信。激动不已的皮尔在打开信封之前以为是布德里被他的执着打动了，答应收下他这个学生，所以才给自己回了一封信。谁知，在信中，布德里丝毫没提收他做学生的事，也没有皮尔预料中布德里被他对艺术的献身精神所感动的痕迹。

布德里只是对皮尔讲了一下他自己的人生经历，说他小时候的理想是当一名科学家，同样因为家境贫穷无法送他上学，他只得跟一个街头艺人过起了卖唱的日子。信的最后，他告诉皮尔一个道理：“人生在世，现实与理想总是有一定的距离，在理想与现实生活中，人首先要选择生存，只有好好地活下来，才能让理想之星闪闪发光。而一个连自己的生命都不珍惜的人，是不配谈艺术的。”

读完布德里的回信，皮尔幡然醒悟。后来，他努力学习缝纫技术，终于从 23 岁那年起，他在巴黎开始了自己的时装事业。很快，他便建立了自己的公司和服装品牌，他就是在服装行业鼎鼎有名的大师——皮尔·卡丹。

所谓的无妄就是要求我们要顺应天时，顺应实际，从实践出发。如果皮尔·卡丹没有意识到自己的错误，那么他的艺术生命就在那时失去了。但是他及时想通了这一切，并且及时改正，最后实事求是，从自身实际出发，制止住了非分之想，消除贪念，让自己的欲望回到现实之中。

**挫折是磨砺，坚持是关键**

对“妄”这个字，《说文解字》中解释道：“妄，乱也。”这样看来，无妄就是不乱的意思。南怀瑾先生认为，这里的乱指的是人的内心，内心的混乱会让人的行为也受到影响。眼睛是窗户，心是指挥中心，每一个动作都受到心的影响。

“天降大任于斯人也，必先苦其心志。”对于心的历练，可以说是极其重要。那么对于心又是考察和锻炼什么呢？就是磨掉它的棱角，让其杂乱无章的欲望都散去。

1832 年，在美国的一家公司里有一个普通员工不幸失业了，面对如此打击，这个年轻人下定决心要从政。他觉得比起做一个公司职员，当州议员可能更适合他，可惜，糟糕的事再次发生了，他没有竞选上州议员。对此，年轻人依旧没有灰心，他决定自己开办企业，自己当老板，干一番大事业，然而还不到一年，他所创办的企业倒闭了。不幸的事并没有就此止步，依旧排山倒海一般发生在他的身上。1835 年时，这个年轻人订婚了，可是在离结婚还差几个月的时候，他的未婚妻又不幸去世了。接二连三的打击之下，他的精神崩溃了，极度抑郁之下的他病倒了。

朋友见他憔悴得不成样子，便安慰他说，这没准是上帝对他的考验，那么多次不幸之后没准他就要转运了。在朋友安慰之下，他渐渐地又找回了信心，身体状况好转之后，他决定去竞选州议会议长，结果失败了。过了三年，他又去参加竞选美国国会议员，这次仍然没有成功。直到1846年，他再次参加竞选国会议员时幸运地当选了。两年任期过后，他想争取连任，结果很遗憾，他落选了。最终，这个连续参选十一次、落选九次的年轻人变成了中年人，可他依旧坚持每一次参选。1860年，奇迹终于出现了，这一年，他当选为美国总统，他的名字就是林肯。

由此可见，无数的苦难会让人得到充分的磨砺，等到身上的各种棱角都被磨平之后，成功便离得不远了。正如南怀瑾先生说的那样，心态决定一个人对事物的看法，也决定了一个人到底能走多远。如果一个人始终将自己放在很高的位置上，高傲无比地认为没有什么自己办不到的事情，拥有这种傲慢心态的人注定不会走得太远。

“无妄”的心态是极其重要的，不能说它可以让人完全没有贪念，但它会尽可能帮人们消除那些焦躁、傲慢，让人冷静下来，可以用一个平常的心态来看问题。“无妄也，无贪妄念也。”无论如何，请记住南怀瑾先生说的这句话：“去骄戒躁，命运的指挥棒自然会到你自己的手里。”

# 商场如战场，把握用将的艺术

得人者兴，失人者崩，把握用人艺术。

——南怀瑾

什么是用将的艺术？简单地说就是如何做一位领导。一名优秀的领导需要知道如何去管理自己手下的人，实现人才利用的最大化。对此，南怀瑾先生总结为“得人者兴，失人者崩”八个字，并让世人引为箴言。

古代战争的死亡率伤残率极其高，哪怕你是精兵强将，经历一场大战后也会死伤惨重，士兵面对战争内心是恐惧的。假如这场战争不可避免，那怎么办呢，那士兵就会祈祷有一位足智多谋的将领，使自己存活下来的几率更大一些。一位将领应懂得如何排兵布阵，才能让自己的部队战斗力更强。一个好的部门经理也是一样的，如果自己的经理得力，那么有很多事情老板都不必去过问，他自己就会给你办得妥妥帖帖。

## 懂得识人

南怀瑾先生曾说：“很好的人才，没有碰到一个赏识的人，不管你是什么英雄啦！大英雄，小英雄，乃至别的英雄，一生就那么埋没下去了。”一句话点出了能够遇见一位懂得用人之人的好处。

古来最不缺少的就是能人志士，但对于一个将军来说，最成功的不是将梁山好汉“一百单八将”全部收入麾下，最重要的是懂得如何“识人”，也就是如何找到真正甘心为自己所用，并且能够被自己所用的人才。只是要做到这一点，并不是那么简单的。

世人的面孔多种多样，人心更是各有不同，变幻多端，很难判断真伪企图。因此，识人不能只看表面，还得用心去进行辨别判断。古语云："画虎难画骨，知面不知心。"这也说明看人要看内在本质，不能被表面蒙蔽。

森林里有一只狐狸为躲避猎人的追赶东奔西逃，恰巧遇见了一个樵夫。它请求樵夫让它躲藏起来，樵夫答应了它，让它去自己的小屋里躲着。不一会儿，许多猎人追到小屋前，问樵夫："你看到一只狐狸了吗？"樵夫故意大声喊道："不，我没有看见狐狸经过这里。"但是他的手却指向小屋，向猎人们示意，意思是小狐狸在屋子里。但猎人们并没留意他的手势，只是这一切都被小狐狸看在眼里。猎人们走远了，小狐狸便从小屋出来，什么都没说。樵夫责备狐狸说："喂，我救了你一命，可是你一句谢谢也不对我说吗？"狐狸轻蔑地笑了，回答说："如果你的手势与你的语言是一致的，我就该好好地感谢你了。"

许多人就像故事中的樵夫一样，表现出一副热心肠的模样，向他人积极伸出援手，可是背地里却干着伤天害理的事情，还想要别人感谢他。现实生活中，面对像樵夫一般心口不一的人，一定要睁大眼睛看仔细，不要被花言巧语所欺骗。

其实不论是商场还是战场，只要识人的艺术运用得好，能够拥有一双"慧眼"，那么对于一名管理者来说，离成功的距离也就不远了。

### 学会用人

俗语说："用人不疑，疑人不用。"对此，南怀瑾先生认为，当你对一个人的德与才有了相当的了解，认为他适合从事这项工作时，你就应该用而不疑，信任他、支持他，让他大胆地开展工作，充分施展自身才华。但现代企业面临着复杂多变的内外部环境，因而不得不"用人也疑"了。当然，这并不是对员工人格的怀疑，这里的"疑"是指必要的约束和监督。

因为没有约束的权力是非常危险的，所以在信任的前提下进行必要的约束和监督是十分明智的。当然，如何处理好疑与不疑二者之间的关系，这就要看领导者领导水平的高低了，但只要领导者用人是出于公心，从工作和事业出发，就容易处理好。

用人不疑，说起来容易，做起来难。在几千年的封建官场上，厚颜无耻的小人辈出，尔虞我诈的谗言肆行，三人成虎的例子比比皆是，即使是开明的帝王也往往受其所惑，能将用人不疑坚持到底的主儿不多。

就说东汉光武帝刘秀吧，他对久握兵权、远离朝廷的开国名将冯异并非那么放心，只是迫于边防的需要。为了解除冯异的顾虑，从而恩威并济、笼络人心，光武帝才将宁嵩告发冯异的密信送给冯异。现代管理科学告诉我们，仅靠领导者个人的胸襟用人是很不够的，还必须从制度上对“一把手”的用人行为进行更加科学的规范，着力于扩大民主，强化监督，建立权责相统一的用人机制。

南怀瑾先生认为，没有绝对的用人不疑，在现代社会，对于权力如果毫无约束，就可能会出现非常严重的权力滥用，因此在信任的前提下进行相应的约束和监督是有必要的。

商场如战场，对于上位的领导而言，识人、用人之道是极其精细且有用的一门艺术。要想在“战争”中取胜，实现利益的最大化，就要求领导者能够在实际生活中不断地探索和总结，将如何识人、用人变为磨炼内功、改善经营、不断增强内部活力和外部竞争力的重要内容。

# 多难兴邦，艰苦玉成

真正成功的事业，没有不经过困难的。

——南怀瑾

《象》曰:“屯。刚柔始交而难生，动乎险中，大亨贞，雷雨之动满盈，天造草昧，宜建侯而不宁。”南怀瑾先生用这个卦象来说明创业中的道理，当一件好事来的时候，都有困难和阻碍，不经过困难就轻易成功的，绝对不是一件好事，轻易得到的东西，很快就会失去。因此，一项真正成功的事业，必定是好事多磨，必定要经过磨难。

中国自古就有好事多磨的说法，不经一番寒彻骨，怎得梅花扑鼻香。欲想有一番大成就，就不得不经历千辛万苦，历经百般险阻。南怀瑾先生在《易经杂说》中讲，创业就好比是一种事物的新生，刚柔相交产生矛盾，矛盾产生新的事物，矛盾推动新的事物发展。刚柔始交而难生，创业者必须有开拓者的精神，做好迎接种种困难，克服艰难险阻的准备。

**好事多磨**

创业并不是一件简单的事，它需要各种能力的发挥。我们都希望创业成功，品尝到最后成熟的甜美的果实，但是想要摘取果实必须得忍受辛劳与痛苦。南怀瑾先生认为，刚柔始交，就像一对男女谈恋爱，在开始交往的时候，中间有很多的困难，也好像经营一份事业，交一个朋友，都会遇到一些问题。透过“刚柔始交而难生”这句话，可以了解很多做人做事的道理，让我们明白，一件好事的产生，并不是那么简单。一个好局面的形成，更不容易，不知道要经过多少艰难困苦。

有这样一个小故事，有一名工匠，当时有人请他帮忙，将一块木板钉在树上当搁板。他过去帮忙，那人说：“你应该先把木板头子锯掉再钉上去。”工匠便找来锯子，还没有锯两三下，发现锯子生锈了，必须得磨快一些。于是他又去找锉刀，接着又发现必须先在锉刀上安一个顺手的手柄。他又去灌木丛中寻找小树，可砍树又得先磨快斧头。磨快斧头需将磨石固定好，这又免不了要制作支撑磨石的木条。制作木条少不了木匠用的长凳，而这没有一套齐全的工具是不行的。于是，他到各处去寻找所需要的工具，这件事花费了他不少时间和精力，但最后终于把一切都准备好了，顺利地将隔板钉到树上去，而他自己通过这一番努力，也成为一名厉害的工匠，赚了不少钱。

村里另外一个人看见工匠很赚钱，也想做这些工作，恰好也有人请他钉木板。他忙碌了一圈，发现无论哪一个工作都非常困难，没有一件事能顺利。他抱怨说：“为什么别人都容易赚钱，我一做的时候就变得困难了。”因此他很快就放弃了，什么钱也没赚到。

从这个故事能看到，成功看起来好像很容易，但其实创业的路途非常艰难，每一个创业者都要遭遇无数的困难，比如经历没钱穷困的生活状况，被人误解，甚至遭遇不平等对待。但好事多磨，成功必定是无数次的失败堆积而成。艰难的经历给予他们的不仅仅是痛苦，还有让他们不断成长的良药。

因而，只有磨难才能催生成功的意志。我们要懂得这个道理，天降大任于我，必先劳我躯体，磨我性格，要坦然并积极地接受。

### 艰苦玉成

“天降大任于斯人也，必先苦其心志，劳其筋骨，饿其体肤！空乏其身，行拂乱其所为，所以动心忍性，曾益其所不能。”生于忧患死于安乐，没有困难在面前，是不会真正努力，获得成功的。南怀瑾先生说：

“新开创的一个事业，动起来是动在危险当中，从象上来看，如在海底，要用力冲上来，冲破上面巨大的压力是十分困难的，但是人没有危险在前面是不会努力的，有困难、有危险，则反而促进人努力争取成功。”

美国总统罗斯福在政坛上也不是一帆风顺的，1920年他竞选总统失败，暂时退出政坛回家。有一次游泳，他双腿突然麻痹，从此卧床不起，成了一个什么事也做不了的残疾人，精神和身体的痛苦同时折磨着他。最初罗斯福几乎绝望了，认为永远都不可能返回政坛，但最后他以顽强的意志力坚持下来，治病期间仍然读书思考，努力学习。经过一场疾病的折磨，罗斯福变得更加坚强，他的口号是“无所畏惧”，并告诉自己：“我们唯一值得恐惧的就是恐惧本身。”终于他战胜了病魔，身体恢复健康。十二年之后，他重新竞选总统，成为连续四次登上美国总统宝座的伟大人物。

所以，在未成功之前，所有的磨难都是考验和资源，是我们前往成功的动力之基。施利华，是商界中拥有亿万资产的风云人物。1997年的一次金融危机使他破产了，面对失败，他只说了一句：“好哇，又可以从头再来了！”他从容地走进街头小贩的行列叫卖三明治。一年后，施利华靠三明治实现了东山再起的梦想。1998年，泰国《民族报》评选“泰国十大杰出企业家”，结果施利华名列榜首。

正所谓“多难兴邦，艰苦成玉”。南怀瑾先生提倡人们多吃点苦，主动吃苦，只有经受了苦难磨砺的人才能真正成为玉石。一个国家只有处在苦难之中，不断地被苦难所磨砺，才能时刻保持清醒，国家才能长盛不衰。我们要明白好事多磨、多难兴邦的道理，要学会勇敢面对一切困境，坚持不懈地向着理想的目标奋斗，相信最终会有“艰苦玉成”的一天。

# 第六章

# 南怀瑾谈生活哲学：

## 过中道生活，是非不挂于心

中道生活指的便是中庸之道。《论语·庸也》说:“中庸之为德也，其至矣乎。”《易经》中强调不偏不倚，及而不过。《易经》让人们学会折中调和的处世态度，并认为“中道”是人生的大道，是事业成功、生活美满的根基。南怀瑾先生认为“过中道生活，是非不挂于心”，人生应不偏离目标，持之以恒，保持中正平和的心态，喜怒哀乐不过度，是非恩怨不挂心。这不仅是生活智慧，也是个人道德基础，故而“中庸之为德也”。

# 始而亨，追求好的开始

慎终不如慎远。

——南怀瑾

《易经》中有一个辞卦："乾，元亨利贞。"而实际上在《易经》中这四个字出现了很多次，代表了四种基本性质，其中"亨"为"通"，始而亨，即一开始就是顺利的，那么结果自然就会是好的。曾子曰：慎终追远。南怀瑾认为，"终"就是结果，"远"就是很远的远因，用现在的话来讲就是，"一个人要想好的结果，就一定要有好的开始。"

## 万事开头很重要

南怀瑾认为，中国的圣人、得道者，他们在做事的时候都注意到"因"，有句话说：菩萨畏因，凡夫畏果。在那些非常聪明的人心里，一开始是什么样，就能料到结果是什么样，但是一般的人则要到看到结果了才会反思一开始的样子。

孟母三迁的故事相信大家都听说过。孟子自幼丧父，跟随母亲长大。然而，孟子在小的时候非常贪玩，非常善于模仿。他的家一开始住在坟地附近，他就常常跑到坟地玩，还模仿别人哭拜。她的母亲认为这样对他影响不好，就将家搬到了集市，孟子又开始模仿别人做生意时的叫喊、杀猪声。他的母亲认为这样的环境也不好，就将家搬到了学堂旁边，希望孩子能够受到好的影响，跟着其他学生、老师学习礼节和知识。贪玩的孟子真的在这里开始了学习的旅程。孟母不仅给孩子创造了良好的学习环境，同时，还非常重视孟子的教育，每天亲自送他上学，督促他写作业。当得知孩子从老师那里逃课回来，她严厉地拿剪刀将织布机上的布剪断，以此来教育孩子：“你读书上学就像是我织布一样，织布要一线一线地连成一寸，再连成一尺，再连成一丈、一匹，织完后才是有用的东西。学问也必须靠日积月累，不分昼夜勤求而来的。你如果偷懒，不好好读书，半途而废，就会像这匹剪坏的布一样，变成一堆没有用的东西。”孟子听了母亲的话，深感惭愧，从此开始潜心读书，发奋用功。无论什么时候，他都谨记母亲儿时对自己的教诲，最终成为一代大儒。孟子的成功，与母亲在他小时候树立下的正确世界观、人生观有重大联系，正是因为他的母亲知道孩子一开始的成长非常重要，所以，就排除万难，为孩子创造良好的环境，又不断地对其进行教导，才促成了一代伟人的诞生。

古人有句俗语说：“近朱者赤，近墨者黑。”当我们亲近不好的环境的时候，我们的心性也会慢慢变得堕落起来；亲近好的环境，我们则会被好的环境督促。《孔子家语》中说：“与善人居，如入兰芷之室，久而不闻其香；与恶人居，如入鲍鱼之肆，久而不闻其臭。”当你亲近恶的知识多了，那么你就不会觉得那是使你心性堕落的知识了。就如儿时的孟子一般，久居在坏的环境处，他根本意识不到当他玩“埋人”、玩“杀猪”的游戏会对自己的身心带来什么样的坏影响，如果没有他那智慧的母亲在，恐怕中国历史上又少了一位启发民智的思想家了！

孟母的教育方式值得当代很多年轻家长学习，家长都望子成龙，望女成凤，知道要好好教育孩子，打着不能让孩子输在起跑线上的口号，从小便让孩子学习各种技能。殊不知，最重要的是要在孩子幼小时教会其做人，为其树立正确的世界观人生观。只有孩子从小学会了做人，那么长大后的任何事情都不会错得很离谱。就好像南怀瑾先生说的，慎终不如慎远。

### 做好每一件小事

《易经》坎卦载:“九二,坎有险,求小得。《象》曰,求小得,未出中也。”这个意思是说,陷阱中处处都有危险,如果从小事情着手,慢慢谋求脱离险境的办法,就一定会有所得。

南怀瑾先生也认为,所谓成功,就是将一件一件的小事都做好。其实,生活中无所谓小事、大事,所做的每件事都是在为自己的人生之路奠基,每一步都很重要。表面上每天经历的都是小事,但事实上,事业当中没有任何一件是小事。很多时候,一件事看起来微不足道,或者毫不起眼,却能影响一生,成为成功的关键。因此,从小处做起,慢慢积累经验和能力,再小的溪水也能汇成大河。

南怀瑾先生说,《易经》的原则通常是渐变,很少有突变的事情发生。那些看起来是突然产生变化的现象,其实也是慢慢得来的。所以说,不管做什么事,都不能操之过急,正所谓欲速则不达,每次做好一件事情,就朝成功迈进了一大步。

有一个很著名的寓言故事,一只猴子跑到山下去玩,来到一处玉米地,看玉米又大又甜,于是就掰下来很多玉米,抱在怀中,高兴地上路了。不久,它又来到一片桃园,想要树上鲜美的桃子,于是就将玉米扔了,爬上桃树摘了很多桃子。它抱着桃子高兴地继续赶路,很快又看见西瓜,心想:“西瓜更大更甜,我要西瓜吧。”于是又将不久前才摘的桃子全扔了,然后抱着西瓜继续走。途中突然看见一只白兔,跑得非常快,猴子很不服气,想要去追白兔,因此把西瓜也扔了。结果,猴子到最后也没有追上白兔,反而把之前的东西全丢了,只好两手空空回家了。

俗话说:“一个人不能同时骑两匹马,骑上这个,就得丢掉那个。聪明人会把众多的小事分散开来,一次只专心致志做一件事,并将其做到最好。”的确是这样,很多人不能成功的原因,就是难以专注一件事,尤其是面对小事,更不愿花费时间精力去认真做。

南怀瑾先生说,一次做好一件事,就要把精力集中在一个目标上,不能轻易被其他的事情所诱惑，如果经常改变目标，或者把精力分摊到许多事情上，最后往往不会有满意的结果。对于追求成功的人来说，见异思迁和四面出击都是不明智的，把有效的时间和精力集中在当前所做的一件事情上，集中解决问题和困难，就能提高效率，获得成功。

# 妇唱夫随，柔能克刚

齿刚唇厚，刚者不如柔者久。

——南怀瑾

文言曰："坤，至柔而动也刚，至静而德方，后得主而有常，含万物而化光，坤道其顺乎？承天而实行。"这是孔子认为的坤卦的特性，坤卦是至阴至柔的，但要是动起来的话就非常有力坚强。南怀瑾也告诫我们，不要轻易忽视"柔"的力量，柔的力量也是无穷的，不动则已，一动则刚。

**得妻如此，夫复何求**

南怀瑾先生在《易经系传别讲》中提到：修道之人的一句名言，"孤阳不生，孤阴不长"。意思就是，单阴独阳是不能有成就的，必须要阴阳配合。在南怀瑾先生看来，一阴一阳才是正道，只有阴阳相互配合，才能得到正常发展。

长孙皇后出生于世代显赫的贵族世家，聪明贤惠，知书达理，熟读经史，是一个有见解、识大体、宽厚仁慈的女性。武德末年，长孙氏竭力争取李渊后宫对李世民的支持，玄武门之变当天亲自勉慰诸将士，希望帮助夫君李世民取得皇位。在她当皇后时期，看到皇帝有错误，总是能好言相劝，匡正失误，也常常借古喻今，劝谏皇帝。对于后宫，她也总是宽爱对待每一个人，大到贵妃，小到宫女，宫中无一人不喜欢、爱戴她。除此之外，她"朝服劝谏"，以迂回策略保护忠正得力的大臣；

她性情温和，不好奢靡浪费，刚直不阿，不允许自己的同母兄长孙无忌为宰执；她还留下了《女则》十篇，通过对古代后妃的得失事迹加以评论，用来教导自己如何做好一位称职的皇后。唐太宗事业上的成功离不开他妻子的帮助，不是他妻子的贤德仁厚，不是他妻子的尽心协力，不是他妻子的聪明才智，唐太宗不可能会这么成功。长孙皇后对于皇帝来说，是辅助功臣；对于忠心的大臣来说，是保护伞。她的所作所为，更是后世每个皇后的楷模，甚至是每个为人妻子的楷模。李世民也深知妻子对于自己的爱，无论是朝廷、后宫，亦或是他自己的生活方面，都能面面俱到，从不含糊。在长孙皇后去世时，李世民将其誉为“嘉偶”“良佐”，并专门打造观望陵以示怀念。在李世民的心中，长孙皇后永远是他最挚爱的妻子。他常常感叹，有这样的妻子在身边，是自己一生最幸运的事情。

是的，遇到贤德的妻子，是丈夫的幸运，是一个家庭的幸运。妻子能以女性的心态，观察到男人难以注意到的方面，弥补男人的不足。在丈夫误入歧途之时，作为妻子，应该履行作为妻子的责任，毅然决然地将丈夫从泥潭中拉出来，而不是与其同流合污，共同犯罪。正如南怀瑾先生常常告诉我们的，夫妻之间，相敬如宾，恩爱和谐，各司其职，相互督促，互帮互助，这样家庭才能幸福和谐。

### 柔能克刚，弱能制强

老子《道德经》含有朴素的生活辩证法，辩证法之一是弱能胜强，柔能克刚。南怀瑾先生通过对《易经》的研究，也得出了同样的结论，在他看来，以柔克刚是一种为人处世的智慧。

据《明史》记载，有一次明武宗朱厚照南巡，提督江彬随行护驾。江彬一直都有谋反之心，因而他趁着这次机会，带着一大批虎背熊腰、身材魁梧的西北壮汉，企图谋反。兵部尚书乔宇看出了江彬的图谋不轨之心，于是挑选了江南一百多个矮小精悍的拳师。乔宇和江彬相约，让这批江南拳师与西北籍壮汉比武，结果，江彬率领的西北壮汉惨败。原本江彬从京都南下，骄横跋扈，不可一世，但与江南拳师较量之后屡战屡败，导致他的气焰消减很多，他也因此十分沮丧，就连蓄谋篡位的企图也渐渐放弃了。乔宇所用的是“以柔克刚”、“以小胜大”的策略。与此相反，“以刚制刚”效果有时还不如“以柔取胜”。

在当今社会的企业管理中，这一策论也是非常有用的。人的性格千奇百怪，有些人好管理，然而也有许多人不好管理，软硬不吃，这时适当地用“以柔克刚”的策略，不失为一个好的方法。学会用《易经》智慧，学会用“以柔克刚”的策略，有时会达到事半功倍的效果。

# 黄中通理，至高的人生境界

每个人都应该提高内在的修养，再将其发展到外面，从而达到内外相合，天人合一。

——南怀瑾

南怀瑾先生在《易经》杂说中讲道：黄中，抽象讲就是天地之中，具体来说，就是指人的内部肠胃一切都好。黄，指的是中央的颜色；理，指中医中的腠理，就是指皮肤毛孔。简单地说，黄中通理，指的就是功夫都做到了，修养够了的人，身体内部通了，外部亦通了，每个毛孔都通了，这个时候所谓天人合一的境界就会传到身体外面，你的外表就会看起来很有光彩。具体到为人处事方面，就是说，每个人都应该修行自身，当修行自身达到了天人合一的地步，一切便都通透了。

## 修行自身

《易经》的智慧不仅在于告诉我们日常生活的道理，更在于教导我们修行自身之重要性。纵览南老先生的一生，他就是不断地在《易经》中汲取营养，修行自身。

吕蒙的故事相信大家都知道，他是一个英勇的战将，然而，自小未曾读书，所以行事粗鲁，完全不懂礼节礼仪，于是大家给他起了一个绰号叫“吴下阿蒙”。孙权与他在一起时，曾说：“吕将军，你现在与我一起执掌国家大政，应该多读点书，学点历史和文化知识，这样才好。”

吕蒙一听，马上说：“我一天军务都忙不过来，哪有时间读书？你看，我不读书，不是照样带兵打仗吗？”

孙权笑着回答：“要说忙，我们两个人也差不多，但是，自渡江以来，我就抽时间读了《史记》《汉书》和各种兵书。你再看曹操，同样也是带兵打仗，但是读书的事情也从来没有搁置呀。反而是越忙，越要看些书。再看东汉的开国之君刘秀，时常手不离书，这些都是人所皆知的。”

吕蒙问道：“读书有什么用啊？”孙权回答道：“读书与不读书，差别那可就大了。书中有很多道理，可以使人聪明；书中的历史经验教训，可给人启示警惕。我治国理政，许多都是从书中受到教育启发的。除此之外，读书也是一个提升自我修养的重要途径。”

听了孙权的这一番话，吕蒙恍然大悟，一下子明白了读书的重要性，从此以后，不管每天军务如何繁忙，他都要抽一些时间来读书，他还专门聘请老师来指导他读书。最开始读书时，他并没有感觉有多大的用处，但是时间一长，他渐渐地就发现了读书的奇妙之处，无形之中眼界不断开阔，思路也日益活泛，直到这时他才发现自己以前是多么的愚蠢、多么的无知。就这样，他越读书就越喜欢书，最终形成了良性循环，成为一位饱学之士。

如何修行自身，提高自己的修养，要做的不仅是在日常生活中注意自己的言行举止，更重要的要提高自己的文化素养、道德修养。就好像南怀瑾先生说的，多读书，多学习，功夫下够了，不知不觉中你的自身修行就提升了。

### 中庸之道

南怀瑾先生将“黄中通理，正位居体”解释为中庸之道。在他看来，中庸之道是非常重要的一个法则。

有这样一个关于收礼的故事，孔子的学生子路，有一次遇见一个孩子溺水，便急忙跳水相救，被救的孩子家长送了一头牛给子路作为报答，子路毫不推辞地收了下来。有人就批判子路说，救了人还收礼，不符合

“仁”的道理。孔子听到这个事情则很高兴，他认为子路做得对，是非常好的一件事，因为子路这样做，才鼓励了鲁人继续拯救溺水之人的好风气。

但是同样还有一个救人不收礼的故事：根据鲁国的法律，如果有人肯出钱去邻国赎回我们的百姓，政府都会依法奖励这个人一笔奖金作为回报。孔子的学生子贡是一个很富有的人，他主动去赎回了人，但是却不愿意接受奖励。孔子知道以后，就责怪他说：“你不应该这样，君子做事可以移风易俗，成为大众的规范，怎么可以只为了自己高兴，为了虚荣的名头，就随意去破坏规则呢？现在鲁国人少，大都是穷人，大家都没钱去赎人，现在好不容易政府可以给奖金，这样大家才能有钱去赎回人，这样的良性循环会使得鲁国人越来越多。而你这样无形中创下了恶例，使大家都认为赎人接受赏金是一件丢脸的事，以后还有谁愿意去赎人呢？赎人回国的好风气必将慢慢消失。”子贡听后，一方面觉得自己很委屈，但是另一方面又觉得老师说得很有道理。

由这两个故事可以看出“中庸之道”的重要性。生活中，做什么事情都要讲究中庸之道，只有这样，才能让事情向好的方向发展。正如南怀瑾先生所说的，中庸之道是一种境界，每个人在生活中，无论是做人，亦或是做事，都应该不断地寻求“中庸之道”。

# 家和万事兴，治家“读”家人

人生没有比齐家更难的事了。

——南怀瑾

《礼记·大学》中说：“古之欲明德于天下者，先治其国；欲治其国者，先齐其家；欲齐其家者，先修其身。”意思就是说，要想在天下弘扬光明正大的品德，就要先治理好自己的国家；要想治理好自己的国家，先要管理好自己的家庭；要想管理好自己的家庭，先要修养自身的品性。即“修身齐家治国平天下”是一层一层的，只有每个环节都做好，才能最终达到大的目标。

这与南怀瑾先生的思想有共同之处。南怀瑾先生曾在《原本大学微言》中举过“郑伯克段于鄢”的例子，因为“庄公寤生，惊姜氏”，所以母亲姜氏偏爱二儿子共叔段，讨厌大儿子庄公，甚至想要违反宗法传统，劝说郑武公将王位传给二儿子。在劝说没成功的前提下，母亲姜氏暗中帮助二儿子想要夺取哥哥的王位，但最终结果却是，政变失败，弟弟共叔段逃亡他国，与母亲也是“不复黄泉，不相见也”。对这个例子，南老先生指出：每个人的自身修养都不够，母亲没有尽到母亲的责任，弟弟没有尽到尊敬兄长的责任，哥哥也没有尽到哥哥应尽的职责。这样长此以往，必然不会有好的结果。

### 摆正位置，扮演正确的角色

《易经》中第三十七卦是治理家庭楷模的“家人卦”，卦辞：利女贞。《象》曰：家人，女正位乎内，男正位乎外。男女正，天地之大义也。家人有严君焉，父母之谓也。父父、子子、兄兄、弟弟、夫夫、妇妇，而家道正。正家，而天下定矣。意思就是，家人，女人正位在内，男人正位在外，男女贞正行事，是天经地义的事情。有严格的君主，就好像一家人有严父慈母一样。父亲像父亲，儿子像儿子，兄长像兄长，弟弟像弟弟，丈夫像丈夫，妻子像妻子，这样的家道才贞正，家道贞正，天下才能太平安定。

南怀瑾先生在讲解《易经》家人卦中提到“家和万事兴”。一个家庭想要“万事兴”，最根本的就是“家要和”。如何才能“家和”这就涉及治理家庭的智慧。男人女人、主外主内摆好位置，孩子们也扮演好自己的角色，一家人各守其职，齐心协力，这样的家庭才会和谐。家庭和谐之后，万事都能好起来，国家也才能安定和谐，繁荣富强。

历史上，刘邦与吕雉结婚初期，生活并不富裕，但是二人生活得很幸福。刘邦在外忙公务，妻子吕雉就在家养儿育女，奉养父母，织布耕田，二人分工明确，家庭其乐融融。在夫妻二人共同的努力之下，刘邦的事业越来越大，生活也越来越好。最终，吕雉辅佐刘邦登上了皇帝之位。然而，家庭的和谐却戛然而止，登上皇位的刘邦开始沉迷美色，大量选妃纳妾。吕后以及其他的妃子都想要得宠，都想要争权夺利，于是各种明争暗斗，数不胜数。为了自己的利益，女人们都忘记了为人妻子的责任，抛弃人本身的真善美，整个后宫变得污浊昏暗。试问，有这样混乱无道的家庭，这样昏庸的君主，国家怎么可能走向繁荣富强？所以，刘邦死后，吕后夺权，诛杀功臣，杀人立威，还导致自己的孩子因为母亲的惨无人道而不愿处理政事。最终，吕后全面掌管朝中大小事情，皇帝也变成了傀儡。为了保全自己的地位，吕后不断提拔自己族中兄长子侄，整个王朝都差点变成吕家的天下。

从这里可以看出，刘邦在没有当上皇帝之前，与吕雉生活和谐，吕雉也一心一意对待刘邦及其家人，二人合作一步步夺取了天下。可是当刘邦做了皇帝之后，却不能管理好自己的后宫、自己的家庭，当丈夫没有个当丈夫的样子，妻子没有妻子的样子，致使国家关系混乱，家庭关系混乱。最终的结果就是，妻离子散，物是人非，连国家都可能易主。

南怀瑾说过：大家庭就像是社会的小群体，一个小国的雏形，注重“礼治”，时刻摆正自己的位置，各司其职，同心协力，家庭才会和谐，国家才会进步。

### 治家先育人

“家人卦”初九爻辞讲到：“闲有家，悔亡。”“闲”，约束、限制之意。这句话的意思就是说，治家从一开始就应该给家人立下规矩，防患于未然，这样就不会有大的过失了。南怀瑾先生的思想与这一爻辞有着紧密的联系，他曾经专门探讨过“儿童读经问题”，并且鼓励、推广这个活动。之所以“儿童读经”这个问题在他的心中会如此重要，就是因为经典中有很多为人处事的道理、规矩，通过让孩子诵读，能够让孩子从小确立正确的人生观、世界观，这样孩子长大后才不会有大的过失。当每个孩子都能被教育得很好，那么这个家庭也必然和谐幸福，蒸蒸日上，有很好的未来。

“家训”是中国家庭教育中的重要组成部分，是中华民族的优良传统，在我国已经有三千多年的历史。“家训”是祖先拟定的行为规范，以约束家人，约束自己。家训在国法不齐全之前，发挥着稳定社会秩序的重要作用，对个人的修身、齐家发挥着重要的作用，是国家更加富强必不可少的一点。

清末湘军首领曾国藩是清朝历史上有权有势、地位显赫之人，不仅为国家培养了大批人才，同时，他在教育子女方面也有其独到之处，值得现在很多年轻家长学习。在曾国藩看来，“富不过三代”，要教育孩子立足社会，并让这个家庭能够一代一代地延续下去，关键就是两个字，勤与俭。因而，他从小就为孩子们立下家训，并要求他们一生铭记十六个字：家俭则兴，人俭则健，能勤能俭，永不贫贱。除此之外，他还为孩子们从小定下许多规矩：不许自己的孩子住在北京、长沙这些繁华的地方，而要他们住在县城老家，并告诫子女，饭菜不能过分丰盛，衣服不能过分华丽，门外不准挂“相府”“侯府”的匾，出门要轻车简从，考试前后不能拜访考官。对于女子，曾国藩也告诉孩子，女人无需缠足，同男人是一样的，不能只做男人的附庸，要自立自强……受这诸多家训规则的影响，曾家的第三代、第四代，无论男女，绝大多数留学海外，潜心做学问，都有很高的学术造诣。最让曾家引以为豪的就是，曾家那么多代人，找不出一个坏人。

曾国藩不仅为孩子立家训、立规则，而且自己以身作则，为孩子树立好的榜样，潜移默化地以正确的行为规范影响着孩子，因而曾氏后代皆有成就。

# “思无邪”的人生境界

人不能没有思想，只要人拥有思想，并且思想不走歪路就好。

——南怀瑾

南怀瑾先生说过：“现代人到底需要什么？在内心深处你曾经问过自己吗？如果问过，你满意自己的回答吗？现代人面临最大的问题，是要克服心灵深处的混乱，追求内心和谐平静的境地。”很巧的是，季羡林曾在自己95岁生日时说过：“有个问题我考虑很久，我们讲和谐，不仅要人与人和谐，人与自然和谐，还要人内心和谐。”由此可见，一个人保持内心的和谐是多么重要！社会经济高速发展的今天，人们的物质享受提高了，但内心却变得异常浮躁、肤浅，很多时候，自己不会跟自己独处。究其根本，就是内心缺乏一种和谐，缺乏一种有深度的思想。

### 保持内心和谐，追求思想深度

明末清初的文学家李渔，在少年之时就有“神童”的美誉。崇祯八年，李渔参加童子试后，一下子成为名噪一时的五经童子。但是，事情的发展却不尽如人意，之后的科举考试他连连失利，最终只得了一个秀才而已。紧接着，明朝覆灭，入清后，他为了保持内心的一种和谐、追求自己思想的一种深度而无意仕途，辗转来到杭州自谋生路，开始创作小说、戏曲等创作之路。他的这些作品因为极其贴近生活、贴近大众而深受广大民众所喜爱。李渔的一生，是辛勤写作的一生，是内心和谐的一生，他用心体味着生活的酸甜苦辣，将自己的内心、思想靠着笔耕不辍描绘出来，所以才有了之后李渔创作的《闲情偶寄》，成为我国最早的系统的戏曲论著。在他自己看来，他写这本书的目的就是为了点缀升平，因为他所处的时代是一个太平盛世，每个人都有时间、有财力来享受生活，因而，他要追求一种思想的升华，他要让自己多一些闲情逸致，丰富自己的精神生活。中国优秀的作家很多，李渔可能只是无数作家中的一个，普普通通，但他却是一个真正懂得生活的人。周作人对李渔很是钦佩，他说："李笠翁当然是一个学者，他是了解生活法的，绝不是那些朴学家能够企及的。"

是的，保有内心的和谐，追求思想的深度，才能品味出生活的艺术。李渔靠着文学，让自己在纷繁复杂的社会中平静下来。正如南怀瑾所说："几千年来，垂暮的读书人，一天到晚忙不完，因为学养是无止境的。"能够在繁忙的生活中静下来，与自己的内心和谐相处，提升自己的思想境界，品一杯茶，读一本书，这样的人才真正懂得生活。

### 心无杂念

《伏羲易》对"需卦"这样解释，乾下坎上，水在天上之象，告诉我们的就是"以不变应万变""以静制动"的道理。南怀瑾先生对这一思想也是极其推崇的。他曾对学生举过"打太极拳"的例子，在他看来，太极拳是动中求静，从而使身心达到一种忘我的境地，对于人的身心健康大有裨益。

有一则这样的小故事，讲的是一位名叫道树的禅师。因为道树禅师把寺院建造在了道观旁，因而道士们心里牢骚满腹，他们总想着找机会将寺院里的和尚全部赶走。

于是，这些道士就整天施法唤出一些魑魅魍魉来惊扰寺院里的众僧，有时呼风唤雨，有时雷电交加，有时又风驰电掣，他们的目的就是吓走这群和尚。道士对自己的计谋得逞很满意，因为在他们施法之后，果然有很多年轻的小和尚经受不住道士们的威胁，被吓走了。但是，这群被吓走的和尚中，唯独不包括道树禅师，道树禅师心无杂念，无视道士的威胁恐吓，在这里一落便是十几年。

道士们将能用的法术都使尽了，道树禅师却依旧吃斋念佛，无动于衷。最终，道士们无奈，只好把道观搬到了其他地方。有人很困惑地问过道树禅师这个问题：“那些道士法术那么高强，您是如何胜过他们呢？您不害怕他们的威逼利诱吗？”

“我没有什么可以胜过他们的。”禅师答，“要说有的话，我仅有一个‘无’字可以胜过他们。”

“区区一个‘无’字怎能胜过他们厉害的法术呢？”那人不解。禅师答：“道士们‘有’法术，‘有’即意味着有限、有边、有量、有尽；而我却‘无’法术，‘无’也可以说是无限、无边、无量、无尽。‘无’和‘有’的关系就是以不变应万变，因而，我‘无变’当然会胜过‘有变’了。”

这则小故事的寓意和南怀瑾先生关于“空”的观点是一致的。他说“不生不灭，不垢不净，不增不减”，摆脱了五蕴，心无杂念，达到一切皆无的境界，那么心中的净秽就随波而去了。

今日思这功名，明朝求那利禄，整日拼命地奔波，马不停蹄地向前跑，你推我搡，唯恐慢了步子掉了队，使旁人捷足先登，自己一无所获，如此，心神不宁，夜不能寐，终究随波逐流。而另一些人，同样寻求上进，同样拼搏朝夕，为了明天挥泪洒汗，却日夜心安，精神饱满，终究水到渠成。

南怀瑾先生在《定慧初修》中有言：“佛法讲修持，百千三昧的定境不同。有一种定境是，虽日理万机，分秒都没有休息，但是他的心境永远在定，同外界一点都不相干。心，要想它能定住，是非常困难的。像年纪大一点的人睡不着，因为心不能定。年纪越大思想越复杂，因此影响了脑神经，不能休息下来。”

生活在当下，我们凡事应该懂得心无杂念。同样的事情，不同的人去做，就会有不同的结果，就好像道树禅师，遇到道士的威胁，换一种心态，让自己心无杂念，说不定就会功到自然成。若自己的心被外面世界的纷繁复杂迷惑了，很有可能就会惶惶不可终日，落得个身心疲惫的下场。

# 我生，知进退也

人生的高度，不是你看清了多少事，而是你看轻了多少事。心灵的宽度，不是你认识了多少人，而是你包容了多少人。做人如山，望万物，而容万物。做人似水，能进退，而知进退。

——南怀瑾

《周易·乾卦》提出“亢龙有悔”。《文言传》解释说：“亢之为言也，知进而不知退，知存而不知亡，知得而不知丧．其唯圣人乎？知进退存亡，而不失其正者，其为圣人乎？知进退存亡，而不失其正者，其唯圣人乎。”这告诉我们的道理就是，事物的发展，有进必有退，有存必有亡，有得必有失，不能只知其一，不知其二。如果对这个道理认识不清楚，我们最终就会穷极而有悔。我们都应该像圣人那样，头脑清醒，居安思危，防止事物向不利的方向发展。南怀瑾先生也曾这样解释过这个卦象，他告诫我们年轻人，做人做事不要过头，要知进知退，知取知舍，这样才会有好的发展。

**抓住机遇，适时前进**

在《易传》的思想体系中，“时”是一个非常重要的范畴，历代的易学研究者都十分重视这个范畴，从《易经》中，通过对时进行深入探讨，从而把握《易经》的真道精神。南怀瑾先生也是如此，他强调，适时而进，更能帮助我们走向成功。

有这样一个故事：这天，在西格诺·法列罗的府邸正在举行一个盛大的宴会，大批重要客人都会到场，整个宴会不允许有丝毫差错，然而，有些事情就是越不想出错，就越是容易出错。就在宴会即将开始的时候，有工作人员向管家报告，餐桌中间摆的一份巨大形状的甜品被人不小心弄坏了。就在管家急得团团转时，西格诺府邸厨房里干粗活的一个仆人走到管家面前怯生生地说道："如果您选择相信我，让我来试一试的话，我想我能造另外一件来顶替。"

"你？"管家很惊讶地看着这个小仆人，不可置信，"你是什么人，竟敢在这个时候说这样的大话？"

"我叫安东尼奥·卡诺瓦，是雕塑家皮萨诺的孙子。"脸色苍白的孩子自信地答道。

"小家伙，你真的有信心能做一件替代品吗？"管家心存怀疑。

"如果您允许我试一试的话，我可以造一件东西摆放在餐桌中央。"小孩子非常镇定地回答管家。

很显然，此时已经别无他法了，只能死马当活马医，于是，管家就答应让安东尼奥去试试，他则在一旁紧紧地盯着这个孩子，注视着他的一举一动，看他是否真的能像他说的那样，成功地再做一个替代品。于是，这个孩子不慌不忙地让人端来了一些黄油，不一会工夫，不起眼的黄油在其手中变成了一只蹲着的巨狮。管家喜出望外，觉得简直是不可思议，连忙派人把这个黄油塑成的狮子摆到了桌子上。

刚摆好甜品，晚宴就开始了。客人们陆陆续续地被引到餐厅里来。这些客人当中，有威尼斯最著名的实业家，有高贵的王子，有傲慢的王公贵族们，还有眼光挑剔的专业艺术评论家。但当客人们一眼望见餐桌上摆放着的黄油狮子时，都连连称赞起来，都觉得这简直就是一件天才作品。他们一个个驻足在黄油狮子面前不忍离去，情不自禁地细细欣赏着，显然已经忘了自己来此的真正目的是什么了。结果，整个宴会变成了对黄油狮子的鉴赏会。客人们都很好奇，究竟是哪位伟大的雕塑家，将自己的天才技术浪费在这样一块甜品上。宴会的主人找管家来询问，于是小安东尼奥就被带到了这些客人面前。

当这些身份地位尊贵无比的客人们得知，面前这个精美绝伦的黄油狮子竟然是这个小孩仓促间做成的作品时，都感到非常惊讶和不可思议，都不由自主地对这个孩子竖起了大拇指。富有的主人更是当场宣布，将由他出资给小孩请最好的老师，让他的天赋充分地发挥出来。但安东尼奥没有被眼前的宠幸冲昏头脑，借着这个机会，他孜孜不倦地刻苦努力着，希望自己能成为一名优秀的雕刻家。

是的，如果小男孩没有把握住那次机会，那么很有可能他依旧只是一个默默无闻的小仆人。正是他充分利用第一次机会展示自己的才华，才有了之后的被人赏识，被人资助，才有了能继续潜心学习的机会，才有了后来著名雕塑家卡诺瓦的大名，才让他成为了世界上最伟大的雕塑家之一。

人的一生会遇到很多事情，也会有很多的机遇，然而最重要的是，在机遇到来之前，你得努力奋进，这样才能在机遇到来时，果断地抓住，从而让自己的人生一步步前进。

### 急流勇退是一种智慧

《易经》中既济卦："既济，亨小，利贞；初吉，终乱。《象》曰：既济，亨，小者亨也；利贞，刚柔正而位当也；初吉，柔得中也；终止则乱，其道穷也。"意思就是，既济卦，象征成功，亨通顺利，有利于坚守正道，开始的时候吉祥，如有不慎，终究会导致混乱。《象》说，既济象征成功和功德圆满，有利于正道，这是因为阳爻和阴爻都当位，开始的时候都吉祥，是因为六二得中位；最终产生混乱，是因为上六位于穷经境。这个卦象告诉我们的就是要居安思危，未雨绸缪，这样才能规避风险。

公元前 406 年，吴越之战，吴王阖闾兵败阵亡，两国因此结下了仇怨。两年之后，阖闾的儿子夫差为了替父报仇，率兵与越国开战，越王大败。

勾践的下属范蠡为其出谋划策，劝越王屈身为奴，委曲求全，以此来保全性命，以图日后东山再起。百般无奈之下，勾践采纳了他的建议。于是，范蠡陪同勾践一同到了吴国，在夫差手下为奴，夫差因此放松了警惕，没有杀掉勾践。三年之后，夫差心怀怜悯，把勾践放回国。回国后，范蠡与文种共同拟定了兴越灭吴的九条方略，史称“九术”。为了达到到灭吴的目的，范蠡亲自带人跋山涉水，不辞劳苦找到了才貌兼备的美女西施。他巧施“美人计”将西施送给吴王，西施在吴国里应外合，使吴王夫差减少了对越国的戒备。

与此同时，越王勾践卧薪尝胆，励精图治，使得越国重新振作起来。吴王夫差却对这一切毫无察觉，他听从小人的谗言，疏远贤臣，甚至不惜将贤良文臣统统杀掉。也就是在这时，勾践抓住了机会，一举打败了吴国。可以说，越王勾践的这次成功，大臣范蠡功不可没，然而，在越王召开庆功宴的时候，群臣中却少了范蠡，原来，他带着西施隐居江湖了。

范蠡临走之前，给越王的另一个大臣文种留下了一封信，信上说：“飞鸟被打完了以后，所有的弓箭都该收藏起来，无论它有多好。兔子被打完以后，就轮到了猎杀猎狗。越王这个人，你可以与他共患难，但却不能与他共安乐，你还是赶快离开吧。”

文种认为范蠡想的太多了，就没有听从他的建议离开，依旧留在越王身边。然而，就像范蠡猜测的那样，之后不久，越王就派人送给了文种一把剑，让他自杀。这时，文种才苦笑起来，并不是范蠡想多了，此时后悔自己没有听从范蠡的话也已经没用了，最终只能拔剑自刎。

与文种截然不同，范蠡离开越国后，来到齐国。他埋名隐姓，带着家人辛勤劳动，利用自己的智慧，经商致富，很快就闯出了自己的一片天地，甚至还被后世尊为我国“儒商”的鼻祖。

司马迁评价说：“范蠡三迁皆有荣名。”范蠡不为金钱、地位所累，在极盛时刻急流勇退，从而得以保全自己，反之，就是文种的结局。就好像南怀瑾先生说的，“激流勇退”不仅是一种处世之道，更是一种智慧，我们人人都应当明白这个道理。

# 以退为进，节食养性

当别人诽谤我的时候，与其和他辩驳，不如宽容他；别人欺负我时，与其防卫自己，不如化解冲突。

——南怀瑾

《伏羲易》这样解释颐卦：震下艮上，山下有雷之象。颐卦象征颐养，告诉我们的道理就是优化言谈，平衡饮食。一方面表达的意思是：纯正以养，由口腹之养，推及养身、养德与养人，不要因为急于改变而失去节制，为自己带来麻烦；另一方面又强调谨言慎行，修养身心。

**以退为进**

《彖》曰："遁亨，遁而亨也，刚当位而座，与时行也。遁卦之时义大哉。"这句话的意思是说，适时退避而顺畅的原因是有其位，适度退让有很大的意义。这与南怀瑾先生的思想是不谋而合的，南怀瑾先生也一直向学生强调"以退为进"的智慧。

有这样一个故事：一个年轻的小伙子喜欢上一个貌美的姑娘，于是对其展开猛烈的追求。但是，这个姑娘却对这个小伙子一直保持着若即若离的态度，并不过分热情，也不过分冷淡，导致这个年轻小伙子十分郁闷，痛苦万分。就这样，这种状态一直持续了几年，男孩终于决定放弃，离开这个地方，远赴他乡。可是，事情总是这样百转千回，不久之后，男孩在自己的家乡收到了姑娘的来信："你愿意和我共同组建一个幸福的家庭吗？我等你回来。"男孩受宠若惊，当即决定去寻找女孩，结果，很自然地，两人在一起了。在他们结婚当天，男孩问女孩，为什么知道他要放弃了，她才做出这样的决定。女孩告诉他："我很早就明白了你的心意，也萌生了想要和你永远在一起的念头，可是，你一直不停地表白让我感到很大的压力，也让我害怕，让我担心，我害怕你只是一时的热情，我担心自己无法承受。"

俗话说：忍一时山高水长，退一步海阔天空。事情有时其实就是这样简单，你愈执着，它愈是和你开玩笑，不管你怎么努力，好像总有一层捅不破的纸，放一放、松一松，反而能够达到目的。假如男孩当时没有那么一直步步紧逼，可能两人早就在一起了。

南怀瑾曾说过，水满则溢。为人处事要讲究艺术，学会以退为进，有时候更容易达到目标，当直走走不通的时候，适当停下来，甚至是后退两步，才会取得更好、更大的进步。以退为进，是大智慧和大容忍的统一，只有学会这样做，遇事才能审时度势，泰然处之。

**谦虚而好学，保持思想的饥饿**

希腊哲学家捷诺说："人的知识就像是一个圆圈，圆圈里面是你已经知道的知识，圆圈外面代表的是你的未知。你会发现圆圈越大的人就越会觉得自己的知识很不足。"对于我们普通人来说，应该保有一颗谦虚好学之心，放低姿态，知道自己的欠缺之处，只有这样，才能如海纳百川一般，将别人的智慧与知识纳入自己的头脑，才能让我们的生命更有深度。

唐代著名的大书法家柳公权，在少年时代因为字写得好，总是被人夸奖，于是就有些骄傲自满。一天，与几个朋友相聚时，他写下"会写飞凤家，敢在人前夸"几个大字，聚会上的所有人都纷纷夸奖、赞美他。这时，一个卖豆腐的过路人，好奇地看着柳公权挥笔写下的几个大字，看了半晌，皱眉说道："这字写得太无力，就像我的嫩豆腐一样，软绵绵的，没有一点筋骨。"柳公权一听，非常生气，不可一世地说道："你有本事，也写几个字，让我们见识一下。"

卖豆腐的人微微笑道："我只是个卖豆腐的粗人，根本不会写字，但是我知道有一个用脚写字的人，都比你写得好得多呢。你如果不信，就自己到城里去看看吧。"说完，卖豆腐的敲着梆子、挑着担子走了。柳公权听了半信半疑，当下立即进城，寻找那个用脚写字的人。

果然，在一棵大槐树下，他看见一个失去双臂的黑瘦老人，正赤着双脚，坐在地上，左脚压纸，右脚夹笔，抬笔挥洒自如地写着对联。老人的笔法十分娴熟流畅，字迹龙飞凤舞，异常洒脱。周围都是在观赏的群众，赞叹之声不绝于耳。看了老人写的字，柳公权顿觉惭愧万分，于是跪在老人的面前，诚恳地说："柳公权愿拜您为师，请您告诉弟子写字的秘诀。"

老人语重心长地说："我没有双手，一生穷困潦倒，只得靠双脚写字来生活，并没有什么秘诀。"柳公权苦苦相求，老人见他态度诚恳坚决，于是在地上铺了一张纸，用右脚写下了几个字："写尽八缸水，砚染池塘。博取百家长，始得龙凤字。"老人解释道："我用脚写字50多年了，磨墨练字用完八大缸水，每天写完字就在大池塘里洗砚，连池水都被染黑了。但是天外有天，人外有人，我写出的字也并非最好的，距离真正的高手还差得很远呢！"

听了老人的一席话，柳公权顿时恍然大悟，从此再也不敢骄傲自满，虚心地勤奋练字。他还经常拜访各地的书法名家，向不同的书法家虚心求教，并让陌生人指出自己书法中的缺点不足。功夫不负有心人，经过多年的苦练，柳公权终于成了一代书法大家。

物盛必衰，月满盈亏，这是《易经》之道，这也是天地之道，更是人成长之道。对于人来说，如果过于自满就会碰壁跌倒，所以南怀瑾先生总是讲道："君子做人不自大，有功不自傲。"这句话是说，谦虚好学是提高自身的基础，是增加生命厚度的必要条件。我们做人应该时刻不忘"谦虚"二字，知道自己在思想上、学识上有很大的欠缺，再通过不断的学习，这样人生自然就会丰富多彩。

# 心安，故理得

中国人的俗语，心安理得就是道。心安理得这个道的境界呢？心安理得了，一定会达到心平气和。心平气和是现象、是境界、是客尘；心安理得是道。”

——南怀瑾

《系辞上传》第二章中说道：“是故君子所居而安者，易之序也；所乐而玩者，爻之辞也；是故君子居则观其象而玩其辞，动则观其变而玩其占。”南怀瑾先生对这句话的解释是：所以君子平居之时，能心安理得，这是因为能理解《易经》的条理次序；君子所快乐而玩味的，是《易经》的文辞，所以君子平时就观察易象，而探索玩味它的文辞；一有行动，则观察《易经》的变化，玩味占筮的吉凶。简单地说，就是学习《易经》知识，并以此指导人生，才能“心安故理得”。

## 保持本心，勿忘心安

无妄卦，顾名思义，就是不胡乱地做事情，不产生虚幻的幻想。人生在世，就应该像这个卦象讲的那样，面对周围那些嘈杂的声音、卑劣的行为，应该予以摒弃，不幻想，不妄为，不让自己心灵中的净土蒙上尘土。对于君子来说，难道能因为周围有些小人在旁边叽叽喳喳，就不干自己的事了吗？一个真正能够成功的人，是不应该注意周围这些琐碎嘈杂的事情的，而是在自己的人生之路上昂首阔步，一往无前。

战国时期的屈原，看到朝中满是奸佞小人，看到君王的昏庸无道，于是他高呼“安能以皓皓之白，而蒙世之温蠖”，毅然在乌江自刎，以死表示自己不随波逐流的决心。他的死，名垂千古，他的精神永远为后世学习。北宋的苏轼，在几乎丧命的逆境中保持坚贞气节和独立人格，决不随波逐流；在为官上，苏轼坚持为官一地，造福一方，徐州防汛，杭州筑堤，兴修水利，架桥凿井，赈灾施药；在人生态度上，苏轼即使身处绝境时，也保持乐观豁达的心态和积极向上的追求。而东晋的陶渊明，辞官归于田园，追求自己心灵的宁静与自由，写下了“采菊东篱下，悠然见南山”等清新淡雅的诗句。坚守本心，一方面能造就正直的精神，不屈的傲骨，另一方面又能孕育平和的心态，淡泊的精神。人生在世，不免会受到纷繁复杂的社会的影响，在这种影响之下，一个人不应该随波逐流，不因外物的干扰而舍弃自己的本心。

在当今物欲横流的时代，人们都喜欢追求物质财富、功名利禄。身处这样的环境中，如果不能坚守自己的本心，总是受外界、社会风气的影响，那么人人都会融入到这种疯狂的追求中。如果人人如此，整个社会都处于病态中，这样的社会，又谈何和谐发展？因此，人人都应该做到像南怀瑾先生说的那样，坚守本心，让自己心安理得，让自己拥有宁静的心态，让自己拥有正直的精神，让自己保持高尚的情操，让自己走好人生的道路。

### 只要问心无愧，自有心安理得

武则天是怎样一步步从一个才人成为皇后，进而成为皇帝的，相信大家都知道这个故事。她在得不到唐太宗的宠爱之后，与太子李治建立了感情。唐太宗死后，她利用太子回到宫中，先是与王皇后合作除去了萧淑妃，又狠心利用自己亲生女儿的性命嫁祸王皇后，从而将王皇后的地位取而代之。她利用自己的权力，将王皇后和萧淑妃废为庶人，并加囚禁，并且将她们的父母、兄弟等削爵免官。最终，武则天利用计谋，一步步将朝廷之权转移到了自己手中，成为一代女皇。武则天为了自己能够上位，能够获得至高无上的权力，用尽各种阴辣狠毒的手段除去阻碍自己达到目的的人。后来她也的确是当上了全天下权势最大的人，在她看来，她成功了。但是，她的成功是建立在无数人的生命、鲜血之上的。试问，她的成功心安理得吗？答案必然是否定的，自是她有愧于心，才会因为害怕报复而命令皇宫不准养猫，因为被她扳倒的萧淑妃说过“武氏狐媚，翻覆至此！我后为猫，使武氏为鼠，吾当扼其喉以报！”因为她有愧于心，才会不断地在梦里遇到披头散发、鲜血淋漓的萧淑妃，才会不断地找法师、巫师作法消灾。

就像南怀瑾说的，不管你最终的目的是什么，不管你完成与否，都应该做到问心无愧，让自己心能安，否则，即使你成功了，你也不会有成功的喜悦，你所能感受的，更多地会是那些让你不能心安理得的事情，这些会始终折磨着你的内心，煎熬着你的内心。

无数犯罪嫌疑人被抓到，关进铁门的那一刻，面对镜头，都会苦心地一笑，因为这么多年潜逃在外，从来没有睡过一个安稳觉，总担惊受怕，每时每刻都活在恐惧之中，不敢像其他人一样出现在大众视野中。如今，终于不用东奔西跑了，终于能好好睡一觉了，终于能不再受良心的谴责了，身心才不再疲惫，他们的良心终于能在赎罪的岁月中得到一些宽慰。

这些犯罪的人可能会通过非法渠道获得大量的财产，可能会通过阴谋手段夺得权力地位，但是，相信他们都会受到良心的谴责，他们是不会有真正的幸福的，他们就好像在刀尖上生活。因此，只有自己问心无愧，才能感受到幸福，才能体悟到成功的喜悦。

有人曾说过：“只要你的身形是正的，不需要去要求影子直，身形自然都是直的。”就是说一个人不需要强求别人怎么看你，只要自己做得问心无愧，那别人看你自然是好的。一个人活在世上，为人处事的原则应该是：问心无愧，只有这样，才能心安理得地享受一切，无论你做什么事情都应对得起自己的良心。所以，我们在做每一件事情的时候都应三思而后行，多想想这样做的结果会是什么，那样，我们就会谨慎行事，择优而为之，避免掉进“后悔已晚矣”的懊悔之中。问心无愧是一种为人处事的原则，问心无愧是一种德性的修养，问心无愧更是对自己人生的一种负责。

# 第七章

## 南怀瑾谈生命真谛：

生死如旦暮，世人无可避

《易经》是我国最古老的一部哲学著作，也是一部凝结中华民族睿智卓识的优秀作品。它以“阳爻”和“阴爻”为基本符号，通过对卦象的解释，阐述事物生成变化的法则。《易经》中展现的生命智慧，不仅可以教人处世行事，学会正确协调各种关系，也可以让人明白生死福祸的变化，更懂得珍惜身边的幸福与快乐。南怀瑾先生认为，《易经》的智慧在于它是一门追问生命的学问，侧重于对生命价值的开拓，着重实现生命内在的超越，由个人到群体，再到家国天下，都寻求天人合一的至高境界。

# 乾道成男，坤道成女

不要把卦看得太严重，那只是一种符号。

——南怀瑾

谈到《易经》，一般人都会联想到“八卦”，而对八卦有些了解的人都知道，这是一门研究人文社会的学问。其实，这在无形之中把八卦简略化了，可以说，八卦里面的学问，放在人类研究的任何一个领域都是适用的。

南怀瑾先生认为，把八卦拿来讲为人处世之道的，有三个人。第一个是周文王，第二个是文王之子周公，第三个是孔子。自他们三人以后，八卦便被普遍认为是讲做人做事之理了。这其实并不是《易经》的本意，举个例子来说，“乾道成男，坤道成女，乾知大始，坤作成物”，这句话便是明明白白在讲生命的起源。

**乾坤两卦是宇宙物理的形成**

关于生命的来源，哲学上的名词把它叫做本体，宗教学家把它称为主宰、神、上帝、佛、道等，而《易经》把它叫做“乾”。就是说在没有天地，没有山川，没有男女——万物都没有以前，有个生成万物的“本体”，这个本体就叫做“乾卦”，后来万物生成，这一切的一切，天地、山川、男女，这些东西的总和就是“坤卦”。

南怀瑾先生说，卦象只是一个符号，不用将其看得太严重。在天、地这两个物象里，乾代表了天，坤代表了地；在男、女这两个物象里，乾又代表了男，坤又代表女，所以无需将卦象过于神秘化。而在“乾道成男，坤道成女”这句话里，乾坤二卦代表的物象便包含了许多中国古代医学的道理，其中，还有个为中医界津津乐道的典故。

东汉末年的华佗是中国人都熟知的“神医”，他与当时的董奉、张仲景并称为“建安三神医”。他一生钻研医术而不求仕途，医术非常全面，尤其擅长外科手术，后人常把他称做“外科圣手”“外科鼻祖”，在中医药与医术方面造诣极高。其中他的一次就诊经历至今仍是中医界的经典。

从前，有一个叫周寻的人来找华佗，华佗切脉问诊之后，得知他经常四肢酸痛，心情烦躁，面红身热，便对着症状给他开了一副药方，让他回去按时服药。周寻服了几天药果然情况大好，不料又过了几天，他妻子也出现了跟他一样的症状。周寻这次便没有再次拜访华佗，擅作主张地按自己的药方为妻子抓了药。谁知服了几天后，他妻子的病况竟然加重。无奈之下，周寻不得不带着妻子再次拜访华佗。华佗问清了情况，便为他妻子开了一副截然不同的药方，并叮嘱道：“你妻子只要按时服药方便可痊愈，但是，切记一点，一月之内，你二人不能同房，否则必然会害了你自己。”几天之后，周寻妻子的病况果然转好。当夜，周寻便忘记了华佗的警告，二人同房之后，周寻从此身体每况愈下，一年之后便呜呼哀哉了！

后来有人问华佗，华佗叹道：“之所以给他们两个开不同的药方，就是因为男性属阳，女性属阴。虽症状相同，药方却不相同。后来我要周寻禁房事，就是因为周寻尚未完全痊愈，患此病而阴阳相合，阳必受害！”以此类比，医学界的阴阳之理，就是卦象中的乾卦与坤卦的道理。

### 阴中有阳，阳中有阴

南怀瑾先生解释说，“乾道成男，坤道成女”这两句话后来被道家引释为：“男人全身都是阴性，只有一点是真阳；女人一身都是阳性，只有一点真阴。”这就是说阳中有阴，阴中有阳了。他还举例说，一个器宇轩昂的男人，很威武、高大，但往往有女人的情感和态度；看上去很温柔的女人，心理状态常常男性化。细细想一下，确实如此，越温柔的女生，下定决心做一件事之后，果断的力量往往比大部分的男性还要大，而很多刚强的男人却往往有女人的细腻。

项羽是中国历史上最著名的将领之一，一位以勇武闻名的军事家。“羽之神勇，千古无二”就是对他的至高评价！千百年来，项羽英勇神武的形象已经深深地印在百姓们的心中。

然而，就是这样一位堂堂的男子汉，在鸿门宴上却犹豫不决，面对范增的屡次劝告无动于衷，放走了刘邦，最终留下了千古余恨。垓下之战，在四面楚歌这样的关键时刻，项羽再一次显露了他犹豫不决的性格，徒留“骓不逝兮可奈何，虞兮虞兮奈若何”的遗憾与悲痛。相反，与英勇神武的项羽截然相反的一个人——虞姬，平日并不舞刀弄棒，只是跳舞作乐的温柔女子，在这关键时刻却做了一个果断得令人心惊的决定——自杀以激励霸王！虞姬做出这个决定之后，便毫不犹豫地拔剑自刎。二者在关键时刻做出的有违平时形象的举措，恰恰体现出“阴中有阳、阳中有阴”之理。

正如南怀瑾先生所分析的那样，大部分的女性天生比男性细腻、敏感，但关键时刻却能异常果断，很多情况下男性又往往更理性、更高明、更能顾全大局，只不过在某一点上却很容易犯糊涂。这只是从心理学上浅谈“阳中有阴，阴中有阳”的道理。所以《易经》说“乾道成男，坤道成女”，道家说“阳中有阴，阴中含阳”，并不是毫无道理的。而古人早早就强调阴阳协调、阴阳结合，这样看来，也算是古人的一种高明。

# 生者寄也，死者归也

明乎昼夜之道则知生死。

——南怀瑾

生与死是人生所必经的阶段，也是人们都很重视的问题。《易经》认为，人活着就像白天一样，是太阳出来了、天亮的时候；人死了就像太阳下山了一样，是天黑了。这与佛家的轮回之说有些相似，因为人死如天黑——天黑了第二天一早还是要亮的，但又不是完全对等。

南怀瑾先生说："生死之事自从有人类之日起，这个问题便即行存在。无论贫贱富贵，上自帝王将相，下至贩夫走卒，无人能脱离这一自然规律。在庄学中，生死如不能予以合理处理，则人人乐生恶死，急急于养形体之生，则我障难破，物我难泯，复如何同于大一？"

**生死只是一种物化**

庄子立足于宇宙看人生，把人的生命现象看成宇宙自然中的一种现象，生命中的生死之变也仅仅是一种物质之变。他认为，生命的形态自生至死，或者是由死复生，都只不过是形态的转化而已。这就好像活人的形体有健康的，也有残疾患病的一样，生死之变和形体之变类似。从根本上说，生和死之间没有区别，只有物质形态变化的区分。

庄子在《天道》篇说："其生也天行，其死也物化。"他进一步解释，道生成了宇宙万物，人类和动植物都是"道"的不同表现形态，人并没有什么特别之处。因为"道"创造了人的形体，人们喜欢自身的样子，对身体非常看重。但人的形体千变万化，每个人长得都不一样，根本没有穷尽，因此人的喜怒哀乐被这些变化牵引。正因为圣人明白人体只是“道”的物化，因此只要固守着“道”，短命也好，长寿也罢，生与死都遵循自然之变，遵循“道”的变化规则，这样就是至善的境界。

庄子曾说人死了不必下葬，只管抛尸荒野就好。有人对他说，抛尸荒野，豺狼秃鹰会吃掉尸体，对死者很不敬。但庄子说，把尸体埋到地底下，也是给虫子蚂蚁老鼠吃，那么让豺狼秃鹰吃了也是一样的。更何况人死后会发生物质变化，尸体烂在土壤里与吃进动物肚子里，也都没什么分别。

南怀瑾先生赞同庄子的观点，认为生死皆物化，究其根底是“道”的一种变化规则。生命本身源于气，而死亡之后不过是复归于气而已，因此，生死都只是变化的现象。生死变化的主体好像是生命体自身，可是从其本质来讲，却是“道”在化，是“气”在化。“道”一化而为人之生，再化而为人之死；气聚而为人之生，气散而为人之死。正所谓“已化而生，又化而死”。因此生死之变本质上是生命根源在变化，也就是构成生命的材料在变化，这是一种物质变化。

### 方生方死的变化

庄子认为，世间万物都在不断地出生成长，也在不断地死亡消失，这就是所谓的“方生方死”。南怀瑾先生的观点与庄子不谋而合，谈及死亡，他认为其实人时时刻刻都在死，因为每一刻身体上都有细胞死亡。不只是年年月月的衰老，而是每时、每刻、每秒都在衰老。也就是说，从人出生的那一刻，死亡便已经开始了，即生即死，随时都在生死。因此生和死只是相对的，有生必然有死，不过是早死晚死、部分死和全部死的区别而已。

正因为“生者寄也，死者归也”，当一个生命刚刚产生的时候，便意味着死亡的开始，那我们为何要喜欢“生”？当一个生命死亡的时候，他尸体的养分给了豺狼、秃鹰、蚂蚁或者土壤，那么另一个生命便开始了。

因此，生死是互相重叠交叉的两头，就好像说白昼是黑夜的开始，黑夜是白昼的开始一样，这是一种循环的逻辑关系。如果我们因为天亮能看见而黑夜看不见，从而就讨厌黑夜，那是没有道理的，因为没有黑夜的过去，就没有白天的来临。同样，没有种子的死亡，就没有新芽的萌发，生与死也正是这样的道理。

庄子的妻子死了，他的好朋友惠子前去吊唁，却看到庄子很洒脱、无拘束地坐在那里，一边敲着盆，一边唱着歌，这让惠子非常不解。于是，惠子走上前去，说道："你和妻子生活了一辈子，她为你生儿育女直至衰老，如今她死了，你不伤心哭泣也就罢了，竟然敲着盆子、唱着歌，这样难道不过分吗！"

庄子答道："并非如此。在她刚过世的时候，我也很悲伤。但是仔细一想，她原本是没生命的，而且也没有形体和气息，夹杂在恍惚的境域当中，变着变着就有了气，气再变化，之后便有了形体，而形体再变化成生命。她在人世间度过春夏秋冬，变化衰老直至死亡，又重新回到了空气当中。她如今已静静地安息了，或者在天地之间，或者在这个大房屋之中，自由自在，恢复到本我的状态。而我却围着她不断啼哭，在我看来，这是不通达天道啊。"

在庄子看来，生命的物质基础仅仅是一种气，人的形体生命是气凝聚的结果，人从气而来，又回归到气中去，这是一种变化，根本无须悲伤。生死是一个无限循环的过程，死不但是整个生命现象的终点，还是下一段生命形成的起点，生生死死，死死生生，两者一直处在相互转化之中。

# 刚柔者，昼夜之象

有了刚柔，就可以判断物质世界的一切变化。

——南怀瑾

《易经》说：“变化者，进退之象也。刚柔者，昼夜之象也。”古时的文字都很美，也都很简练，这两句话包含了两个观念一是进退的表象就是变化，二是万物的变化由刚柔相济引发。刚柔为昼夜之象，昼夜可代表阴阳，这句话的意思即刚柔就是阴阳的代表。事实上，南怀瑾先生说，动静是运动世界的阴阳——动为阳，静为阴；而刚柔则是物质世界的阴阳——刚为阳，柔为阴。对此南怀瑾先生还举了一个例子，将刚柔比做牙齿和嘴巴，牙齿是硬的为刚，嘴巴是软的为柔。刚柔相济，就是唇齿相依了。

## 刚柔相摩则万物生

南怀瑾先生说，所谓的刚柔相摩，八卦相荡，就是在我们现在居住的这个世界上，所有的东西都是由阴阳相互摩擦产生的，有了刚柔摩擦才有了万物。而中国学者的思想，无论是儒家还是道家，都对此表示肯定。因为无论是流传的“塞翁失马焉知非福”的故事，还是老子“福者祸之所倚，祸者福之所伏”的思想，都体现了“刚柔相摩”这句话。关于这一点，历史上还有个著名的小故事。

孔子是中华文化的代表，被我国封建社会尊为“圣人”，是当时社会上，也是中国到目前为止为数不多的博学之人。他以其博学的头脑、仁爱的思想而流芳千古，在思想开放的今天，他也是道德、知识界的一座丰碑。不仅如此，他的声名还远播海外，在国外掀起了一波“孔子热”，为中华文化的传播做出了巨大的贡献。

孔子的学生子路本来是一位鄙野粗人，被孔子劝说，最终成为孔子的弟子。他被孔子收为徒弟后，依然改不了他爽直率真的品格，经常批评孔子，孔子竟欣然接受。孔子周游列国时，有一次被困在一座山上，好几天没饭吃。孔子无奈之下，便每日派弟子出去找东西吃。子路因为脾气率直，常与一起出去的同伴闹别扭，结果每次子路都找不到食物。后来，孔子便让颜回与子路一块出去。他的弟子们很不解，便问孔子：“颜回是出了名的好脾气，你让他与子路一块出去，颜回肯定受欺负啊！”孔子回答说：“两个脾气直的人出去最后肯定会闹别扭，两个脾气好的人出去工作效率又太慢。只有刚柔之间有摩擦，才能既不闹别扭又能找到食物。”果然，那天晚上回来时，子路找的食物比以往都多。

孔子可以算得上是透彻理解“刚柔相摩”的含义了。对子路和颜回的了解，想必没有人能比得上他，而深入了解之后将他们合理地搭配在一块，这就需要对《易经》思想有深刻的理解。南怀瑾先生说，刚柔就像一架天秤一样，这一头重，那一头就高起来，那一头重，这一头就高起来，无法均衡。只有刚柔相互摩擦，才能均衡，才能使那架天秤保持不高也不低的状态。

### 刚柔相济则万物和

“刚柔相济则万物和”是说，世界上两种截然不同的东西，相互补充才能使事情恰到好处。例如，世间如果只有男人，那人类便不能延续，只有女人也是如此。

说起来，老子实在是刚柔相济的典范。据说老子还是位少年的时候，在太清宫南面有一座大山。有一天，不知从哪里来了一群野牛到了这座大山上。老子村庄里的人们谁也没有见过牛，只知道那是一群体格硕大、双脚朝前的怪物，在一个牛头领的带领下四处骚扰百姓，啃食百姓们的庄稼。百姓们对它们是又恨又怕，但又无可奈何。

一天，老子与一名本村的少年瞒着村里的大人去南山下割草。不一会儿，两人就将篮子都割满了，他们看天色尚早就在原地歇了一会，没想到却遇到了那头野牛，两个少年便想为百姓除去这个祸害。野牛见有人敢挑战它，也振作精神向他们两个奔来，老子趁野牛冲过头的时机，一回身便狠狠地在它屁股上划了一镰刀。野牛从未遇见过像老子这般敢于挑战自己的人，惊慌之下便选择了逃跑。两个血气方刚的少年岂能就此善罢甘休？野牛被追得急了，只能回身再次攻击他们。情急之下，另一位少年舍身抱住了牛的前蹄，眼看着野牛张口就要咬下去，老子拿起戴在手上的铁圈狠狠砸向野牛，没想到一下子插进了野牛的鼻子里。不料，这番无心之举却让野牛服软了。后来，老子时常给这头野牛送一些他割的青草，于是过了不久，这头野牛便率领自己的牛群归服了村民。

老子对野牛既用刚强的手段去征服，也使用柔术使它归顺。如此可见，他少年时就懂得了“刚柔相济”的思想。

如果把刚柔相济的时刻当成一切都均衡的完美时候，那么这种完美在这个世界上是很少出现的。南怀瑾先生把这比喻成打坐修道，他说修道为何要打坐呢？如果真的修了道，得到了心里均衡，那为什么要闭上眼睛、盘起两条腿来装模作样呢？可见世人几乎没有得“道”的。真正得“道”的时刻，就是刚柔相济的时刻。

# 安心不易，安身更难

安心不易，安身亦难，安生活更难。

——南怀瑾

我们学习《易经》为了什么？为了探究宇宙的起源，探究世界的奥秘？这是科学的范畴。为了了解自己，了解人生？这就属于人生哲学的范畴了。正所谓“安心不易，安身亦难，安生活更难”，万事万物都是随时在变的，但却不是乱变。无论是做事业也好，还是做别的也罢，第一要知道自己怎么改，第二要知道已经变到什么程度。

南怀瑾先生说：“一个君子所处的日常生活，君子的人生，能够得到安心的，亦即佛教禅宗常说到的安心。”如此可见，安心是很难的。而真正的安心，不必要求什么，就非常满足。换句话说，无欲无求，才是真正的安心。

**安身源于安心**

南怀瑾先生认为，安身源于安心。一个人要想获得些许成就，都必须做到一心不乱才可以。即使像世间的各种学问技艺，一样讲求聚精会神，心无旁骛，否则便很难有所成就。

有这样一个小笑话，一位老太太在家中诵经念佛，嘴里阿弥陀佛的念个不停。可是她的儿子在一旁看电视，她感觉烦躁，便斥责儿子，屋外有孩童玩耍嬉闹，她也觉得心烦意乱。老太太一心求佛，因此非常烦恼，想要去安静的寺庙里念佛。她去寺庙中询问老禅师，是否可以住进庙里念佛，老禅师回答她，施主若一心不乱，在哪里念佛都是一样的。佛家一切皆空，红尘也好，喧嚣也罢，万事万物皆虚无，关键要看你的心。

老太太顿时领悟了这个道理，回家后专心念佛，尽力做到一心不乱，不被其他事情干扰，果然可以做到聚精会神，渐渐地平心静气，即便旁边人说话嬉闹，她也不受干扰影响。

在南怀瑾先生看来，“心”有时代表圆满无缺的真知，一心包括所有法界，一念涵盖整个宇宙。所以，真正的一心不乱，不仅是心情平静，更是一心法界。正如佛家常说的:“心即是佛，佛即是心。”《华严经》也说:“心、佛、众生，三者没有差别。”领悟了这样的深刻含义，就能排除干扰，专心一意，做到真正的一心不乱。

安身源于安心，无论做什么事情，只有专心投入，才能不受诱惑干扰，将全部时间和精力投入其中，专心致志，聚精会神，不断取得进步，也就容易在某一领域获得成功。

### 把握规律才能安身

安身、安心如此之难，那么有没有能够达到它的途径呢？答案是肯定的。孔子认为，一个人平常所居想要安心，只需真正读懂《易经》，明白《易经》中所讲的万物变化的规律这样就足够了。

正如南怀瑾先生所言:“依照《易经》的法则，宇宙万事万物随时在变，但不是乱变，也没有办法乱变，是循一定的次序在变。”如果能够弄懂变的次序，那就真的可以预见未来，也许就真的会安贫乐道度光阴了。

说起安贫乐道，庄子实在是这方面的典范。相传庄子在涡水边垂钓时，楚王派了两位官员来请他去楚国做官。那两位官员对庄子说:“我们楚王久闻先生贤名，想要把国家大事交托给您，望先生能够出山，上可以为君王分忧，下可以为百姓谋福。”庄子拿着钓竿，淡然答道:“我听说楚王有只神龟，已经活了三千多岁，楚王杀了它，把它装在最珍贵的箱子里，用最锦绣的绸缎盖在它身上，把它供奉在庙堂之上。那么我想请问二位大人，这个龟是想死后待在这么尊贵的地方呢？还是想活着待在脏兮兮的泥水中潜行呢？”两个官员异口同声回答道：“那当然是愿意活着在泥水中潜行了！”庄子听后一笑说：“如此，便请两位大人回去吧，比起做官我也更愿意在这脏兮兮的泥水中潜行。”

这就是庄子的智慧，如他所言：“树不成材，可以免祸，人不成才，方可保身。”由此可见，庄子已经深谙自然规律，因此才无论如何也不出仕，以此来保全自身。

所以说，欲安生活，必先安身，欲安身，必先安心，而欲安心，则必先把握规律。这样说来，如果能够读懂《易经》，那确实离安心、安身、安生活就不远了！

# 必变：万物生灵不变之规律

宇宙万物，没有一样是不变的。

——南怀瑾

《易经》有三大原则：变易、简易、不易，其中第一个就是变易。所谓变易，关键在于一个变字。南怀瑾先生说："万事万物，随时随地，都在变中，非变不可，没有不变的事物。"为此，他还举例说；"有如气象局报时台，现在报的是下午三时二十五分，下一句就是二十五分十秒，这是一定要变的。"

于人而言，最愚蠢的想法莫过于希望自己一辈子不变，这是不可能的，也是极其无聊的。人类最高等的智慧就是懂得世界时时在变，通过变化夹经历吉凶，学会成长，并且通过不断调整自身来适应变化。

## 非变不可是原则

古人曾说"不学易者不能为将相"，这是因为懂得了《易经》，就知道了变有一个秩序，有一个确定的原则。诚如南怀瑾先生所言，把《易经》变化的程序搞通了，整个变化的大法则就通了。

相传，在秦国，有一个非常擅长相马的人，名字叫孙阳。这一天，孙阳外出打猎的路上遇见一匹拖着车的老马向他迎面走来，起初孙阳没有在意，可是这匹马却在他的面前停了下来，并且叫个不停。孙阳觉得奇怪，便走过去仔细打量了一番，才断定原来这居然是一匹千里马，只不过年龄大了些。

这匹老马眼睛专注地看着孙阳，眼神里充满了期待与无奈。孙阳本就是爱马之人，神思相通之下便也替这匹马感到委屈。本来该是一匹可以驰骋战场的宝马良驹，却因为没有遇见识马之人只能默默无闻地拖一辈子车，平白消耗着它的体力，也磨灭了它的锐气，这番大材小用实在是令人可惜！

这件事对孙阳感触颇深，为了让这些千里马不被埋没，他倾尽自己平生的知识与经验写成一本书——《相马经》。这本书详细记载和介绍了千里马的种种特征，并且还配有各种马类的形态图，目的就是为了使真正的千里马能够被发现，也为了自己的一身相马术可以流传后世。

孙阳的儿子看了父亲写的《相马经》后心想：相马原来这么容易，我一定要相一个千里马给父亲看。于是，他就拿着这本相马经四处寻找千里马。他按照书中所画的图形去寻找，发现没有完全一样的，就又按照书中所描述的特征去找，终于在野外找到了完全符合书中特征的。但当他颇为炫耀地把这个东西带回家给他父亲看时，他的父亲孙阳却气得险些一命呜呼。原来，儿子费尽千辛万苦，按图索骥而来的居然是只癞蛤蟆。

这个故事讽刺的就是那些不知变通、一味因循守旧之人。孙阳的儿子只知道照着父亲的描述去寻千里马，却不知千里马为何物，最终居然找了只癞蛤蟆，简直是滑天下之大稽。这样看来，非变不可果然是一种非学不可的原则，若是不知变通，那就要像孙阳的儿子一样闹笑话了。

### 变化产生吉凶

和什么样的人在一起，决定了有什么样的结果。德国行为学家海因罗特在实验中发现一个有趣的现象：刚刚破壳而出的小鹅，本能地跟随在它第一眼看到的自己的母亲后面，但如果它第一眼看到的不是自己的母亲，而是其他的活动物体，它也会自动跟随它。尤为重要的是，一旦形成了对某一物体的固定跟随，它就不可能再跟随其他物体了。这种反应是不可逆的，后来被另一位德国行为学家洛伦兹命名为“印刻效应”。在日常交友当中，虽然也有这样的“印刻效应”，但是我们可以通过努力产生变化，改变吉凶。

古代有一对邻居，一穷一富，穷人的儿子勤奋好学，富人的儿子不务正业，但两家关系很好，两家的儿子经常在一起玩耍。穷人的儿子劝说富人的儿子，让他勤奋努力，但富人的儿子并不接受建议。每隔几年，官府要征召年轻人服徭役，富人临死前留了一笔钱，想花钱让儿子免去服役，但儿子游手好闲，把这笔钱花光了。等到征召徭役的时候，穷人的儿子已经考过科举，做了一个县令，不需要去服役，而富人的儿子手里没钱，无法免役，最终只能去服役。

服役的时候，富人儿子想起他的朋友，觉得非常羞愧，决定痛改前非，重新做人。他发挥自己的聪明才智，努力工作，很快就完成了徭役的任务。他的县令朋友见他变得勤奋了，而且非常能干，因此就招募他做了一个小吏，协助县令治理地方。他做得有声有色，得了贤能之名，颇受上司的赏识。

这个故事说明即便是朋友，有时也不定是同一类的性情，变化是一种必然的现象，而不同人的改变能够演变出不同的吉凶状态。《易经》解释吉凶生矣，即为“在天成象，在地成形，变化见矣”。对于勤奋进取的人来说，命运掌握在自己手里，可以趋吉避凶，以努力和变化来改变原本的命运；反之，那变化产生的便不是吉而是凶了。

南怀瑾先生说，《易经》中的变，就跟佛教里的无常相似。比如看到一座房子建了起来，他们就会联想到这房子将来倒塌时候的样子；看到人出生，就会联想到这人将来也一定会病、会变老、会死。但他们仅仅只是有感于这种现象，所以起名叫“无常”，但我们中国人不仅看到现象，还分析了其中的道理，于是用一个字将它概括了，这个字就是“变”。

# 原始反终，故知生死之说

人没有生死，只是换个身体。

——南怀瑾

《易经》说:“仰以观于天文，俯以察于地理……原始反终，故知死生之说。”意思就是上看天文，下察地理，经过很多分析之后才能知道，原始反终，就是对生死的最后解答。原始反终，就是从终点又回到了原点，所以《易经》里认为的生死之说是:从哪里来的，就还要回哪里去。正所谓“生者寄也，死者归也”，故而南怀瑾先生也悟出了“人无生死之分，只不过是换个身体罢了”的道理。

## 生死随缘，诸事看淡

南怀瑾先生曾说:“万事随缘无挂碍。”这既是参禅，亦是生死之道。在中国文化史上，有关老子的死素来是个谜，甚至有传说认为老子是永远不会死的。

那么如今，我们便来听一听老子死了之后发生的故事。据说，老子死后，他的朋友秦失来吊丧。一般来讲，看到朋友的尸体，至少要掉几颗眼泪，可是秦失却并非如此，见到老子的尸体，他大叫三声之后，便离开了。

老子的学生见到这种场景，便说道:“这个家伙不是我们老师的好朋友，他今天来这，似哭非哭，似笑非笑，分明是来讽刺的嘛。”秦失听到老子的学生这么说，便答道:“我是你们老师的好朋友呦。”老子的学生反问道:“老师死了你来吊丧，可你既不行礼，也不掉泪，只是大叫三声，难道可以吗?”

秦失说:“当然可以，而且这是最高的礼貌。起初我对你们的老师非常敬佩，认为他是一个很了不起的人，直到我从很远的地方跑来吊丧的时候，见到那些年纪大的人哭得很伤心，好像自己死了儿子一样，又见到那些年轻人来吊丧，哭得好像自己死了妈妈一样。为什么他们见到老子死了哭得那么伤心呢?这是一种真情的流露，动了真情，说不出话来，是没有言语能形容的，只有哭能表达那份情感，这是人的情感。但是你们的老师老子，他是教人能超越世俗感情，超越物理环境之外，达到超神入化的人，七情六欲已经不动心了。”

一个人活在这个世界上，是顺着生命叩拜自然之势来的;年龄大了，到了要死的时候，也是顺着自然之势去的，所以一切都要顺其自然，这样，就不会被后天的情感所困扰了。

人的情感自然有喜怒哀乐，可是非得哭得要唱起歌来，大声把喉咙哭哑了才算伤心吗，这种情感已经是做假了，并非真感情，这是违反天然的，已经忘记了生命的本原。所谓“生者寄也，死者归也”，有活着的生命，自然就有归宿的一天，这是一种必然规律。万事随缘，才能无所挂碍。

### 生死浮沉寻常事

都说浮生如梦，梦乃幻，幻即为空，既然一切为空，那又何须执迷?人活着就仅仅是活着罢了，得到的多少又有何意义?只要让生命发挥出应有的色彩就好，名与利本不该追逐。世界上有很多事不是想控制就控制得了的，人生在世也有很多事是无法预料的，所谓:“我明智巧，不使智巧，浑浊若愚，岂不更智?”虽然这样的境界不是每个人都能参透，可却是每个人都应该去追求的。生死浮沉本就是再寻常不过的事情，生有何欢，死有何哀?

贞观二十三年，病重的唐太宗下了一道圣旨：“贬同中书门下三品李勣为叠州都督，即刻上任。”面对这意外变故，李勣淡然而又平静地接受了诏书。手下人为他鸣不平，他摆了摆手说：“圣上的旨意，岂能讨价还价？”说完，骑上马就上路了，甚至连家里人都没告诉一声。

李勣已然看淡生死浮沉，于他而言何必计较那么多，天恩难测，圣意是常人无法左右的，既然不能改变，为何不坦然接受，结果已然这样，难道还能再坏？在李勣心里，无论在哪里，他的追求和信念是不会改变的，人生有起有伏，拥有一种平和的心态是至关重要的。曾国藩说：“未来不迎，当下不杂，既往不恋。”其中说的便是一种归零心态。在这个世界上，一个人建立功业易，放弃功名难，李勣的了不起在于他看淡名利。所谓的生死浮沉寻常事也许说的就是这样，可以在有生之年真正做到乐生，做到顺应，做到当下的快乐吧。

人生自古谁无死，生死，是每一个人都要面对的人生课题。恰如庄子所说：“古之真人不悦生也不畏死。”庄子不觉得生命在拥有的时候有多么可喜，他也不觉得死亡来临的时候有多么可怕，在他眼里真正的君子对生死的态度从来是不刻意的，不追问自己从哪里来，也不担忧自己往哪里去，生和死只不过是一个形态的变化。

南怀瑾先生说：“人类是很可怜的，人生下来，读书求学，学问到了最高处，根据现代医学的研究，人的脑力、思想的功能，最发达的时候在五六十岁，真正成熟，可是成熟了也快完了，就像苹果一样，快要落地了。”今天的人也许因为拥有太多的富足，在抉择的迷惑中会不堪重负，也就是说，有时候抉择越多，人生之累也就越多。如果能像庄子他们一样，达到那样的境界，大概世人也就都可以成为圣人了。

# 同声相应，同气相求

性格相近的人会越走越近，品行不同之人则渐行渐远。

——南怀瑾

《易经》有云：“同声相应，同气相求，水流湿，火就燥，云从龙，风从虎。”南怀瑾先生在解释这句话时首先告诉我们说，古人的文章，文字往往很美，但很多时候我们只看到了文章的文字美而看不到其中包含的思想，这就又不好了。

## 物以类聚，人以群分

南怀瑾先生在《易经杂说》中解释“方以类聚”，“方”的古字形就像一只猴子蹲着，所以有人说，将猴子一只只地聚在一起，就是方以类聚。也有认为“方”就是“位”，意思是空间和方位。在每一个空间中的人和物，都有独特的情绪和个性，按照空间分类聚在一起。就好比说高山上和陆地相同温度的地方都种同一种蔬菜，种出来的蔬菜外形尽管相似，但是吃到嘴里的感觉还是大不相同，这就是方以类聚的道理。

《战国策·齐策三》中记载，齐宣王用高官厚禄招揽贤能之士，齐国有一著名学者叫淳于，他在一天之内举荐了七位贤士。齐宣王大感疑惑，问他去哪里找到这么多贤能之才。淳于说道：“他们都是我的朋友，因为天下同类的事物总要相聚在一起。我既然算得上是贤才，那么我举荐的朋友也都是贤士，就如同黄河里取水、燧石中取火一样容易。”

齐宣王听了十分高兴，给淳于双倍的赏金，连同他举荐的贤能朋友一起封赏封官。有一个喜欢吹嘘拍马的官吏知道此事后，找到他的狐朋狗友，说只要向齐宣王举荐，大家都能封赏得官。于是，这人也一天举荐了七个朋友。齐宣王说道：“你自己就不是贤者，你举荐的这些人都是你的朋友，正所谓物以类聚，可见他们也不是贤士。”不但没给他们高官奖赏，而且还重重惩罚了他们。

这个故事就是方以类聚产生吉凶的反映，与淳于在一起的贤士朋友，因物以类聚得高官，而另外一伙人则被齐宣王惩罚。因此，喜欢与什么样的人相处，就是吉凶的反映。一个人愿意与游手好闲的人来往，自然是一种凶兆；而愿意跟勤奋好学的人在一起，当然是一种吉兆。

**同声相应，同气相求**

对于同声同气这四个字，南怀瑾先生解释说，人具有社会性和群体性，每个人都倾向于遵从他的同类，志趣相同的人自然很容易聚集在一起。正像《易经》中所说的：“同声相应，同气相求。水流湿，火就燥，云从龙，风从虎。”人的一生可能经历很多事，遇见很多人，但最后的结果如何，就要看他所“从”的了。

我国古代有“孟母三迁”的故事，孟子小时候家住在闹市中，周围有很多手艺人，孟子止不住好奇心，每天跑去看艺人做手艺，荒废了学习。孟子的母亲见状，就决定搬家离开闹市。当新家搬到郊区，附近住着杀猪的屠户，孟子又感觉好奇，每天跑去看杀猪，孟母又开始搬家，直到搬了三次家，最后让孟子住到学馆的旁边，这时孟子才开始专心读书，每天去学馆中听老儒讲学，不断跟学生们切磋学习，后来成为一位大思想家、大儒者。

中国有句古话：“近朱者赤，近墨者黑。”孔子曾说：“居必择邻，游必就士。”意思是指周围的环境对人的影响很大。美国也有一句谚语：和傻瓜生活，整天吃吃喝喝；和智者生活，时时勤于思考。说的都是同一个道理，经常和什么样的人在一起，经常身处什么样的环境中，就能决定有什么样的结果。

三国时期有一个著名的割席断交的故事。管宁和华歆年轻的时候是关系不错的朋友，他们两人经常一起吃饭读书，相处得十分和谐。有一天，两人一块儿去菜地里锄草。管宁一锄头下去，只听“当”一声，碰到了一块硬东西。管宁感觉奇怪，用锄头把一大片泥土翻了过来。只见黑黝黝的泥土中，有一个黄澄澄的东西闪着亮光。管宁仔细一看，原来是一块黄金，他自言自语地说：“我以为是什么东西呢，原来是锭金子。”然后，他不再理会金子，继续锄草。

不远处的华歆听到有金子，赶紧丢下锄头奔了过来，拾起金块捧在手里仔细端详。管宁见华歆贪恋金子，他一边挥着手里的锄头干活，一边对华歆说：“钱财应该靠自己的辛勤劳动获得，一个有德行的人不能贪图不劳而获的财物。”

华歆听了，嘴里说：“这个道理我懂。”手里却还捧着金子，怎么也舍不得放下。后来，他被管宁盯得不好意思，才不情愿地放下金子去干活。可是他心里还在惦记着，干活也没有劲头，还不住地转头看金子。

两人干完活，坐在一张席子上读书，忽然墙外传来一片沸腾的鼓乐之声，还有鸣锣开道的吆喝声。于是华歆起身，走到门外去看究竟发生了什么事，而管宁却不为所动，继续读他的书。

原来一位达官显贵乘车从这里经过，马车装饰得异常华丽，一大队随从佩戴着武器，前呼后拥地跟着车子。华歆完全被这种声势和豪华的排场吸引住，干脆连书也不读了，急匆匆地跑到街上去，跟着人群尾随车队细看。

管宁对华歆十分失望，等他回来以后，管宁就拿刀子把席子从中间割成两半，说道：“我们两人的志向和兴趣太不一样，从今以后，我们再也不是朋友了。”

这个故事说明，志不同道不合的人，便难以成为真正的朋友。两人如果不是“同声同气”之人，又怎么能够“相应”呢？管宁正是看到了这一点，才果断割席，跟华歆断绝了友人的关系。

# 从蒙到师，人类世界的第一次大动乱

中国的古人们不是没有哲学，而是太高明了，外国人看不懂而已。

——南怀瑾

《易经》中有这样一句话："物生必蒙，故受之以蒙，蒙者蒙也，物之稚也。"对于这句话，南怀瑾先生解释道："既然有了万物，像屯字形象一样，草根露头，露了头就一定开始发蒙了。而蒙是什么？所谓'蒙者蒙也'，上面的蒙字是卦名，下面的蒙字是解释，是说万物刚刚发芽，还在幼稚的阶段。"

南怀瑾先生告诉我们，《易经》不单是一门关于人文社会的学问，它包含的领域是十分广阔的。在《易经》是怎样解释关于世界起源这个问题上，南怀瑾先生很是认同孔子在解读《易经》时关于这一点的一句话，那就是："有天地，然后万物生焉。"

## 有生命便有生活，这是自然规律

从八卦的角度来看，"有天地，然后万物生焉"，这讲的是乾坤两卦。乾坤两卦之后便是屯卦，南怀瑾先生说："屯字是象形，是草下面生了根，上面刚刚出头，萌芽的现象，表示万物开始生长。"屯卦下面就是蒙卦，蒙是什么意思呢？古人解释：蒙者蒙也。这在现代人看起来等于没解释，但是古人是专门研究文字的，这样的解释他们能懂。所谓"蒙"，就是发蒙、发芽的意思，表示万物还处在幼稚的阶段。蒙下面是需卦——处于幼稚阶段的万物需要养育，养育就是需卦的含义了。

“物稚不可不养也”，就像现在的小孩子在身体发育的阶段最需要营养，万物处于幼稚的阶段也需要养育。而养育最需要什么？那就是吃饱。在这一点上，所有的生物都是如此，蚂蚁需要吃饱，狗也需要吃饱，这就是生活。

晋朝是中国历史上最为混乱的时代之一，历史学家把“两晋南北朝”归为混乱期，可见这个名义上“大一统”的王朝并非是稳定统一的王朝。而晋朝时期百姓的生活也是水深火热，天灾人祸连年不断，最重要的是晋朝的皇帝大都昏庸，其中最著名的，当属晋惠帝司马衷了。

晋惠帝当政时期，由于连年的战乱与天灾，许多百姓没有饭吃而活活饿死，有的树皮野草吃完了就吃土，许多百姓因为吃土腹胀而死，可谓是民不聊生。许多大臣不忍心看到这一幕，便把情况报告给了当时的皇帝晋惠帝。晋惠帝听完之后，认真思考了一会回答说：“那些百姓既然没饭吃，为什么不用碎肉煮粥来吃呢？”一个管理天下百姓的皇帝竟然昏庸到如此地步，当时百姓的生活可见一斑。他的这句话也成为了被后世耻笑的千古名言。不久，晋朝便发生了“八王之乱”与“五胡乱华”。

纵看历史上那些朝代，哪个不是因为“百姓没饭吃”这最简单的理由而覆灭的！有了生命便需要生活，要过生活便首先要吃饱，如果那些统治者能懂得这个最简单的道理，恐怕也不会覆亡如此之快吧！

### 自私是人的本性

《序卦》中说：“饮食必有讼，故受之以讼。”那么其中的“讼”指的是什么呢？对此，南怀瑾先生认为：“生活第一件要饮食，我要吃，你要吃，他也要吃，今天吃了又怕明天挨饿，希望你少吃点，我带回去留着明天吃。”这样自私就出来了，有自私就有争斗，这就是“讼”。

由此可见，自私是人的本性。南怀瑾先生并不是在说“性善论”还是“性恶论”，他只是举了最简单的例子，告诉我们自私的心是从何来的。

自私本就是人类社会的产物，无人可以避免，世界上不可能有完全无私之人。但万事万物都有度，如果没有把握好自私的度，一味地只考虑自己，那就是真的“自私”了，这样的自私终究害人害己。

越南战争结束后，一个美国士兵回到了自己的国家。这天夜里，他思索了半天之后决定给家里打一个电话。电话接通后，他对自己的父母说道：“爸爸妈妈，我要回家了，但是我需要你们的帮忙，因为我想带个朋友回家，让他跟我们住在一起。”他的父母觉得这没什么关系，便一口答应了。士兵继续说道：“有件事我要先告诉你们，他在战争中因为踩到地雷失去了一条胳膊和一条腿。”听到这里，电话另一头沉默了。

“孩子，我想我们可以找一个更适合他的地方。”片刻之后他的父母说道。士兵听到父母的拒绝，眼神里渐渐染上了绝望，可他还是开口做了最后一次请求：“爸爸妈妈，我想跟他住在一起。”面对儿子的坚持，父母有些无奈地说：“孩子，他会给我们带来无尽的麻烦，会拖累我们的生活，听话，爸爸妈妈不会害你，你自己回来吧……”话还没说完，士兵便挂断了电话。

几天后，这对父母没有等到回家的儿子，却接到了来自警察局的电话。警察告诉他们，他们的儿子跳楼自杀了。伤心欲绝之下，他们却怎么都想不明白儿子为什么自杀。等他们带着疑问来到停尸房时，终于得到了答案，原来，儿子口中那个失去了一只胳膊和一只腿的朋友就是他自己。

故事的悲剧来自于这对父母的自私，谁又能想到这位美国士兵会用这样的方法试探父母对自己身体残疾的看法？若是那对父母知道残疾的是自己的儿子，想来是无论如何都不会把他当做拖累的，可他们却还是因为自私的念头失去了儿子。

自私确实是人与生俱来的品性，但生活在这个社会中，就需要学会克制自己的欲望，克制自己的自私心理，如果每个人都一心满足自己的欲望，不去考虑别人的想法，那这个世界离下一次“大动乱”恐怕也不远了，所谓的“从蒙到师”说的便是这个道理。

# 繁荣景象，在乎比泰之间

利益相同者，其观点往往一致。

——南怀瑾

南怀瑾先生说，《易经》说到“师卦”时就说到了群众，而“师卦”之后便是“比卦”，“比”在中国是个象形字，好像一个人在前走，一个人在后跟。假如两个人走的是相反的方向，那就是北了。北，就是背，即是相背离的意思。同理可知，“比”就是联合在一起的意思。而人联合在一起，派系就来了，意见也就来了。

## 好坏之分，因人而变

有了派系之后便有了意见的分歧，利益的纠纷，南怀瑾先生认为这种纠纷并没有错。有私心是人之天性，但大的私心就变成公了。一个人生活在一个团体里，大家同心同德，一起努力使自己的团体强大，那么这个使自己团体强大的“私心”就是公心了。南怀瑾先生认为，人有了这种大的“私心”，那么大家在一起生活就会有富余、积蓄了，就会为以后做储蓄了，这就大致相当于今天的保险制度。

其实这个制度真正的起源是海盗。海盗抢劫以后，就会把一部分财物存起来，以后如果有伙伴被打死了，就把这笔钱作为其家属的生活费，这便是最早的保险制度了。发展到今天，这个制度已经成为全社会公认的好制度。由此可见，正如南怀瑾先生所说：“一些东西，有时是坏的却生起来了好的结果，有时是好的也会生起坏的结果。”

中国的战国时期是一个人才辈出的年代，在那个兵荒马乱的时候，军事家仿佛更为惹人注目。而在战国时期众多的军事家中，孙膑又是其中非常杰出的一位。他在孙武的《孙子兵法》之后又著有《孙膑兵法》，这两部兵法书共同奠定了中国军事的基本思想。

孙膑年轻时曾与庞涓为同窗，二人一同受教于鬼谷子。后来，庞涓在魏国做了官，他知道自己的才能比不上孙膑，就派人把孙膑骗到魏国，严加看管。又向魏王进谗言，砍掉了孙膑的两只脚。齐国的使者出使魏国时，觉得孙膑不同凡响，便偷偷将他载回了齐国。没了双脚的孙膑不能做其他事，从此便更加认真地研究兵法。几年后，魏国攻打赵国，他便向齐王献出了那条有名的计策：围魏救赵，袭击魏国首都大梁。经此一战，魏国大伤元气，从此再也无力争夺霸主地位了。

由此可见，好坏是因人而变的，世间万事本来就是没有定数的，那些好坏往往都是人根据自己的思想强行分出来的。试想，若是孙膑被砍掉双脚以后整日以泪洗面、自暴自弃，那历史上又怎么会有那个谈笑风生、料敌于先的孙膑形象呢？若人人都将挫折视为坏事，那么屈原不会再写《离骚》，左丘明不会再著《国语》，司马迁也不会再有《史记》问世。所以说，事无好坏，全凭人之心。

### 无规矩，不成方圆

孔子认为，富余、积蓄到了一定的程度后，人类就真的富庶起来了。但这个富庶需要礼的节制，古语云：“仓禀实则知礼节，衣食足则知荣辱”就是这个意思。因为人有私心，这种私心只靠自觉压制不了，压制不了就会产生动乱，怎样避免这种动乱，使天下都太平，人民都平安，大家都过得舒服，从而达到一种“泰”的地步呢？答案就是用“礼”。所谓的“礼”，就是今天我们所说的秩序。“国有国法，家有家规”，一个没有秩序维持的社会简直无法想象。

包拯是中国家喻户晓的清官，他的名字在今天几乎已经成了铁面无私的代名词。他虽有情感，但总是将自己的情感放在法律之后，最著名的就是包公斩侄子的故事了。

包拯在做庐州知县时，一个老大娘前来报案，说包勉强奸了她的儿媳妇，打死了他的儿子，摔死了他的孙子。接到报案的包拯大吃一惊，为什么呢？因为这位包勉正是他哥哥的儿子！包拯幼年丧父，由兄嫂抚养长大，与兄嫂情同父母。而这位包勉与他年纪相仿，两人名义上为叔侄，但其实情同亲兄弟。现在包勉犯了罪，自己真的能忍心杀掉他吗？杀掉他又怎么跟自己的长嫂交代呢？包拯连忙派人去查证，结果官差回来后禀报说此案真是包勉所为，包拯当即下令抓捕包勉。

被法律和情义折磨了一天的包拯心力憔悴地回到家中，看见妻子手中拿着一个拨浪鼓，问他要不要扔。包拯瞬间想起来儿时的事情：自己与小包勉抢这个拨浪鼓玩，小包勉不给，长嫂便从他手中夺了来给自己玩，为此还划破了包勉的手指。这些记忆一下涌上心头，包拯怎么也不能忘却兄嫂的深情厚意。

第二天包拯升堂后，问清楚了事情的来龙去脉，便命人将包勉推向断头台。看到包勉的人头落地后，包拯放声大哭，心也碎了一地，对妻子说以后要待嫂嫂如母亲一般。后来有人问他，既然如此伤心，那为何还要斩包勉。包拯答道："国有国法，家有家规，我不能因我一人之私而毁国家之法啊！"

后世传颂包拯，也正是因为他这样的铁面无私。或许每个朝代的法律会有所不同，但无论哪种法律，只要每个人都尽力去遵守它，世界就会规矩得多。

南怀瑾先说："以法律哲学来看，所有的法律都是对的吗？不一定。"因时间空间的不同，法律的道理就是相对的。在一个时间空间是最好的真理，拿到另外一个社会或时代，也许就会变成很坏的事了——罗马帝国时期的法律放在今天的中国就行不通。那为什么大家还都认为法律是一件很好的事呢？很简单，无规矩不成方圆，没有法律的世界不可想象。

诚如南怀瑾先生所言，如果统治者能做到在每一情形下，都有一条路让大家好走，有一个秩序好遵守实行，那么我们距离“泰”的地步也就不远了。

# 由复到离，人生的兴衰往返

最好的时候就是坏的开始。

——南怀瑾

《易经》的大体思想，就是一切事物都在循环往复，但在循环往复之间又有所发展。比如从天地初生的乾坤两卦到泰卦，人类社会一直在发展，到了泰卦，天下就太平了，可是这个太平不能很长久。

南怀瑾先生说："最好的时候就是坏的开始"，于是否卦来了，否卦之后人类反省，又逐渐到了繁盛的地步，可是繁盛之后又开始堕落，便是剥卦了，这是又一个循环。剥极了就会恢复，正是所谓的"剥穷上反下"。

## 循环报应，自然之理

《易经》里的复卦，就是反省、复兴的意思，有了反省、复兴的念头，人必定会兢兢业业，所以再往下是无妄卦，就是和平发展了。和平发展的结果，就是大畜卦，畜就是积蓄，比前一个积蓄更丰厚，就是大畜了。但是正如南怀瑾先生所说："天地间舒服到极点，就要出毛病。"这时卦象又变坏了。

有人会说，某某人作恶多端，却过得相当舒服；我们循规蹈矩，但生活却过得那么苦，所谓的循环报应在哪里呢？中国古人有句话叫"天将弓厚其福而报之。"这句话与基督教里的"上帝要毁灭一个人，先使他疯狂"意思大致相当。一个人得意到了极点，恶贯满盈，就是走到了头，就会跌下来了。"不是不报，时候未到"就是这个道理。

秦朝是我国第一个大一统的封建王朝，后世封建王朝的制度基本是延续秦朝的制度，所以秦朝虽然短暂，但它在历史上的地位不可谓不重要。而追溯秦崛起的根源，便不能不提起历史上一位著名的改革家——商鞅了。

商鞅本来在魏国担任官职，后来因魏王不重用他便逃到了秦国。他一到秦国，便立即建议秦孝公变法，当时秦国法令不行，制度不古，正是需要大刀阔斧改革的时期。秦孝公与商鞅克服了层层压力，正式开始了改革。商鞅有了秦孝公的支持，改革便轰轰烈烈地展开了。几年时间，秦国变得法令严明，百姓有禁则止，秦国国力大大提升。就在商鞅风光无限时，却有人断言：商鞅制定的法律太过严苛，将来必危及自身。果不其然，又过了几年，秦孝公去世，太子秦惠王即位。有人向秦惠王报告说商鞅“想要谋反”，秦惠王便派人逮捕商鞅。商鞅慌忙逃到边关，想要在一个客栈住下。客栈老板不认识商鞅，就对他说：“根据商君制定的法律，住旅馆者必须出示凭证。”商鞅没有凭证，便被旅馆老板告发，最终被捕了。

南怀瑾先生告诫世人：莫上琼楼最上层。凡事不可做得过于极端，到了极端，事情便会发生改变了。否极泰来，运气坏到了极点，好运气便要来了。同样的道理，好运气到了极点，坏运气也就紧随其后。所以做人做事，万不能做得过于绝对，否则，必将自食其果。

### 苦难成就天才

根据《易经》所述，大畜卦后是颐卦，就是表示万物和谐的意思。颐卦之后是大过卦，是说事物好到了极点坏的又来了，那么大过之后就是坎卦，坎卦之后为离卦。南怀瑾先生解释离卦说：“像太阳出来一样，非常漂亮，新的一个时代又开始了。”到离卦为止，六十四卦的上经结束，事物经过了好些次的循环往复，终于到达了最后“一个新的时代又开始了”这样的结局。

经过这些往复也可以看出，在一个好的东西来临之前，必须经历许多的挫折与陷落。人类社会如此，生活在社会里的人亦是如此，时代经历陷落方才会有高潮，而人经历挫折与苦难才会有成功。

法国大作家巴尔扎克，一生工作非常辛苦，因为不够精明，做生意常常失败，债台高筑，只好依靠写作支撑生活。他的生活过得贫困，苦不堪言，经常身无分文，但他以苦为乐，过得也很自在。有一天晚上，巴尔扎克从睡梦中醒来，发现一个小偷溜进来翻他的抽屉，他饶有趣味地看着小偷，哈哈大笑。小偷问他笑什么，巴尔扎克说："我白天翻了很久，连一毛钱也找不到，你在黑夜里能找到什么呢？"小偷十分沮丧，转身就走。巴尔扎克笑道："请你把门给我关上。"小偷生气地说："你家穷得什么也没有，关门干什么？"巴尔扎克说道："关门不为了防盗，而是用来挡风。"

巴尔扎克在穷苦的时候仍然保持大文豪的睿智和幽默，将痛苦转化为快乐。他曾经立下一个心愿："拿破仑的剑做不到的，我的笔能完成。"果然他做到了，在艰难的境况中完成了许多伟大的作品，为全世界留下宝贵的精神财富，这就是一位被苦难磨砺出来的天才。

关于这样的例子数不胜数，古今中外不知有多少人在苦难中奋起，在挫折中愈战愈勇，最终取得了成功。大到整个人类的发展史，小到个人的人生经历，无不体现了这一点。

正如南怀瑾先生所说："觉得陷下去了，不要怕，在苦难的当中会站起来。"一帆风顺的人类社会不会发展到今天，一帆风顺的人生也毫无意义可言，只有"知耻而后勇"，克服挫折困难，才能达到人生新的顶峰！

# 天之道：功成，名遂，身退

物不可以久居其所，故受之以遁，遁者退也。

——南怀瑾

老子有句话说得好，“物壮必老，老者必倒”。这与《易经》不谋而合，讲究的是自然的法则。正如南怀瑾先生所说，“天地间万事万物，壮大了，茂盛了，必定走向衰老。衰老了，就变化了，历史的阶段就过去了”，也就是说，人老了，就应该退让，将位置交给下一代。而对于曾经叱咤风云的上一代来说，要遵循“功成，名遂，身退”的天道之法，尤其需要为自己的生命注入一些洒然、豁达之况味。

## 及时隐退，生命之大智慧

生命生生不息，在于进退之间，其实万事万物都是有进有退的，所谓“进退”只是一个问题的两个面。“逆水行舟”说的是一种进的艺术，“激流勇退”则是一种退的艺术。南怀瑾先生认为，那些功成名遂后能及时隐退的人，是懂得适时放弃的人，这种放弃并非懦弱，而是出于更大的勇气和洒脱。人生又有数十载，何不洒然放下，轻装上阵，进入生命的另一个层次呢？

韩世忠是南宋的大将军，他生性耿直，忠诚于朝廷与国事，在抗击西夏和金国的战争中立下赫赫功勋，还在北宋平定各地的叛乱中立下了汗马功劳，平定了建安范汝、广西曹成、淮南李横、淮阳刘豫等反叛。正因为有了他，摇摇欲坠的南宋才得以偏安一隅，又苦苦支撑了几十年。

因为战功累累，宋朝廷对韩世忠一路提拔，建炎十三年，他被册封为咸安郡王。

虽然韩世忠身处荣华富贵之中，却能在富贵中保持清醒的头脑。南宋当时深陷于内忧外患之中，一心想求和媚外，但韩世忠深知一味地求和只会导致亡国，他多次上书弹劾奸臣误国，渐渐地，那些投降派开始容不下他。后来，岳飞蒙冤，举朝上下的文武百官敢怒不敢言，只有韩世忠一人敢当面质问秦侩。因为他个性刚正不阿，最终失去了手中的兵权。

至此以后，韩世忠的所作所为也让人大出所料。他闭门谢客，一心在家里钻研经典，再也不跟他人提起带兵打仗的事情。他还时不时地骑着一头毛驴，身边跟着一两个小童，在西湖畔漫步，或者干脆泛舟湖上，饮酒游玩，并自封为“清凉居士”。曾经显赫一时的大将军不见了，只留下了那个泰然自若的文人骚客。就这样，韩世忠远离了朝堂上的纷争，也得以善终。宋绍兴二十一年（1151 年），韩世忠去世，宋朝皇帝对他极为推崇，拜他为太师，并追封为义郡王，后来又追封为蕲王，谥忠武，配飨高宗庙廷。

《易经》有云，“肥遯无不利”，其中“遯”通“遁”，也就是退避。意即当人生处于隐退避让之中时，既无牵累，也已远离，就如远走高飞了一般，无论何时何地这么做，都会酣畅人生。要知道，荣华富贵背后往往潜藏着危机重重。人生就是在这样的高峰与山谷间起起伏伏，功成名就后激流勇退是对生命自然规律的一种尊重。

### 功名利禄，身外之物

功成名就之后，若想更深入地体味那一份生命的真味，实在少不了一份淡泊的心境。正如南怀瑾先生所说，“人世间有一件非常厉害的东西，那就是无求。任何人做任何事情，如果他能忘我，达到无欲无求的境地，并且不奢求自己能获得成功，那么用渐变的方法就好了”。

宋熙宁年间的周敦颐是一位著名的理学家，他就是因为淡泊名利而在此后千百年的岁月中为世人所牢记。周敦颐十分喜欢莲花，在江西九江任“星子军”知军时，曾在军衙东侧开挖池塘种植荷花。当时，周敦颐已经进入暮年，傍晚时分，他或者独自一人，或者邀请三五好友，在池畔赏花品茶，并由此写就了为世人口口相传的《爱莲说》一文。

正如《爱莲说》中的名句，“出淤泥而不染，濯清涟而不妖”，这是周敦颐对自身淡泊名利的高远志向的一种隐喻。他认为，官场就如同一个黑暗的大染缸，想在这浑浑噩噩里保持自己的高洁，其困难程度就如同莲花出淤泥而不染一般。所以，纵然世界上百花盛开，他最爱的还是“濯清涟而不妖”的莲花。人们常说，“常在河边走，哪有不湿鞋。”而周敦颐虽然身在官场，但正因为那份山高水远的隐士情结，才保留了精神上的隐退。当浩浩汤汤的历史长河奔流而去，那些当年与他同台竞技的英杰们都已经隐退于历史舞台之下，而那位独善其身的隐士仍闪闪发光。

正如南怀瑾先生教导大家的，功成，名遂，而身退，并非对生命轮回无可奈何的妥协，而是出于对生命循环的一种尊重。任何人都会败给时间，但要知道，那些能够在历史长河中闪闪发光的人始终是站在巨人肩膀上的。

# 第八章

## 南怀瑾谈宇宙哲理：

### 易为天地准，故能弥纶天地之道

《易经》思想倡导人们，以适应变化、洗心崇德来超越生死，这是一种以彰显精神价值来阐释宇宙大化的方法论。宇宙生命的生生不息，正表明人生和宇宙之间的关系，生与死都是自然造化的必然结果，是一种天地“仁爱”之道。南怀瑾先生阐释《易经》的宇宙哲理，认为人们应当顺应天地自然规律，努力完成道德与人格的塑造，通过立德、立言、立功超越死亡，最终以精神价值的形态存在于宇宙中，对宇宙万物产生经久不衰的影响，从而达到精神上的永恒不朽。

# 一动生吉凶

吉凶悔吝者，生手动者也。对人事而言，事故发动以后就有好有坏，有吉有凶。

——南怀瑾

吉凶之分，不过是每人根据自己主观臆想所判断的。在南怀瑾先生看来，无论吉凶，从哲学角度来说，都是没有绝对的。所谓的吉凶祸福，往往都是相伴相随的，只不过大多数人却都只能看见其中的一面。

“塞翁失马，焉知非福”的故事可谓是众所周知，不管是“失马”还是“得马”，在有些人眼里看来是凶兆，但在有些人眼里看来却是吉兆。一匹马丢了，但却带回来了一群马，意外收获了一群马；同时让儿子落马受伤不幸残疾，可是却也因此让儿子避免了上战场的悲剧。一吉一凶，一福一祸，都是因为同一匹马，不同人的不同看法也只不过是因为看问题的角度不同罢了。南怀瑾先生认为，很多事情你觉得吉它便是吉，你觉得凶它便是凶，正所谓万事无绝对。生性豁达的人，面对凶也能有吉的心态；身心狭隘的人，即使有了吉，也不一定会获得吉的结果。

## 吉凶之分

吉凶之分，自古以来便没有绝对的界限区分。对此，南怀瑾先生的看法是，对于古文，不要仅从文字表面上读过去，而要知道在文字的深处包含了很深的哲学思想。《易经》中的人事法则，只讲吉、凶两个结果，规矩是死的，人却是活的。有人一生坎坷，却能以磨练之说激励自己；有人一生衣食无忧，却杞人忧天，惶惶不可终日。在出身上，前者为凶，后者为吉，但在人生态度上，前者为吉，后者为凶。所以说，吉非吉，凶非凶，吉凶吉凶，一切只看人们如何解读。

《每日镜报》登载过一位英国男子的故事。约翰·莱恩，被称为“世界上最倒霉的人”，一生中经历险些送命的死亡事故至少有17次，但同时他也是“世界上最幸运的人”，因为每次灾难降临，他都化险为夷，绝处逢生。

约翰18个月大时，将浴室里一个塑胶瓶中的消毒水当饮料喝光，被迫洗胃才脱离危险。他12岁时遭遇死亡车祸，此后又被雷电击中，几乎烧成焦炭，侥幸活命。14岁时游泳溺水，勉强救活，后来他又从树上跌落摔断腿，被送进医院抢救，出院的当天，他出了车祸，本已骨折的地方再次撞断。20岁的时候他成为一名矿工，矿井中石块坠落，砸中他的脑袋。他与人运送一车石块时，因同伴疏忽松手，一整车石块撞到约翰身上。41岁时，约翰从地下室入口摔下去，摔断8根肋骨。44岁时他无意触碰到一根高压电线，差点被电死。49岁时去希腊桑特岛度假，搭载的出租车冲下了悬崖。50岁时，约翰不小心从敞开的下水道口跌下，背部、双腿和膝盖全都摔断。伤好之后，他前往希腊度假，所乘坐的飞机被闪电击中，差点机毁人亡。

对于这些倒霉事，约翰在报纸上说道：“我是世界上活着的人中最幸运的，不管多么残酷的现实，都不会打垮我。”约翰活得如此乐观，不久，他买的彩票中了50万英镑大奖，人人都为他鼓掌。

如此看来，人如果倒霉了，难过和绝望都是没有用的，倒不如好好生活，将心态放平和了，人才会过得更好。正如南怀瑾先生所说的，吉和凶实际上并没有多么分明的界限，你眼里的凶兆不完全是凶兆，它至少可以让你保持头脑清醒，头脑清醒了，才能做出有意义的事情，才能变得更有勇气，对生活更加乐观。这样看来，凶兆未必都是不好的，同样，吉兆也并非完全都是好事，至于具体如何，完全在于个人的把握。

生活中，即使你遭遇打击无数，但还要勇敢乐观地活下去，因为吉凶相依，福祸相依，不经历一番风雨，怎会有彩虹？

### 吉凶悔吝

以《易经》看人生，在南怀瑾先生眼里只有四个角度——“吉凶悔吝”，也就是说一吉一凶一悔一忧，构成了人世百态。南怀瑾先生认为，万千世界，只要一件事动，好坏便会相随而来。

所谓动为急躁，静为谨慎，纵观中华千年历史，自古就静优于动。儒家倡导安定，道家提倡修身养性，无一不体现了静的思想，涓涓细流，以静维持着传承，虽没有滔天巨浪的毁灭力量，却能一直存在于世间。“过动”带来的是灾难，毁天灭地之后，不仅给人留下了深刻印象，也留下了一片残垣。“动”是多次爆发，“静”是流传至今，动静相结合，组成了华夏五千年灿烂的历史，朝代的更迭、延续都是在动静中发生的。

宋朝，在中国历朝历代中留下了浓厚的一笔。赵匡胤陈桥兵变，龙袍加身，结束五代十国纷争，开启宋统一版图。宋太祖文韬武略，励精图治，而其后人却安于享乐，逐渐把祖宗的基业输了出去。宋神宗时期，冗兵冗官冗费，政治矛盾严重，官民矛盾，外敌侵扰，曾经强大的宋帝国日渐衰微。为了割除政治毒瘤，满怀抱负的王安石上书请求变法，在请愿书中，王安石洋洋洒洒几大页，尽自己所能写出宋朝目前的问题和变法后他所期冀的强大帝国的崛起。在这份言辞恳切、理据明晰的奏折面前，宋神宗被打动了，他任命王安石为指挥官，开始改革。王安石本人也不负众望，推行了青苗法、保马法等一系列变法措施。这些措施虽好，却因为不恰当的历史时期、不恰当的实施过程，最终导致了宋朝几代的朝堂动乱。本是为挽救政治危机才发动的变法，却成了朝堂动乱的导火索，恐怕王安石本人也未曾想到。

南怀瑾先生认为，变革是动，而王安石的变革却是动得过分。适当的动能带来良好的改变，过分的动只能引来毁灭。王安石变法，天时地利人和，未占其一，怎能成功？动伴随着好坏，而坏的成分占其四分之三，这时就需要静的谨慎。

中国人口头上经常说“万事小心为上”，动带来了变化，而这变化是好还是坏，没人能预见最后的结果，为了获得尽可能满意的结果，大部分人选择小心为上，根据具体形势，谨慎地做出每一个决定。虽然南怀瑾先生提倡静，一动不如一静，但是他也没有反对动，人们需要变革，没有变革就没有进步，只是这动中需要有静，不靠蛮力，靠智慧，才不会将动发酵为“过动”。

# 动则观其变

一动另一个现象就来了，你观察这个变化，就懂了《易经》。

——南怀瑾

宇宙在动，地球在动，我们人也在动，不论是时间还是空间，身处其中的事物都在纵向或横向地动。一动便产生了变化，发生了变化就要去观察，观察得好了，命运就握在了自己手里。不求天，不求地，只看自己努力。

《易经》告诉我们一个道理："是故君子居则观其象而玩其辞，动则观其变而玩其占，是以自天佑之，吉无不利。"在这里面，"自天佑之，吉无不利"有个前提，那便是居则观其象，动则观其变。这个"观"字很重要，不论是动或不动，都要观。春的新生，夏的斑斓，秋的凄冷，冬的落寞，在自然中，用身体去感悟，用心去体会，每一分，每一秒，都自有一番心境。

## 行动是动，念头也是动

在宇宙中，很多变化是发生在表面之下，而事物的形状不曾发生变化。这种变化，外人无法轻易感知，却不能认为它没有变化。日月之时，经过千万年的流传，也没有太过明显的变化，但从严谨的天文科学来看，太阳和月亮与地球的距离一直在变化，细分到每分每秒上，个中变化微乎其微，经过上亿年的转动，一点点累积，已经是一个巨大的变动。动是抽象的，看得见的在动，看不见的也在动；有具体行为上的动，也有思想层面的动。

东汉末年三国鼎立，曹操有郭嘉，孙权有周瑜，而刘备则有诸葛亮。诸葛亮上知天文下知地理，可谓是三国第一智士，在其辅佐下，刘备在诸方权力漩涡中逐渐站住脚跟，扩大了自己的势力，建立了蜀汉政权。

刘备三顾茅庐请诸葛亮出山后，一直对诸葛亮尊敬有加，奉为上宾，而诸葛亮也履行了自己的诺言，以一己之力扛起了光复汉室的大业。诸葛亮虽然没有武将的骁勇善战，但他凭自己的才智，不论是赤壁之战还是七出岐山，都留下了在战争中那一抹羽扇纶巾的身影。武官在前方杀敌陷阵，文官在后方出谋划策，战场上瞬息万变，诸葛亮却靠出色的谋略，一次又一次助蜀军脱离险境。刘备在时，辅佐刘备；刘备死后，辅佐刘备之子刘禅，诸葛亮的一生都在为蜀汉尽心尽力。

诸葛亮的动不是体现在身先士卒上，而是展现在了一次又一次对战情的精密推演上。自古遇到国祸战乱，流传最多的总是武将的故事，百姓们看得见武将的流血，却很少有人看得见文官的尽心竭力。

南怀瑾先生说人随时在动，因为我们的身体会动，我们的思想也在动，两者的动没有高低贵贱之分，只不过一个看得见，便被人大力歌颂，一个看不见，就误以为浑浑噩噩、无所事事。

《易经》倡变化，动产生变化，一个细小事物的发生，一个细小念头的产生，都有可能对世界的进程产生极大的影响。人类能走到今天的文明社会，是在科技的影响下，也是在新思想的影响下，万事万物，变总有它的道理，动也有它的存在，不可忽视，不可小觑一丝一毫的微妙变动。

### 观其象，观其变

在生活中，观察是很重要的。察言观色，察古知今，在中国古代，文人志士便深谙观察的重要性。生命赐予人一双眼睛，就是用它来观、来看。南怀瑾先生解释《易经》深入浅出，他觉得，一动另一个现象就来了，你观察这个变化，就懂了《易经》。易经中倡导动和变化，而想要知道这种动和变化是怎么产生的，发生了什么，得到了什么后果，这些都得靠“观”。想要懂得《易经》，动、变化、观，三者缺一不可。

有一次曹操引兵与蜀军作战时因为战事失利而进退不得，如果这样长期拖下去，不仅耗费钱粮而且还会挫伤士气，可是如果真的撤兵就会无功而归，势必要遭人笑话。曹操心里十分犹豫，他不知道自己到底是该进还是该退。这时正好厨子来给他送饭，其中有一道鸡汤，曹操看见碗中有鸡肋，于是感叹道：“食之无肉，弃之可惜。”正当他沉吟的时候夏侯惇入帐禀请夜间号令，曹操随口说道：“鸡肋！”于是夏侯惇传令众官，夜间口令为“鸡肋”。曹操的一名谋士杨修见传“鸡肋”二字便让随行的军士们收拾行装，准备归程。夏侯惇问他为何自作主张误传军令，杨修笑道：“鸡肋吃着没有肉，丢了又觉得可惜，这显然是主公对现下战况的分析，也就是说进不能胜，退又怕人笑话，既然留在这儿无丝毫好处，主公明日一定会下令班师回朝的。”

杨修能猜准曹操的心思，凭借的便是出色的观察，这种观察不只是对人面部表情的观察，更要加上对周围事物的观察，了解事情的情况，再加以综合判断，得出结论。对于“鸡肋”这个口令，普通士兵想的是服从命令，记住这个夜间口令，而杨修听见后，则是去深究它的意义。任何事物的发生都是有意义的，而鸡肋的意义对应当时的战局，杨修知道战情，也了解曹操，二者结合，自然就猜出了鸡肋真正的意义。

对事物，不论是动的事物还是不动的事物，都要注意去观察。在《易经》中有：“居则观其象，动则观其变。”南怀瑾先生也提过观察的重要，想要懂得《易经》，便必须懂得观察。事物在动，动产生发展，观察好了动，才能引领事物更好地发展。

# 刚柔相推，而生变化

正反质能相互推动，因而产生了有情世界的一切众。

——南怀瑾

《易经》中讲:“是故刚柔相摩，卦相荡，鼓之以雷霆，润之以风雨，日月运行。”古人解释道:“日月为易，刚柔相当。”“易”字的象形字是上面一个日，下面一个月亮，上下相结合就是“易”字。因而“易”所讲述的，实际上是宇宙系统中，日月运行、阴阳并生、刚柔相济的一个法则道理。

“易”中所讲的“刚柔并济”，是一种不断磨合的宇宙法则。南怀瑾先生讲解了《易经》中“卦相荡”的含义，他说卦相荡，就是指先天六十四卦的一来一往，彼此游荡出来。假设我们从卦的方位来看，阴阳一动，刚柔交加，乾卦变动引起兑卦雷霆相碰，因而产生风雨，各种天象开始运行。这就好比古代一个朝廷，文武官员两股力量相辅相成，相生相克，帝王发出命令，引发一系列管理政策的施行，然后产生相应效果，百姓生活随之运转起来，进而蒸蒸日上。

### 刚柔并济，文武兼得

什么最柔？什么最刚？天地间没有绝对的东西，老子曾提到过世界上最柔的东西是水，水一滴一滴，都是软的，没有骨头，风一吹就干了；但同时水也是最刚强的，利刃难摧，水滴石穿，是世上最厉害的武器。因而水是刚柔并济的，也可以刚柔之间互相转化，再坚硬的冰块，终归会软化成水，最终消失在空间中。

纵观历朝历代，统治者的手下都是一群文官，一群武官。文官似水一般柔软，虽然他们不擅长征战沙场，但是他们的治国思想，他们的口才文笔，都是利器，能够产生管理策略和计划。而武将拥有强健的体魄，驰骋于沙场战斗中，金戈铁马，他们是国家中最坚强的武器，是国家领土和百姓生命的重要保障。正因为这一刚一柔，一阴一阳，才确保一个国家的正常运转。

治理一个国家，偏重刚柔任何一方都不行。秦王朝以武力打天下，强兵严法，以刚猛为主，对柔的政策嗤之以鼻。因而秦始皇登基之后，不但不大力发展文化，反而焚书坑儒，杀害很多文人策士，将柔的一面全都扼杀。这样一来，秦朝刚柔之道失调，无法让国家真正强大兴盛起来，最后到了秦二世，秦朝就灭亡了。

宋朝则是相反的例子，赵匡胤打天下登基之后，担心武官掌握军权谋反，因而杯酒释兵权，大力扶持朝中文官，打压武官的力量。文武不能相济，刚柔不能协调，造成宋朝的军事管理十分柔弱，常年被四方少数民族欺压，最后偏安南方，直至灭亡。

因此，一个企业或者一个国家想要运行良好，就得有懂得刚柔相融的管理者，懂得调和阴阳，刚柔并济。我们都知道廉颇和蔺相如的故事，他们一个文臣，一名武将；一个对外，一个对内，因而保证了国家的长治久安。

### 真正的管理是刚柔相融

南怀瑾先生认为，刚柔并济的道理其实就像一架天秤，这一头重，那一头就会高起来；而如果这一头高起来，那一头就沉下去，因此均衡是最好的。刚柔相融虽然很难做到，但这是一个管理者必须具备的素质。对于领导者来说，亦刚亦柔是趋于平衡的理性态度，也是一种很巧妙的管理方法，一方面要刚正不阿，另一方面又要能跟属下增进感情，既不傲慢，又坚持原则。

日本著名企业家松下有这样一个故事：有一次他的属下犯了一个严重的错误，使得公司蒙受损失。松下大发雷霆，一边用教棍敲着桌子，一边严厉批评属下，最后把教棍都敲弯了。训斥完之后，他看着属下说道："你看我骂得多激动，竟然把教棍都弄弯了，你能不能帮我把它扭直了？"属下当然遵命，很快把它恢复原状，松下夸奖他："你的手真灵巧啊。"之后露出亲切的笑容，属下原本一肚子的不满情绪，顷刻就消散掉了。等属下回到家，发现妻子面带笑容，做了一大桌的饭菜，他问是怎么回事，妻子说："松下先生来电话，说你今天回家的时候，心情一定非常差，所以要准备一些好吃的东西，让你解开烦闷。"属下听后非常感动，从此工作变得更加认真踏实。

从这个故事可以看出，刚和柔并不是对立的，可以在同一个人身上做到相辅相成。这两个看似互不相容的东西，融合在一起反而会相得益彰。历史上不懂得刚柔并济的帝王到最后都自取灭亡，真正的管理是将刚柔巧妙结合，就好像冰和水一样，看着一硬一软，其实是同一种本质。所以，太刚则必折，太柔则必缺，只有刚柔相推所生的变化，才是统治者与管理者想要实现的上上之道。

# 物极则反，穷则变，变则通

学《易经》的人，一切事情要晓得“变”与“通”。

——南怀瑾

《易经》被称为群经之首、文化之源，其以简单篇幅概括了万物。南怀瑾先生认为《易经》是以天象谈人事。天道轮回，万事无常，一切冥冥中皆有注定。而《易经》不过是一个工具，借以窥天机。天道是玄奥的，随时随地在发生变化，人只是沧海中渺小的一粟，借天象谈《易经》，事情又变得简单许多。人处于自然中，春夏秋冬，寒暑交替，一切都能用身体去切切实实地感受到。宇宙中，月满则亏，水满则溢，物极则反。

**学会变通**

众所周知，“穷”在字义上有穷尽的意思，故而如果到了走无可走的地步，我们便称其为山穷水尽。而人若是到了“穷”境，便该有所变通。

南怀瑾先生说，六十四卦都要人走正路，摆得正，走得正，则样样都好，偏差了终归出毛病。所以小吉是贞是吉，但是过了这个度呢，就是所说的“大贞凶”。他解释说：“什么都死死板板的很正，像学理学的人，在这个时代，还是言行呆呆板板，矫枉过正，并不是好事，所以大贞则凶。”因此人情最讲究练达，要谨言慎行，也要能看懂眼色，化解危机。

明朝时，明英宗听从宦官王振的馊主意而御驾亲征，不幸在土木堡兵败被俘，后来虽然被放了回来，但朝中已经有了新皇帝，他只能被尊为“太上皇”，既没权又没钱，过了好几年郁郁寡欢的日子。后来在大将军石亨的协助下，他重新夺回政权，又当上了皇帝。

帮助英宗重新登上帝位，当然是大功一件。石亨从此恃宠而骄，目中无人，不懂得结交众臣，反倒总是将自己的功劳放在嘴边，若有人不服气，就肆意欺压排挤。许多朝臣认为他很不像话，但没有人愿意提醒他，因为大家都知道，这样不懂人情世故的人，即便地位再高，早晚有倒霉的一天。

有一天，明英宗在恭顺侯吴瑾的陪同下，登上宫廷内的最高建筑翔凤楼散心，走着走着，放眼一望，突然看见宫廷外有一座新建的宅楼，相当宽广华丽。于是，英宗便顺口问起那是谁盖的。吴瑾当然知道这是当朝大红人石亨的新宅，不过，他最懂得察言观色，故意装糊涂地回答说："这一定是王府。"

心中有数的英宗说道："不对。"眼看英宗心中自有定见，吴瑾立刻补上一句："这不是王府，难道有谁敢这么嚣张，修建这么一座气势逼人的豪宅？"事实上，石亨建造宅院并没有功高震主之意，但是他在朝中树敌太多，没人愿意维护他。时间一久，英宗也对他信心动摇，不久便将他罢官下狱处死。

对比一下石亨与吴瑾的言行，深思一番，我们不得说不说学会变通是十分重要的。小贞吉大贞凶，处世之道并不仅仅是个人的能力发挥，人生一定要通达，知进退，懂是非，并不是刻板的循规蹈矩。

南怀瑾先生认为，每个人的智力都差不多，头脑好使的人只是比别人反应快几分钟。但真正聪明的人是懂得适时变通，知道如何与他人相处，善于沟通，及时化解矛盾，适时向别人学习，借鉴成功者的经验。

所以，人活在社会中，不能像与世隔绝的孤岛一样，既然我们都离不开与周围人之间的交流，那就要懂得如何与人结交，要明白变通、通达的道理，做好这些，对于取得成功来说是非常重要的。

### 能变则通

南怀瑾先生认为，人生路途波折，磨难重重，不可能一帆风顺。在我们的人生道路上总会遇到形形色色的拦路虎，时代瞬息万变，机会也是稍纵即逝，而我们每个人都渴望走在坦途，迈向人生的成功之路，因而会不自觉地遵循一些规律和成功的范例。但是，并非每一种范例都是适合自己的，食古不化、不懂变通的人，是很难成功施展抱负的。

乌鸦喝水的故事我们都听过，说是一只乌鸦口渴了，到处找水喝，突然它看见一个瓶子里有水，可是瓶子里的水太少了，怎么也喝不着。它看见瓶子旁边有小石子，就一颗一颗地放到瓶子里。瓶子里的水就慢慢地升高了，乌鸦就喝着水了。自从那只口渴的乌鸦用小石子填满瓶子，美美地喝了一顿水之后，它回去后就大肆宣扬自己喝水的方法，于是它的伙伴们都牢牢地记住了这个妙法。

一只乌鸦出了趟远门，飞到了一个沙漠上。它感到口渴难耐，就想找些水来喝，恰巧看见地上有一个瓶子，瓶子里有半瓶水。乌鸦高兴地落在瓶子旁边。可是，令它没想到的是瓶子附近一颗石子也没有，没有石子就意味着喝不着水，看着水喝不到，这可急坏了乌鸦。它就到处找石子填瓶子，可是找来找去除了满地的黄沙，一颗石子也没有找到。最后，这只又累又渴的乌鸦就死在了瓶子旁，化成了一堆白骨。

又有一只乌鸦刚好经过瓶子上空，也感到很口渴，就落了下来。当它看到那地上的半瓶子和那只死乌鸦，心里就知道发生了什么事。这一次，这只乌鸦不再找石子了，而是开始用爪子在瓶底挖坑。当坑挖到一定深度时，瓶子开始慢慢地倾斜，等水涌到了瓶口，乌鸦把嘴伸进瓶子，美美地喝了个痛快。可见学会变通是多么重要啊，不变通可能会付出生命的代价，而变通就是赢得了生命。

故事虽小，其中蕴含的道理却很深刻。正所谓世事洞明皆学问，人情练达即文章。恰如南怀瑾先生所说的那样，人生要通达，要学会变通，因为食古不化总归是不对的，而若不知“变”就是大贞凶。

人情世故正如水中行船，顺风时一路高歌，逆风时小心谨慎，行正道，不同流合污，不贪功冒进，遇礁石时及时变通。人情是一门通达的学问，值得琢磨。

# 所谓运气，就是阶段

算八字讲运气，运就是一个阶段。

——南怀瑾

在大多数人眼里，《易经》就是一本简单的算卦书，可以用来占卜吉凶祸福，算算八字，解解姻缘。对于一部国学经典而言，这样说虽然有些“大材小用”，但却也占了其中一隅。既然人们都想算八字、讲运气，便该明白何为运气。

“祸兮福之所倚，福兮祸之所伏，孰知其极？其无正。”这是老子的话，按南怀瑾先生的解释，老子讲的“福”就是走运，“祸”就是与之相背的倒霉。那么，这句话的意思便是说，走运总是蕴藏在倒霉之中，一个人经历过倒霉的人生，才会体味到什么叫做运气。而这运气便是一个阶段，所谓的运气来了，也便是这个阶段的运气好的意思。

## 福祸相依

老子认为，福祸相依，变化莫测，这便是告诉世人，身当鸿运时，应当谨慎，因为福中也许包含着祸的种子；倒运时应当保持一颗平常心，笑对人生，也许好运就在前方。对此，南怀瑾先生也颇为赞同，在他看来，既然运气就是阶段，那便该做好福祸相依的准备，正所谓塞翁失马焉知非福，谁又能确定这个阶段的运气不会变成下个阶段的祸患？或者说，谁又能确定此一时的祸患对于彼一时而言又是一段运气？

在北方边塞，有一位叫塞翁的老人走失了一匹马，乡邻们都来安慰他时，他却并没有如乡邻们所想的那样伤心不已，老翁反而对乡邻说这也许会变成好事。果然，过了不久，塞翁的马自己跑了回来，不仅如此，这匹马还从胡地引来了一匹骏马。乡邻们知道后又来向他道贺，可是塞翁却并没有因此而高兴，因为在他看来，这也许会是坏事。时隔不久，塞翁的儿子在骑马时摔断了腿骨，面对乡邻们的好心慰问，塞翁叹息道："恐怕这件事情的福祸还是难以预料的。"过了一年后，边境发生了战争，官府在民间征兵，塞翁的儿子因为腿跛而免去了兵役，邻居家的青壮年们则都被征调去当兵并且大多都战死沙场了，而塞翁的儿子却安然无事。从此以后，世人就常以"塞翁失马，安知非福"比喻好事坏事的相倚相生。

在这个故事中，塞翁口中所说的祸福都是等来的，他并没有主动积极地避祸求福，而是乐观地承受着命运赐予他的一切，而故事中福祸的转机也全依靠自然的安排，并没有丝毫人力的引导。不过，这种做法显得有点消极等待，在生活中一个人完全有可能也应当洞察福祸转化的情况，用平常的心态去对待祸与福。既然明白好运与否都只是一阶段的事情，那么当灾祸到来时，我们要做的就不是等待，而是应该想办法避免灾祸，努力把坏事转变为好事，积极促成福的光临。人是万物之灵，心智的力量能够适应自然规律，转败为胜，逢凶化吉，化祸成福。

**看清运气**

学习了"福与祸"这对矛盾之后，我们应该明白，不论你身处运气一端也好，背运一端也罢，均是由主客观两方面的原因铸成的。祸患来时要经受得起，把持得住，顺其自然；幸福降至时要冷静对待，淡然处之，方能乐极不生悲。南怀瑾先生认为，对于一个人而言，最重要的就是能看清运气，要知道，一个人无论处于那一阶段，都只是一个阶段罢了，人的一生断然没有停在那一阶段的道理，而是否能得运气眷顾，也并非表面所见那么简单。所谓福祸相依，看清运气，需要的依然是一个正确的态度。

孔子周游列国走到沧浪水边的时候听到一个小孩正在那里唱歌，歌中唱道:“沧浪的水清啊，可以洗我的帽缨，沧浪的水浊啊，可以洗我的双脚。”孔子听后大为感慨，他在一番思索感悟之后对他的学生们说:“你们听听看，正如那小孩子所唱的那样，水清的话可以用来洗帽缨，水浊的话就只能拿去洗脚，而这些水的用处都是由它们本身的质量决定的啊。”的确，这些水的舍取用度，全是由水本身的清浊决定的，而看清了这些之后你便会发现，一个人的得福与招祸，取誉与遭辱，也全都由人自己的行世所决定。

俗话说:“天有不测风云。”这话说得很有道理，即便科学如此发达的今天，人类也仍然无法准确无误地知道雪落霜降、雨来云去，人之福祸同样也是难以预料的。今日之祸也许会化作明日之福，而今日之福后面也可能潜藏着明日之祸，是福是祸无法一言蔽之。只有看清这点，学会以理智的心境面对福祸，正确分析，才能够趋利避害。

南怀瑾先生说，八字算命是准确的，可是这个准确并不是说精准无差。就算是有大神通的人，算准到了百分之九十八，那也还是不准的。所有的算法，都是根据既定的来推测，事物瞬息万变，稍微一小步差别，那就是天差地别。

人的一生会遇到很多次的偶然，有的带来不幸，有的带来好运。不幸也好，好运也罢，都要坦然处之，“不以物喜，不以己悲”，才是人生的最高境界。幸与不幸这两端之间也只不过隔了一层纸的距离，正面是运气反面是祸患，而哪时哪刻身处哪个阶段又岂是人言可以预料的?

灾祸与幸福是相通的，生存与死亡是相邻的，而当灾祸发生的时候，就不要再怨天尤人了，最好能够换一个角度去想问题，眼光放长远一些，视野放开阔一点，无论如何，那都只是一阶段的事情罢了。

# 有天地，然后有万物

天地间的事，没有永恒存在的。

——南怀瑾

《易经》有言："有天地然后有万物，有万物然后有男女，有男女然后有夫妇……"意思是说，万物生于天地之间，经过淘汰、发展、进化之后，才逐渐形成了现在人类所生存的社会。我们都知道，在混沌之初，世界上是没有山川、河流和生命的，经历了漫长的时间之后，才有了第一个生命的出现。如此可见，南怀瑾先生所认为的"社会一直在发展，世界一直在变动，没有什么是永恒不变的"这句话是很有道理的。

## 生命的延续

自人类社会产生以来，人们便知道男女结合，阴阳相调，繁衍是人类与生俱来的责任。对于男女关系，南怀瑾先生有自己独到的见解。他觉得有男女，自然就有夫妇，一切都是自然发生的，这是人的天性使然。孩子代表着生命的延续，将父母的血揉合，塑造了一个新的个体。

赵国有一名叫赵砉的大臣，他因为遭到奸臣屠岸贾的诬陷，被赵王判处死刑。临死前，他对他的两位门客件臼和程婴说："我死后，你们要保住我的儿子，把他培养成人，除掉屠岸贾那帮狗贼。"当时赵砉的儿子只有半岁，程婴也有一个半岁的儿子，于是他们就把赵砉的儿子从宫里偷出来，养在程婴家里。屠岸贾发现孩子不在宫中，就到处搜查，并且下令全国：若查不出来，就把全国一岁以下三个月以上的孩子全部杀光。杵臼和程婴二人于心不忍，就让杵臼把程婴的儿子藏在自己家里，由程婴去“告密”。果然在杵臼家里搜出了孩子，把孩子摔死了，程婴则带着赵奢的儿子隐居深山。

十五年后，赵氏孤儿赵武在程婴的庇佑下长大成人，并在他的帮助下，带兵返朝，擒杀屠岸贾，得报自己家族灭门之仇。赵武一生下来就背负了血海深仇，他的生命是父亲和母亲所给予的，虽然其成长过程中没有父母亲的身影，但是血缘中流传下来的责任在成长中时时警醒他，提醒他光复赵家的使命。赵家虽然只留下赵武一个人，但只要赵武在，赵家就一直存在，生命寄载着希望。赵家没灭之前，许多人有许多的希望，赵家灭门之后，赵武一个人撑起了赵家所有的希望。生命，是希望，是延续，也是男女关系发展中自然诞下的结晶。有了生命的延续，才有了一切。

对人类社会的两件事，一是需要活着的问题，二是两性的问题，《易经》中都有所点明。活着有身体上的活着和精神上的活着，两性问题则是指男女问题，《易经》尚变化，重阴阳。在阴阳调和之下，生命能永无止息，生命一直延续，人类社会才能存在。生命包含责任，肩负着希望，任何一个生命都是最独一无二的存在，逝去便是逝去，无法有第二人来复制。

### 五伦是人性的本来

孔子倡导五伦，即君臣、父子、兄弟、夫妇、朋友五种人伦关系，这构成了封建纲常伦理的基础，但因为封建礼教在发展中越来越罔顾人伦，在五四运动中，五伦被作为陋习来批判。

南怀瑾先生曾经以《易经》解析过五伦，他说道：“人类的五伦，不是勉强形成的，不是法律规定的，这是人性的本来。”南怀瑾先生和孔老夫子的出发点都是好的，从最简单的社会关系解释人伦，但偏偏有人以偏概全，将五伦僵化，让它成为封建统治的工具。

南汉后主刘伥荒淫无度，极度宠幸宦官，可是那些太监从小净身入宫，眼界被局限，缺乏必要的文化素养，国家政事不能交给他们，而交给外朝的官员，刘伥又不放心，总担心被官员夺权。为了解决这个问题，刘伥思虑良久都不得其法。有一次，前太子太傅进宫朝见刘伥。谈及政治问题，这位前太子老师说到武后时期，各官员为了讨好武后，保住自己的官位，无所不用其极，感叹道：唉，这些人，一门心思只想到争权。只要有官可做，他们什么都能干。有道是说者无意，听者有心，他的本意是感叹武后时期政治昏庸，官员在其政不谋其事，而在刘伥耳中却岔了意。过了几天，刘伥颁布了一个法令，当官者必先自阉。

法令一颁布，举国为之哗然。在古代，不孝有三，无后为大，传宗接代是每个人的责任，刘伥此令，相当于绝了为官者的后代，他们自然不肯。言官纷纷上书，斥责刘伥此举的荒唐。刘伥身为后汉皇帝，听不得别人忤逆他，因此对反抗的人处以严刑。渐渐地，反对的声音越来越少，朝上的官员也越来越少，后汉灭亡从此初见端倪。刘伥的举动全然罔顾了五伦中的父子、夫妇，企图以君臣之伦代替所有，这不仅违反人伦，还违反天道，所以注定了刘伥会被历史所淘汰。

南怀瑾先生曾经分析社会组织的形成过程，在他看来，有男女，就有了夫妇，然后自然形成了兄弟、父子，许多的夫妇、兄弟、父子一起组成了社会组织。刘伥的做法从根本上断了生命的传承，摧毁了社会组织的基础，被覆灭只是时间问题。

天行有常，五伦借人类的本性构成了社会，这便是规则。《易经》中说过变化，而不断变化的规则则促成了人类社会的发展。

# 永无尽止，物不可穷也

人世间事情是永远做不了结论的。

——南怀瑾

未济卦是《易经》中的最后一卦，其中说到“物不可穷，物无尽止”。对此，南怀瑾先生是极力赞扬的。南怀瑾先生说：“人世间事情是永远做不了结论的，永远是未济。”正所谓“缘起，缘灭，缘未灭，缘便生”，世间万事万物皆是无穷尽的。

在人类出现之前，地球就已经出现了历史。从无机物到有机物，从水生物到陆生物，不知经历了多少次沧海桑田的变迁，人才从森林中走了出来，从野蛮发展到文明。正如南怀瑾先生所说：“宇宙永远这样发展下去，这个地球毁灭了，一个新的地球又会来，永远停止不了。”对宇宙而言，人类只是其中渺小到微不可言的存在，对宇宙，人类可以去探索，却无法去改变。

## 终点即中点

在《易经》的理念中，事物是没有终点的。南怀瑾先生也说过，人生要作一个交代，那只是一个理论，因为最后是未济卦，永远完不了事的，这是一个观念。既然事物是没有终点的，那么人们认为的终点不过是道路上的中点。

唐太宗时期，有两名著名的天象家李淳风和袁天罡。唐太宗曾叫这两人推测大唐国运，窥探天机。这一天，李淳风和袁天罡两人相背而坐推演了起来，不多时，两人便都进入了无我境界。他们不仅推测出大唐王朝的命运走向，还一口气推出了自唐以后中国两千多年的国运趋势。直到袁天罡从推演中清醒过来，将方才得出的结果稍微整理了一下，才感觉惊奇不已，他细细思虑了一番之后推了李淳风一下说道：“天机不可再泄，我们还是回去休息吧。”于是，大名鼎鼎的推背图便停在了第六十卦上。

李淳风和袁天罡作为唐朝时期最出色的易学家，可谓是深谙《易经》中的精髓，故而他们在推背演测中才会出现中止的情况，这并非完全出于古人“天机不可泄露”的迷信，而是因为他们明白，历史本就是没有终点的，哪怕再往下推演万年，于当下的境况也是于事无补的。而李淳风和袁天罡两人只不过恰好在第六十卦时想明白了这个道理，才从无我境重新回归了神思清明。

事无止境和事无尽止是不同的，南怀瑾先生提倡的是“事无尽止”，止的境界，有中止和尽止，事无止境有以偏概全之嫌，而尽止只有一个意思，事物本就没有尽头，自然无法尽止。

### 既济与未济

在《易经》中有既济和未济两卦，未济是指事情永无尽止，而既济则是指事情已经成功，但终将发生变故。南怀瑾先生曾说过，事情最后的结果，除了乾坤两卦外，不是既济就是未济。

虽然既济和未济是两卦，但是它们中却都有无穷尽也的意思。世人都想借《易经》占卜凶吉，然而不管占出凶或吉，其实都没有多大的意义。因为事情本就是没有尽止的，所以这些占卜出来的吉凶都不是最终的结果。如果因吉而沾沾自喜，他的人生也不一定会如卦象所说一帆风顺，但若因凶便垂头丧气，却一定会丧失绝地反击的机会。

春秋初年，郑武公娶了一个名叫武姜的女人。武姜嫁给郑武公后生了两个儿子，大儿子是庄公，小儿子是共叔段。在生庄公时，因为胎位不正，武姜受了很多苦，为此庄公受到迁怒，不得母亲喜欢。之后，共叔段出生，武姜将所有的母爱一起给了小儿子。虽然武姜喜爱小儿子，但郑武公却执意将君位给了庄公。庄公即位后，给了弟弟富庶的封地，而在母亲的挑拨下，共叔段越来越不满足，并开始策划夺取庄公国君的位置。得知弟弟和母亲的阴谋，庄公痛心不已，在击败谋逆军后，发誓与武姜一生不再见。

武姜不喜欢庄公，而郑武公作为武姜的丈夫，没有听取武姜的话，反而执意立庄公为国君。庄公从小不受宠爱，最后却成为了国君；共叔段自小便是被呵护着长大，后却因谋逆失去生命，这便是世事无常。共叔段受武姜疼爱，而武姜又是郑武公最喜欢的女人，共叔段从小受母亲影响，以为所有东西都是唾手可得，却不想，在郑武公死后，继承国君位置的竟然是从小被母亲厌恶的哥哥庄公，这其中隐含了既济的思想，成功就在眼前，却横生枝节。而共叔段去封地之后，没想励精图治，却生了不该有的心思，生命也因此戛然而止。

南怀瑾先生说过，大家卜卦，欲知过去和未来，可是，卜卦能卜出过去和未来，那过去之前和未来之后又该如何。

时间随时流逝，生命从未停止，没有起点，也没有终点，一个结束代表着另一个的开始。天有日月，地有山川，既然世间的事情无法说尽，那为何还要追个穷尽？

# 仰以观于天文，俯以察于地理

我们老祖宗了解到天地的法则，是科学的观察得来的。

——南怀瑾

《周易·系辞》曰:“易与天地准，故能弥纶天地之道，仰以观于天文，俯以察于地理，是故知幽明之故。”对此，南怀瑾先生曾说过，地理是地球物理的另一种学问，所以古人将地理单列一门。中国古代留名的智者大都上知天文，下知地理。从二十四节气到潮汐表，历朝历代都有人勘破自然的阻碍，找到其中的规律，造福于人民。

在南怀瑾先生眼中，《易经》是探寻宇宙规律的一部奇书，万事万物不出《易经》，除了《易经》本身蕴含丰富的哲学外，《易经》的产生也经历了时间的磨砺，内容经受住了时间的考验。《易经》粗浅地看就是风水学说，而风水中的五行八卦蕴含了无穷的道理，这些都是可以用现代科学来解释的真知识。

## 天文地理，莫出其易

古代所说的天文地理和现在所说的天文地理差别很大。在中国古代，天文地理泛指知识和学问，不是单指某一科，如果有人被称赞“上知天文下知地理”，那这人肯定在当地是顶有学问的人，这既是一个称呼，也是一种赞扬。而在历史上因此留下名的人不出十个，毕竟知识是无穷的，想要问无不知，不是一般人可以做到的。

《易经》被古人认为是汇集知识和智慧的经典著作，不仅儒家学者将《易经》纳入六经之一，道家也因《易经》囊括阴阳八卦、天地玄妙之理，将这部作品奉为道法经典。此外，古代的诸子百家如阴阳家、法家、纵横家、农家等也都推崇《易经》，甚至连老百姓的日常生活也离不开《易经》，无论是天文历算、伦理道德、人际关系、婚丧嫁娶、吉凶测算等，古人多以《易经》的思想内容作为准则和标准。

魏晋以后，道教日盛，无数人编修道教相关书目，从东晋葛洪到南朝刘宋，道书已经上千卷，其中包含了很多《易经》卜算方面的道书。唐代开元年间，唐玄宗李隆基为破武后时期信仰佛教风气，开始大兴道教，因为唐代皇帝姓李，所以奉道家先祖老子李耳为先人，于是道教在盛唐年间再度辉煌。史崇玄等人奉皇命编纂道家书籍，将大量阐释《易经》的珍本收录其中，剔除一些滥竽充数的伪书，使得很多《易经》的经典版本流传后世。

古代文人大多喜欢将自己毕生所学著成书，或寄情于山野，或纵横与官场，对《易经》之道的探讨，他们也有自己的看法，并将自己所学融合于对《易经》的见解当中。因此，历代流传后世的《易经》版本丰富多样，其中蕴含的学识不言而喻。从天文到地理，从哲学到人生，不同的人涉及不同方面，因此《易经》中的智慧可谓是集大智之所成，不说算无遗漏，至少能做到面面俱到。这也是南怀瑾推崇《易经》的原因，因为其中含有大智慧，所以他才想用毕生精力去钻研《易经》。

### 真亦假时假亦真

对于古代的淳朴风气，南怀瑾先生说过："那个时候我们认为是真的，绝对不假。"这其中既是赞美国人古时的质朴，也代表了知识的局限，没有新的认知便无法推翻旧的结论。《易经》是在朝朝代代的更替中，逐渐丰富了它本身的释义，知识是无尽的，只要《易经》的流传不断绝，它的释义便不会有停止增加的那一天。

明朝成化年间，有一个富家子弟名叫万虎，万虎虽饱读诗书，却志不在官场，他喜欢搞些稀奇古怪的玩意，其中对古人发明的火药和火箭情有独钟。一日，万虎突发奇想，他想借助火药和火箭这两种东西产生巨大的推力，将人送上高空。古人敬天，万虎的想法冒了大不韪，可万虎决心已定，谁也阻止不了他对探索未知领域的渴望。经过探索，万虎制作了由47支火箭组成的蛇形飞车，自己手拿两个大风筝，想借力升空。万虎的仆人担心其生命安全，一再阻拦。万虎自己却做好了准备，不成功，便成仁，从未有人涉足过的蓝天在等待他的到来。万虎说道："飞天，乃众位先贤都未曾窥探的领域。今天虎有幸一试，早将生死置之度外，即使尸骨无存，也无怨无悔，你等只管点火，助我一臂之力。"仆人无法，只得遵从命令点燃火箭，火焰升起，飞车升空。万虎成了世界历史上第一个尝试用火箭升空的人。

古人说有天外天，人们便相信有天外天，万虎的执着不过是为了看看传说中的仙境。仙境是假的，也可以说是真的，天空之外的宇宙藏着无数的秘密等待人们去发觉，这些不是蕴含着宝藏的仙境又是什么。古代以神学之说解释未知之物，这些在现代科学中被一个一个揭秘。神话说久了变成了执念，月亮之中是否真的有月宫，有嫦娥，有玉兔，这些问题想必是阿波罗登月时，国人最想问的问题。

种种道理，《易经》中都有，古人用古人的方法解释，现代人用现代的方法解释，无论是神学还是科学，《易经》都能以它独特的话语去解释，因为《易经》本身就是一门大智慧，是祖先们打破时空阻碍，给我们流传下来的财富。南怀瑾先生觉得，无论是几千年前的还是几千年后的，《易经》《道藏》中都有，可惜的是，今人没有能力去深入解读，白白浪费了这么好的知识库。

# 宇宙的大学问：范围天地之化

《易经》的学问懂了以后，整个宇宙万物都懂了。

——南怀瑾

在时间问题上，南怀瑾先生的态度是《易经》高于天地，高于宇宙，高于法则，天地、宇宙、法则均源于《易经》。宇宙万物讲的是时空问题，时为宙，宇为空，人的一生都离不开时空，生命在时间中燃烧，在空间中度过。

在《易经》中，有“范围天地之化”之说，对此，南怀瑾先生曾经说过，没有任何法则是超过《易经》以外的，所有宇宙的一切学问，都离不开《易经》这个范围。

## 自造自化

在群体面前，个体的作用是微不可言的，一个人在社会中的渺小如同一片树叶在整个森林中的微不足道，但这许多的微不足道汇集在一起，足以形成推动整个社会发展的大力量。《易经》中有“自有造化”，它指出各人的人生方向都是由自己决定的。自造自化包含于社会中，就如同社会包含于天地中，天地包含于宇宙中，宇宙包含于《易经》中。

曾经有个叫愚公的人，他住在王武，太行山脉的北部，进出村庄时中间有山脉阻隔，于是他便有了移山的主意。愚公想要移山的事被智叟知道了，智叟嘲笑愚公不自量力，居然妄想凭借几个人的力量就能挖平高大的山脉。愚公反驳智叟，他不在了，还有儿子，儿子不在了，还有孙子，子子孙孙无穷尽也。生命是活的，山是死的，以人对抗死物，即使力量再微弱，也会有胜算。智叟无话可说，其余人看智叟都被愚公说得哑口无言，纷纷收起了看笑话的心思，静静地等待这件事的结果。

愚公一家人一门心思地投入到移山大业中，不去理会外界的纷扰。渐渐地，愚公的信念感染了越来越多的人，村民们纷纷拿上锄头，背上簸箕，加入移山队伍中。掌管王屋、太行山脉的蛇神害怕愚公一行人不停地挖下去，于是将这件事奏请天帝。天帝听闻后，被愚公的诚心所感动，命大力神的儿子背走这两座山。从此，冀州南部到汉水南岸再没了高山阻隔。

愚公是人，以人对抗天地之力，当时看来是极其荒谬的，人们只知敬天地，事鬼神，却忘了古语还有云："有志者，事竟成。"有时候有的变化是微小的，却不能忽视它的变化。佛学无常，《易经》变化，讲的都是这个道理。万事不出《易经》，以个人观天地，以变化释无常。南怀瑾先生曾经说过："人类把自己看得很重要，很伟大，但站在宇宙的立场看人类，不过像花木上一片小叶子，是微不足道的，而整个的造化却非常伟大。"一叶知秋，个体自然有个体存在的意义，在宇宙中有自己的造化。

### 曲而万物而不遗

《易经》中有"曲成"，在南怀瑾眼里，"曲成"是了解宇宙万有一切运用的原则，水至清则无鱼，人至察则无徒，待人处事，需要正立心，也需要曲做事。南怀瑾曾指出老子的"曲则全"便是从中演化而出。对"曲则全"，南怀瑾先生持肯定态度，直线往前，顾前不瞻后，左右更无暇照看，而曲线不局限于往前的目标，行走路上还能看看沿途的风景。

娄师德身处武则天的时代，是一位智勇双全的臣子，在保卫和巩固西北边防上卓有建树。但是当时酷吏横行，罗织诬告成风，有许多忠贞的大臣都横遭不测，死于非命，所以他在做宰相的时候极其小心谨慎。

有一次，他的弟弟被任命为代州刺史，即将赴任的时候，娄师德问他：“我如今当上了宰相，而你又做上了刺史，荣宠实在太盛了，最容易遭人嫉恨，你如何才能避免呢？”他的弟弟跪着答道：“从今天开始，即便有人朝我脸上吐唾沫，我也不会生气，自己擦掉就好了，以免兄长为我担忧。”娄师德听后，更加忧心地说：“这正是我所担忧的。别人向你脸上吐唾沫，是生你的气，如果你擦掉了，这不是更让人生气吗？向你吐唾沫，即便不擦它，自己也会干的，应该笑着接受。这样一来，你无争而笑纳，是德行高洁的表现，会令人生出敬佩之心，你的刺史就当得更稳妥了。”

南怀瑾先生建议为人处事，要讲艺术，善于言词的人说话婉转，容易达到目的。直来直去，有时是行不通的。外面圆融，内心方正，是大智慧和大容忍的统一，既有含蓄的平和，又有斗士的刚猛，这样遇事才能审时度势，泰然处之。

“曲”是一种态度，不是结果。以“曲”的态度看待一切，圆代表着圆满，曲能成圆，将事情尽善尽美，在宇宙范围之内，以曲成就完美。老子说“曲则全”，南怀瑾先生则说“一走曲线就一切圆满了”。宇宙的学问皆从《易经》中出，认真做事，好好待人，在职责范围内做好自己的，便没有什么差错了。

# 日月运行，寒来暑往

昼夜的长短，代表了地球的变化，也就是节气的变化，一年如此，一天也是如此。

——南怀瑾

《易经》有云，“鼓之以雷霆，润之以风雨，日月运行，一寒一暑”，日升月降，寒来暑往，这是宇宙运行的法则，无人可更改，也无人能更改。南怀瑾先生认为，宇宙自然运行的法则，需要有雷电的鼓动，风雨的滋润，一张一弛，才是绵亘万年的道理。用雷霆破之，用风雨立之，风雨过后，终将见到彩虹。

## 以雷霆鼓之，破而后立

面朝大海，有人看见的只是平静的海面，而有人却能看见平静海面下的破涛汹涌。一个东西运行久了，难免会阻塞，看见问题，把它疏通了，一切就解决了；若不疏反堵，为了一时的平和假象，只能带来更大的狂风暴雨。可惜的是，历史上，疏的人少，堵的人多。小问题不解决，等到积成了大问题，那时，不想解决难，想解决更难。

一般来说，等矛盾上升到不能再堵的地步，只能把原来的重新打碎，从头再来。春秋战国时期，中国正从奴隶制社会转型进入封建社会，中国也由那时开始长达两千多年的封建统治。君主制由秦确立，而秦在春秋战国的优势却是由商鞅的变革确立的。商鞅年轻时喜欢刑名之学，满腹谋略，胸怀大志，兜兜转转十几年，却在魏国不得重用。秦孝公即位后，为了改变秦在诸侯争霸中的弱势，招募天下能人志士，力求改革富强。商鞅看到招募后，毅然决然离开魏国，投奔秦国。秦孝公需要秦国变强，商鞅以变法改良之说打动了秦孝公，虽然这期间遭到了甘龙、杜挚等人的反对，却得到了秦孝公的支持。在国君的支持下，商鞅大胆改革，废井田制，实施连坐制度，一系列改革措施如狂风骤雨般颁下，将秦国百年的生产生活规则全部打乱，重塑秩序。

随着改革的逐步推进，来自各方的阻力越来越大。商鞅坚持用严刑峻法强力推进，即使是太子的老师触碰了改革的禁区，他也毫不手软。在改革中，勋贵恨之，百姓怨之，但随着改革的进行，秦国的国力却越来越强。在南怀瑾先生眼里，某些地方、某些时刻需要一场震动来得到改变。而在秦国发展中，商鞅变法毫无疑问便是那场震动。商鞅的举动，改变了秦国的弱势，并为它一统七国，建立中国第一个专制主义中央集权君主制国家奠定了基础。

以《易经》的道理来看，在发展中，震是必须的。不震带来僵化，震带来变化。有变化才有发展，有发展才有未来。万事万物的运行都有自己的法则，因此应以变应万变，以震来维持万物的均衡。

### 以风雨润之，徐徐再生

天灾人祸，防不胜防，一场灾难或许只有几分钟，灾难过后的再建却需要几年、几十年的时间。南怀瑾先生认为，宇宙法则中需要一场打雷震动，不过假如宇宙永远在打雷，那也就糟了。如同日月星升，交替往来，一场雷鸣的震慑，需要彩虹抚平。

刘邦废秦建汉后，百业萧条，社会经济凋敝，人口稀少。汉朝建立后，新皇登基，重修宫殿，官员俸禄，一切都需要银钱。封建社会，官方所有的开销都来自民间，各种赋税撑起了王朝的天下。贾谊是河南洛阳人，少时便富有才名，在政治上更是有独特的见解。面对汉初的萧条，贾谊极力主张实施“仁政”，在这期间，虽然遭到过部分大臣的阻扰，但贾谊始终以其赤子之心面对一切，认真为民。只可惜当时文帝刚即位，帝位不稳，无法过多撼动士族大家的权益，因此没有采用贾谊的建议。

虽未得到文帝的重用，但贾谊并不气馁，在他的多次进谏下，文帝二年，汉文帝开始采用贾谊“重农抑商”的主张，以农立国。而贾谊从政期间，最著名的便是著作名篇《过秦论》。贾谊在《过秦论》中以秦之过劝诫君王实施仁政，秦因暴政而亡，在秦统治期间，民不聊生，百姓生活困苦。汉高祖顺应民意，灭秦建汉，此时百姓需要的是修生养息，如果再继续秦时的苛捐杂税，汉朝必定重蹈覆辙。贾谊看到了秦的暴动，理解了民生疾苦，才会规劝君王行仁政，体恤民情。大雪覆盖一切，等夏天重焕生机；暴政将人民逼到绝路，等新的人顺应而起打破陈规，再来休养生息，这便是交替。宇宙中万物有自己的法则，在《易经》的思想中，它只看两种极端。灾难之后，便是新生。生和死、寒与暑，这些都是交替。

在南怀瑾先生的眼中，《易经》讲的是两种东西的对立。雷霆为动，风雨后润，雷霆产生毁灭，风雨带来新生，一切都是自然法则的交替。在历史进程中，有无数的事物消亡，也有无数的事物产生，从古至今，没有一种事物能够长长久久永远流传。

宇宙法则不允许有某一样东西独立于它之外，一群新事物，生活得久了，便形成了花花绿绿的世界，等到时间一到，新事物变成旧事物，随之而来的便是消亡，消亡产生震动，又产生了新事物，在时间的抚平下，淡化伤痕，再次形成新的世界。宇宙法则运行中，需要雷霆，也需要风雨，雷霆之动，风雨之润，一生一灭，构成美丽新世界。